南京町と神戸華僑

呉 宏明・髙橋 晋一 編著

松籟社

はじめに

本書は、南京町の歴史と文化、そして南京町と関わりの深い神戸華僑について書かれた本である。「観光地としての南京町」は、これまで多くのガイドブックやテレビ、雑誌などのメディアで取り上げられ、よく知られた存在となっている。しかし、賑やかな街並みの背後にある深い歴史や文化、街に関わる人々の思いについては、これまでまとまった形で書かれたことはなかった。本書は南京町をテーマに深く掘り下げた最初の本と言える。

本書は全体として四部構成になっている。第一部「南京町の歴史」では、南京町の生い立ちから現在に至るまでの歴史が詳しく述べられる。第二部「南京町の過去・現在・未来」では、南京町商店街振興組合、および神戸華僑歴史博物館の関係者が、南京町の歴史や思い出、将来像について座談会形式で語っている。第三部「南京町の風景」では、南京町で目にするさまざまなものを手がかりに、その背景にある歴史や物語を掘り下げている。第四部「神戸華僑の歴史と文化」では、南京町と密接な関係にある神戸華僑の歴史と文化がわかりやすく概説される。各部の合間には、南京町で仕事をしている人々へのインタビュー記事が収められ、「内側からの視点」から南京町をとらえ直すことができる。インタビューは、兵庫県立柏原高校の教員と生徒によるものである。巻末には、「神戸華僑関係地図」、「南京町と神戸華僑関係歴史年表」、南京町やチャイナタウン、華僑についてさらに学びたい人のための「読書案内」が載せられている。

読者は本書を通じて、現在見る南京町の姿がどのように形成されてきたのか、南京町が華僑社会そして神戸の街といかに密接に関わりながら発展してきたのか、南京町という街がいかに個性的な存在であるかを理解することができるであろう。本書が南京町と神戸華僑の歴史と文化を知るきっかけになれば、また南京町探訪の楽しみを深める一つの手引きになれば幸いである。

二〇一五年五月

編著者
呉　宏明
髙橋　晋一

III 南京町の風景［呉宏明・髙橋晋一］

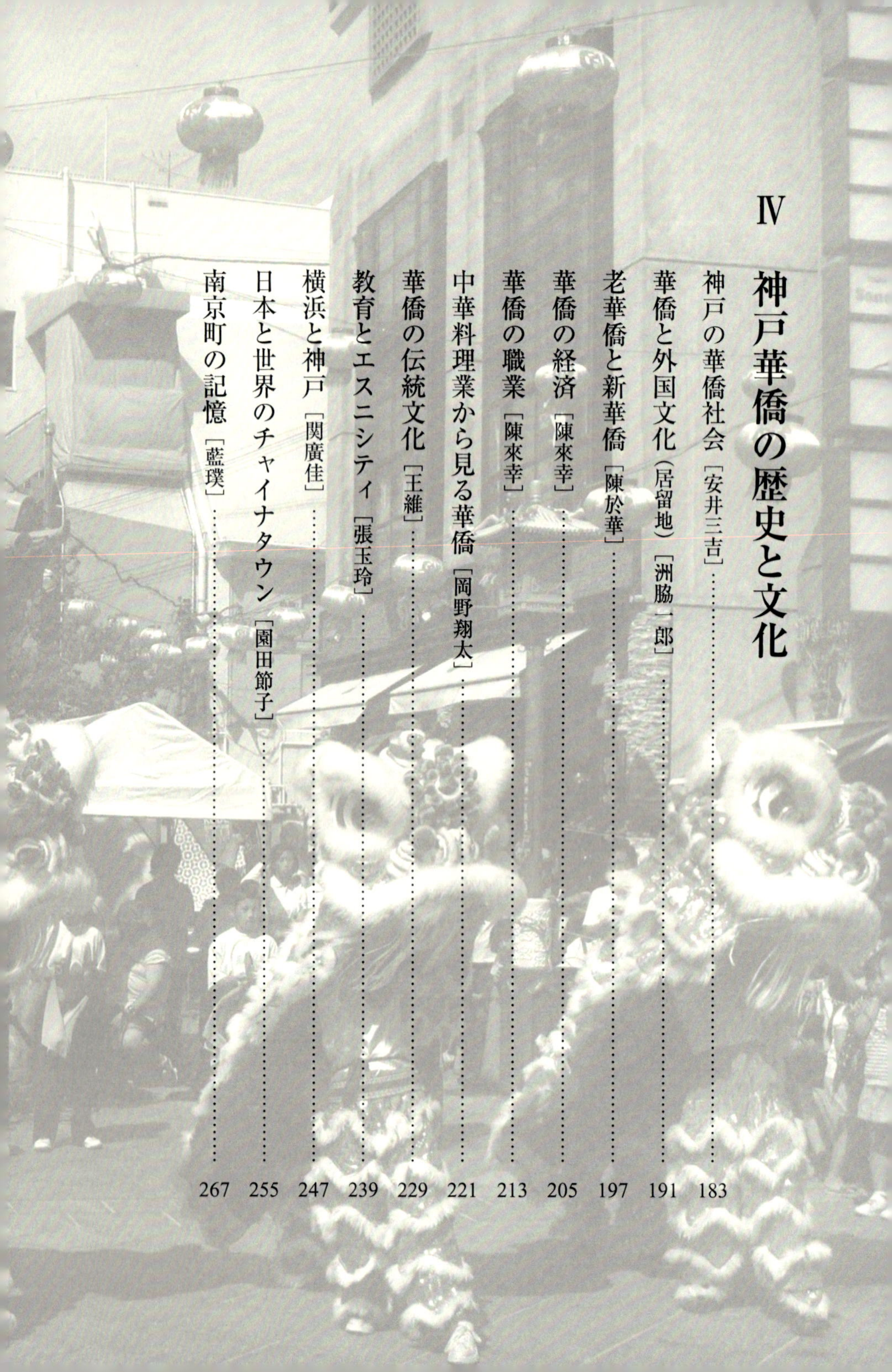

Ⅳ　神戸華僑の歴史と文化

凡例

- ★1、★2…は註番号を表し、註は論末に記載した。
- 〔 〕は引用者による補足を表す。
- （中略）は引用者による省略を表す。
- 本書で使用されている写真のうち特に説明のないものは、執筆者による撮影である。

南京町と神戸華僑

Ⅰ　南京町の歴史

一　南京町の誕生

――神戸開港～昭和戦前までの南京町

●神戸開港と華僑の雑居地への集住

南京町は、神戸市中央区の旧居留地の西側、元町通の南に隣接する地域で、街並みの両側に中国色豊かな中華料理店、中華食材店、中国雑貨店などが建ち並ぶ独特の景観を形作っている（写真1、図1）。横浜中華街、長崎新地中華街と並び日本の「三大中華街」と称され、年間を通して多くの人が訪れる、神戸を代表する観光地の一つとなっている。それでは、南京町はどのような歴史をたどって現在に至っているのだろうか。

南京町の歴史は、神戸開港の歴史、神戸華僑の歴史と切っても切り離せない関係にある。神戸港は一八六八年一月一日に開港したが、

写真1　現在の南京町の風景

それから半年後、早くも一二、三人の中国人（清国人）が来港したという記録がある。開港当初の神戸華僑の正確な人数はわからないが、一八六九年の『コマーシャル・レポート』は五〇〇人以上、一八七〇年二月一九日付の『ヒョーゴ・アンド・オーサカ・ヘラルド』は四〇〇人以上としている（中華会館、二〇〇〇年、五四頁）。

一八八三年の『コマーシャル・レポート』によると、神戸華僑の居住者数は六一七人、そのうち子ども一〇四人、成人女子三五人、成人男子四七八人で、全体の四分の三以上を成人男子が占めている。これは、出稼ぎのため単身で神戸に渡ってくる華僑が多かったことを意味している。一方、成人女子、子どもの存在は、華僑の一部に定住化の兆しが見え始めていることを示している。

開港とともにやってくる外国人のため、明治新政府により、一八六八年から生田川（現在のフラワーロード）と鯉川（現在の鯉川筋）の間、北は西国街道までの間に「外国人居留地」（外国人が居住し通商を行なうことのできる区域）の建設が進められた。同年九月に一二六区画の

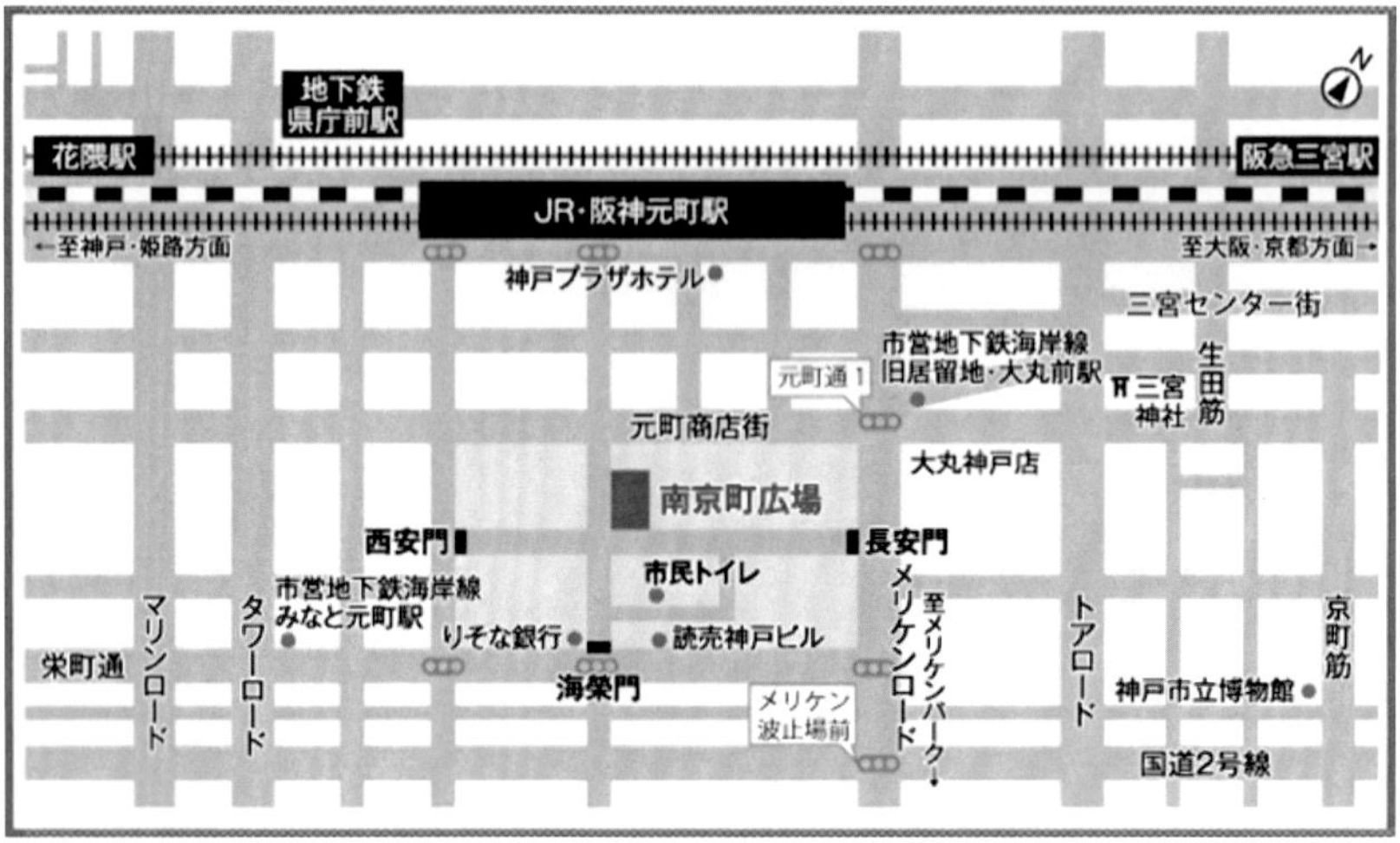

図1　南京町の位置
［南京町公式ホームページ http://www.nankinmachi.or.jp/access］

整地が完了、順次競売が行なわれ、外国人に土地の永代借地権が与えられた。

すでに日本と友好条約を結んでいたオランダ、イギリス、アメリカ、ドイツ、フランスなどの国の人々は居留地に居を構えることができたが、日本と中国（清）との間には当時まだ条約が結ばれておらず、華僑は居留地に住むことができなかった。そのため多くの華僑は、居留地以外で外国人に居住が認められた地域である「雑居地」に住まうことになった。

雑居地は居留地を囲むように設定されており、東は生田川、西は宇治川（現在の神戸駅の東約三〇〇メートル）、北は山麓までの範囲であったが、華僑は雑居地の中でも居留地のすぐ西側に隣接する海に近い一帯、現在の海岸通、栄町通一、二丁目付近に集住していた（図2）。華僑の中には貿易などの商業に従事する者が少なくなかったが、商売のためには、港や居留地に近い場所が便利であった。また、欧米人家庭の使用人（メイドやコック）として来日した華僑もいたが、欧米人の邸宅のある居留地に近いところの方が、生活上都合がよかった。なお、雑居地では、華僑は日本人から土地・建物を借りて住んでいた。

当時の雑居地は道路の修繕が十分でなく、水はけが悪く、人家の周りに土地を低くしたわずかな溝を掘っただけの状態で、それも破損に任せており、一度雨が降ると泥水がたちまち往来に流れ出すという有様で（村田、一八九八年、三〇一頁）、華僑の居住環境は必ずしも恵まれたものではなかったようである。

一八七一年に日本と中国（清）との間に日清修好条規が結ばれると、華僑の法的地位も安定し、華僑による貿易活動は次第に盛んになっていった。とくに華僑は中国、東南アジア方面との物資の取り扱いにおいて中心的な役割を果たし、雑貨、海産物などでは優越的な位置を占めていた。九〇年代にはマッチ産業が急成長を遂げ神戸港の重要な輸出品となったが、中国や東南アジアへの輸出に際しては神戸華僑が大きな役割を果たした。洋傘産業も九〇年代に勃興し、神戸華僑によって中国などに輸出された。海産物の輸出は完全に華僑が握っていた。一九〇七年の『神戸市統計書』によると、同年の時点で、華僑は神戸港の輸出総額の一六・一パーセント、輸入総額の八・一パーセントを掌握していた。

こうした経済発展を背景に神戸の華僑人口は次第に増加していったが、このことは華僑の居住地の拡大にも影響した。華僑は当初、居留地西側の雑居地のとくに海岸に近いところに集中して住んでいたが、その後華僑人口の増加とともに、一八七七年頃には海岸通、栄町通のさらに北側に移り住む者が増えていった。やがて栄町通と元町通に挟まれた一帯に商店が建ち並ぶようになり、市場を形成していくことになる。急増した中国人の生活の必要を満たすため、雑居地の一角に自然発生的にできた市場（マーケット）が南京町の始まりだったのである。「南京町」という名称が使われるようになったのも、一八七七年頃からと言われている。

図２　旧居留地と旧雑居地
「明治五年兵庫神戸実測図　三千分箇之縮図」を元に作成。

●「南京町」という呼び名

それではなぜ、中国人の住む町が「南京町」と呼ばれたのだろうか。一八七二年の「兵庫神戸実測図」には「南京人」という記載があり、当時中国人を南京人と呼んでいたことがわかる（中華会館、二〇〇〇年、五五頁）。

「唐人（唐人さん）」という呼称は中国＝唐に由来する一般的な呼び方であるが、「南京人（南京さん）」という呼び方は、中国南部の江蘇省の省都「南京」に由来する、やや特殊な言い方のように思える。中国人がとくに南京人と呼ばれたのは、江戸時代に長崎で貿易に従事した中国人（華僑）の多くが江蘇、浙江を中心とした長江下流の「三江」（江南、浙江、江西の三省）出身者であり（中華会館、二〇〇〇年、五五頁）、当地で「南京人」と呼ばれたのが、横浜、神戸などに広まったものと考えられる。なお、長崎市寺町の興福寺は通称「南京寺」と呼ばれている。

先に述べたように、居留地西側の雑居地には多くの中国人が暮らしていたため、一八七七年頃から一帯（とくに市場を形成した元町通と栄町通に挟まれた路地界隈）が南京人の住む町、すなわち「南京町」と呼ばれるようになったとされる。大阪でも華僑が多く住んでいた雑居地の路地は「南京裏」と呼ばれていた（中華会館、二〇〇〇年、五五頁）。ちなみに南京町という呼び名が最初に活字に現れたのは、一八八八年一一月六日の『神戸又新日報』（一八八四年〜一九三九年まで神戸の五州社が刊行していた日刊新聞）の記事である。なお、神戸華僑の年配の人の中には、南京町を広東語で「唐人街《トンヤンケイ》」と呼んでいたことを記憶している人もいる。「南京町」は、基本的に日本人からの他称であったものと考えられる。

日清戦争を機会に「南京」「南京町」という呼び方は中国・中国人を差別するようなニュアンスをも持つようになり、一時期名称を変えることも話し合われたが、近年は「南京」「南京町」という呼び方に悪い印象を持つ人がいなくなっていること、また、観光化が進む中、神戸の中華街と横浜や長崎の中華街との違いを出したいという意図もあり、そのままの名称が受け継がれている。

横浜でも開港当初は華僑を「南京さん」「唐人さん」などと称しており、中区山下町一帯に広がる中華街は、長い間親しみを込めて「南京町」と呼ばれていた。しかし、「南京」という言葉の差別的ニュアンスの問題、また一九五五年に中華街大通りの入り口に「中華街」と書かれた牌楼門（善隣門）が建てられたことを契機に、それまで南京町と呼ばれていた街が「中華街」と呼ばれるようになった。その結果、「南京町」という名称を残しているのは、日本では神戸の中華街だけになっている。一九九四年には南京町商店街振興組合がブランド力の強化を図るべく「南京町」の商標登録の申請を行ない、九七年に認められた（写真2）。「南京町」という名称は世界のチャイナタウンの中でも珍しく、歴史的な背景を持つ個性的な呼び名を残していると言える。

写真2　海栄門（南楼門）の額に記された「南京町」（登録商標）の文字

● 明治・大正期の南京町

開港当初の神戸華僑はどのような職業に就いていたのだろうか。西島民江は、当時の神戸華僑の職業を、①日清間の交易を目的として来神した貿易商、②洋服、料理、印刷業、塗装業、雑貨業、豚肉業などの雑業、③西洋人商人の下で働く者（買弁（買弁については二一三頁「華僑の職業」を参照）やコックなど）、④港で働く沖仲仕や無職の者の四種に分類している（西島、一九九三年、一六〜一八頁）。このうち、とくに南京町に深く関連するのは③の雑業者であり、これらの店を中心に南京町の形が次第に整っていくことになる。

なお、洋服業、塗装業などは一八六九年頃には開業、少し遅れて一八七七年頃に印刷業、雑貨業、豚肉業などの店が開業した。この頃の客は西洋人、華僑がほとんどで、日本人の姿はあまり見かけなかったという（鴻山、一九七九年、二〇五頁）。

一八七四年以降、兵庫県は華僑の統制・取り締まりのために、氏名、年齢、出身地、生業、居住地などを記載した「籍牌」を発給したが、現在四六人分の籍牌が残っている（写真3）。華僑全体から見るとごく一部に過ぎないが、当時の社会状況の一端を垣間見ることができる。華僑の居住地は、居留地西側の雑居地（栄町、元町、海岸通）に住む者が四六人中四二人を占めている。職業としては、縫衣（裁縫業）、靴匠、塗物（塗装業）、工芸、行商、雑貨商、手芸、商社などの記載が見え、雑業や貿易に携わる者が多かったことがわかる。

このように、居留地西側の東西約一五〇メートルの通りと、その南北につながる路地からなる一角に、中国人の雑貨商、豚肉商、飲食店、漢方薬店などの店が軒を連ねるようになり、さらにペンキ、洋服、船員などの職人が雑居していたことから、一八七七年頃より一帯は「南京町」と呼ばれるよ

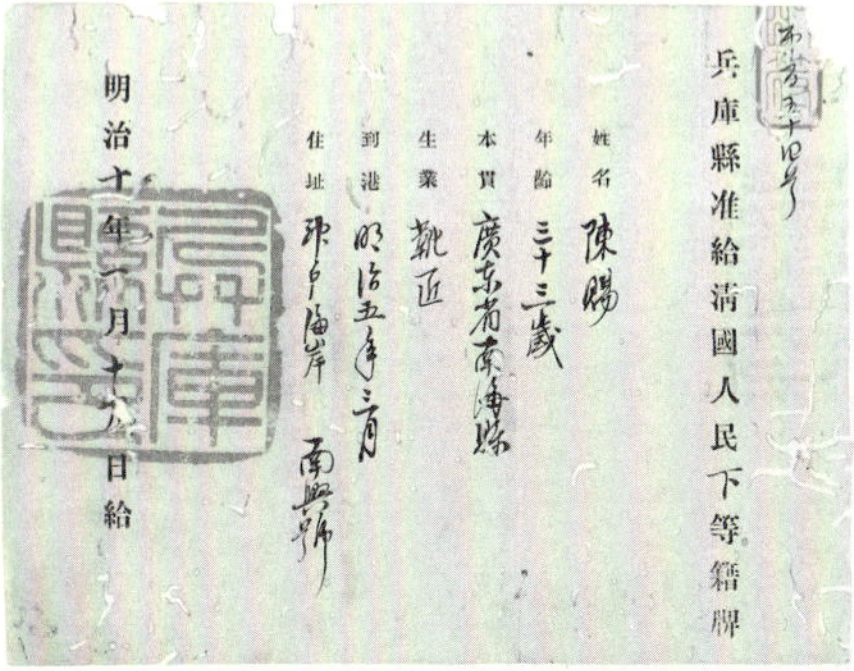
兵庫縣准給清國人民下等籍牌
姓名　陳陽
年齢　三十三歳
本貫　廣東省南海縣
生業　靴匠
到港　明治五年三月
住址　神戸海岸
明治十年一月十八日給

写真3　兵庫県准給清国人民下等籍牌　1877（明治10）年
［所蔵：神戸大学付属図書館　神戸開港文書］

明治7年4月太政官布達「在留清国人民籍牌規則」に従い実施された華僑登録の籍牌（住民登録）。

うになった。

一八八七年頃には、南京町の南東部にあった「京屋の酒倉」の西半分を取り壊し、九二年には残りの東半分も取り壊し店舗に改築した。さらに九九年には日本人・華僑の合議の上、六〇〇円を拠出して街の清掃を行ない、店先の土地神を撤去、道幅を広げ石畳に作り替え、街の体裁を整えていった。

華僑の居住区域は次第に拡大を見せるが、その後も雑居地へ集中する傾向は変わらなかった。一九一〇年の華僑商人は一五四人、うち元町、栄町、海岸通に店舗を構えるのは一三〇人。その後、居住地は三宮、北長狭通などに広がっていくが、それでも雑居地への集中は顕著である（中華会館、二〇〇〇年、五六頁）。

当初は華僑の商店が南京町全体の七、八割を占めていたが、神戸港や華僑と関係のある日本人が次第に南京町に店を構えるようになり、とくに日清戦争、日露戦争を境に日本人の比率が高まってきた。華僑経営の店舗は全体の三分の一程度となり、残りは日本人経営の店であった。なお、露天商も日本人が多かったとされる。

華僑と日本人の商人は組合を組織して、商業の発展と相互扶助をはかった。その一方で、店先を借りて営業する日本人露天商は独自に出店組合（露天商組合）を組織していた。一九二六年、南京町五〇年に際して両組合を合併し、南京町市場組合が結成された。この時期から日本人と華僑が協力しながら南京町という地域を作っていたことがわかる。南京町は確かに神戸華僑の生活において重要な結節点である市場としての性格を備えていたが、同時に近畿一円に知られる（日本人なども自由に出入りする）食料品市場として、また地域においても日本人と華僑があい接する場として存在したことは注目に値する。南京町は、華僑の集住地域としてその歴史を始めてはいるが、閉ざされたチャイナタウン（中国人が生活するために集結した町）と言うよりは、中国人と日本人が仲良く軒を並べて商売をする、また中国人も日本人も客として訪れる、外に開かれた市場と言うべき空間だったのである。

　図3は明治末期から大正初期頃の南京町の街並みである（岸、一九六三年a、二六〜二七頁）。ちなみに、一九八〇年代までは、現在の南京町広場から西側の通りは南京町とは呼ばれていなかった。図4は、とくに大通り沿いの店の配置を示したものである（岸、一九六三年b、一六〜一七頁）。当時からすでに日本人商店と中国人商店が混在していたが、日本人商店の方がかなり多かったことがわかる。

　図3から当時の日本人商店の種類を眺めてみると、食料品店、八百屋、肉屋（牛肉、豚肉、鶏肉）、豆腐店、牛乳屋、焼き芋屋、茶舗、洋酒店、料理店（食堂）、牡蛎《かき》店、駄菓子屋、乾物店、漬物店、パン屋、米穀店、精米所、炒り豆店、衣料品店、呉服店、洋品店、羅

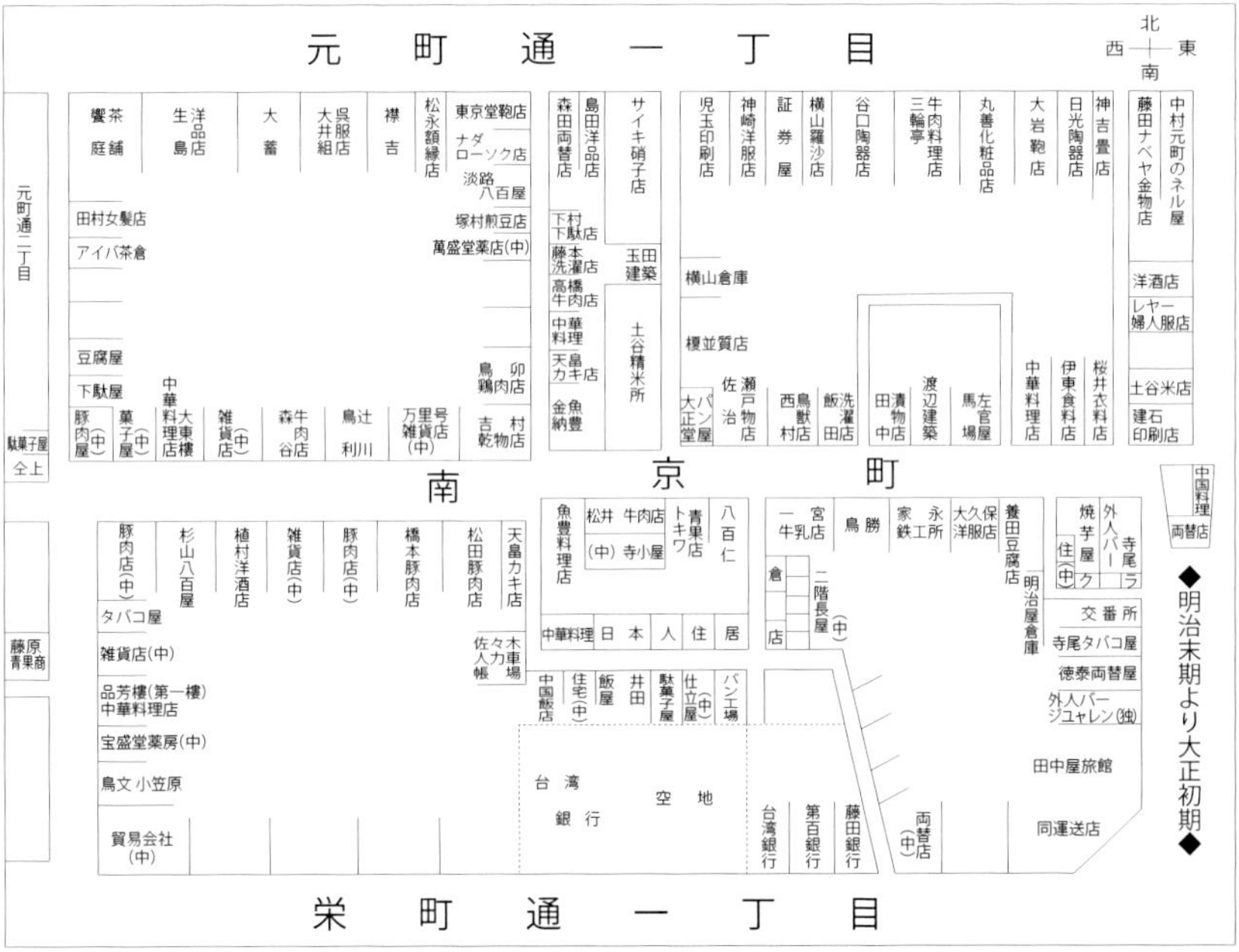

図3　明治末期〜大正初期の南京町の街並み
［岸、1963年a、26〜27頁］を一部改変。なお、地図中の「(中)」は中国人の店舗を、「(独)」はドイツ人の店舗を意味する。

紗屋、鞄店、下駄屋、金物屋、化粧品店、たばこ屋、ローソク店、畳屋、ガラス店、額縁店、印刷屋、レコード屋、写文（代筆業）、質屋、証券屋、両替店、旅館、髪結、洗濯屋、建築屋、左官屋、鉄工所、人力車など、店の種類は実に多様である。こうした日本人商店のほとんどは、中国物産を扱う店ではなかった。

一方、華僑経営の商店は飲食店（中華料理店）、雑貨店、料理材料店、漢方薬店、豚肉店、菓子屋、仕立屋、両替店、貿易会社などであり、南京町の西側に比較的集まっている。こちらは華僑の特性を生かした商品（中国物産）を取り扱ったものが多く、南京町の一つの特徴を形作っている。

図4で注目されるのは、通り沿いの各店舗の前に三〇軒近い「出し店」（露店）が並んでいることである。これらの露店は主に魚や野菜などの生鮮食料品を取り扱う「朝市」であり（内訳は魚屋一四軒、八百屋八軒、花屋三軒、漬物屋一軒、卵屋一軒、煮豆屋一軒）、昼前にはほぼ店じまいしていた。

岸百艸によれば、市場のごく初期の頃（明治末期〜大正初期）は各自天秤棒で荷物を担ぎ込み、その両掛けの荷を下ろして売るか、さもなければ車に積み込んで呼び売りをしていた

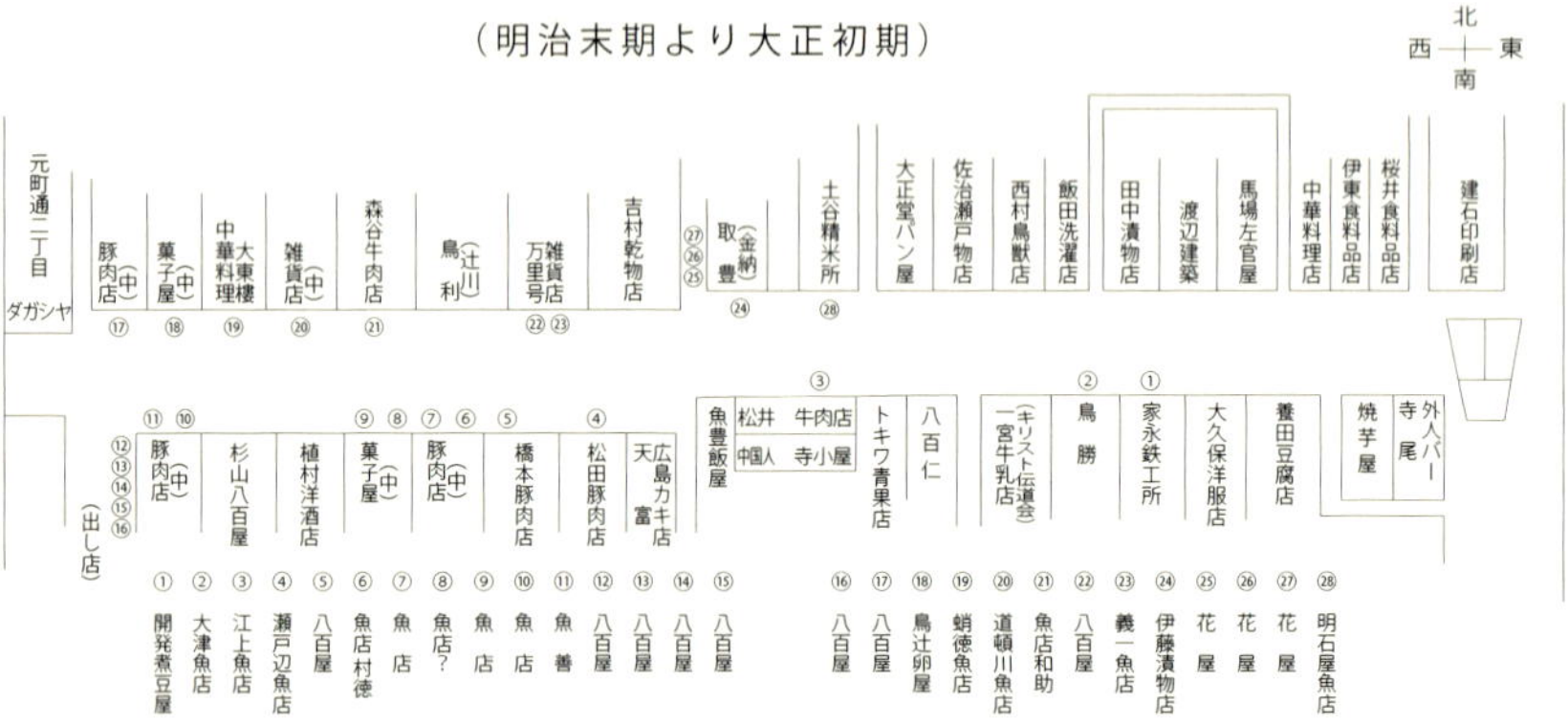

図4　明治末期〜大正初期の南京町の街並み（大通り沿い）
［岸、1963年b、16〜17頁］を一部改変。なお、地図中の「（中）」は中国人の店舗を意味する。数字は通り沿いに店を出す「出し店」（露店）の位置を示す。

が、こうした小売商人がいつしか居着いて、組み立て屋台の上に商品を並べるようになったという（岸、一九六三年b、一七頁）。南京町市場の成立過程を知る上で興味深い記述である。

全体的に見ると、当時の南京町は必ずしも「中国人の街」「中国風の街」というわけではなく、中国物産も含め多様な商品を扱う特色ある商店街（市場、マーケット）という色彩が濃かったことがわかる。

●明治・大正期の南京町の風景

当時の南京町市場の様子について、岸百艸が臨場感あふれる記録を残している。以下長文にわたるが、その一部を紹介しておきたい（岸、一九六三年a、二五頁）。

> 南京街は朝市専門である。午後は深閑としていて、殆ど街の呼吸が止まっているのではないかと怪しまれる。各店わずかな軒庇の下を借り、ずらりと店を張っている。
>
> 商人の威勢のいい売声を聞かれるのは、午前九時ごろからだ。一軒の店先を等半に分けて、生魚屋と干物屋がせり合っている。血生臭いまでに、朝市の景気は上乗だ。沖から船の司厨士が、買い出しに来る。外国通いの船舶に積み込む食糧品から、居留地ホテル館、市中の大小食堂からの注文など、恰《ママ》でいくさ場のような騒ぎだ。品質は神戸第一の優良を表看板にしている。南京街の朝市だけに、値段も張るが、他の市に見かけられない、生鮮を売りにしていた。
>
> 舗は出店で、見かけは小っぽけだが、稼ぎは随分と荒っぽい。明石あたりの、目の下尺余の大鯛がひっ

きりなしに売れる豪勢さは、ここをおいて他には見られない図だ。川魚・塩蔵物・鶏卵・貝類・漬物・野菜・果物から切花陶磁器等と並び、他の市場にないのは、中国人の持ち込んで来る、生きたスッポンと蟹の縄つきの奇怪な売物だった。

現在は店の開く午前中から夜遅くまで終日賑わう南京町であるが、かつては品質のよい生鮮品が並ぶ午前中の「朝市」の時間帯が賑わいのピークであったことがわかる。朝市には小規模な舗（出店、露店）が立ち並び、相当に繁盛していた様子がうかがえる。

当時、南京町は朝九時頃から賑わいをみせ、午前中が人出のピークであったという。店頭売りだけでなく、神戸に立ち寄る外国船、デパートやホテル（オリエンタルホテル、トアーホテル、グランドホテルなど）からの大量発注もあった。

朝市の日本人商店（露店）と中国人商店では、商売の仕方や扱う品物もだいぶ違っていたようである。以下も岸百艸「南京街の半世紀」からの引用である（岸、一九六三年a、二五～二八頁）。

　名称こそ南京街市場だが、この朝市を牛耳る商人は、名実共に日本人で、その根幹を成すものは何といっても、生鮮魚類をひさぐ、彼等のねじり鉢巻である。そして、お天当さまが頭上にあがる頃ともなれば、水の干くようにばたばたと舞台を洗って、その姿を消す。そんな時刻まで、まだ水っぱなれが悪く、荷をおろしているものは、この市場では、とんだ場違やろうと嘲りを受けるのが落であった。

　気肌の良い日本人とは対蹠的に、中国人の商取引は蜿蜒《えんえん》として夜までつず《ママ》いて止まない。その多くは、南方貿易商と豚肉商だが、それに続くものは雑貨商であり、中華料理店であり、食料品商、洋服仕立屋、理髪店、漢薬舗である。なかんずく異色のあるのは雑貨商で、その店内には、食料品から雨傘穿物にいたるまで千差万別、全く、文字通り萬屋で、彼等の大陸的国民性をいかんなく発揮していた。試みに、その商品の一斑《いっぱん》を挙げて見よう。まず商品としては鱶《ふか》の鰭《ひれ》、干蝦《えび》、干貝、干魚、土卵、干あわび、きんこ、椎茸、砂糖黍《きび》、漬物、干饂飩《うどん》、寒天、にんにく、朝鮮人参、食用蛙、老酒、塩、醤油、食用油、酢、仙香、香油、色蠟燭《ろうそく》、神仙用色紙、筆、墨、硯、紙、印材、印肉、爆竹、粉白粉、紅、美男かつら、南京玉、翡翠《ひすい》、薬研《やげん》、鉈庖丁、杓子、土鍋、陶枕、屎瓶《しびん》、雲雀籠《ひばりかご》、傘、沓等、およそ日常生活にはことを欠かさないだけの、配慮が行われている。

　次に食料品店だが、ここも亦《また》混然雑然として、豊かな中国色をちりばめていた。月餅、豚饅、餡饅、粽《ちまき》、ヤブチャカ〈メリケン粉の捩《ねじ》りん棒を油で揚げたもの〉〔中国式の揚げパン「油条」のことか〕、砂糖漬蓮根、同青梅、胡麻飴、茘枝《れいし》、西瓜の種、落花生等——一ヶ一銭の豚饅、ヤブチャカから、比較的高価な茘枝、龍眼肉まで、人人の食慾をそそるには十分である。

南京町の朝市を仕切っていたのは日本人で、主に生鮮魚類を扱っていたが、昼前には早々と店じまいしていたこと、一方中国人の商売は終日で、貿易商、豚肉商、雑貨商、中華料理店、食料品商、洋服仕立屋、理髪店、漢薬舗などを営んでいたことがわかる。先に触れたように、朝市の商人も日本人が中心であったといい、その草創期より、南京町は日本人と中国人が共存する中で発展してきたということができる。

●戦前の南京町

戦前、一九三五年頃までの南京町は、世界各国の珍品が何でも揃う国際色豊かなマーケットとして多くの買い物客を集めていた（写真4）。同様の市場は近隣地域には見当たらず、一風変わった市場として知られていた。華僑の経営する雑貨店、豚肉店、中華料理店、漢方薬店などに混じって、日本人の八百屋、魚屋、鳥屋、牛肉店、漬物店などが軒を連ね、露店も多く見られた。野菜、果物も、季節外れの珍しいものが揃った。大陸産の野鳥肉を扱う店など、ここでしか手に入らないものを扱う専門店も多かった。こうした多様な商品目当てに、南京町はいつも買い物客でごった返していた。中国人のほか、日本人も多く訪れていたという。なお、買い物は決して「言い値」で買わず、交渉して買うものであった（岸、一九六三年b、一六頁）。

街にはさまざまな食料品や食材、野菜や果物、肉や魚、漢方薬などが発するにおいが混じり合い、南京町特有のにおいを作っていた（鴻山、一九八四年、一二一頁）。岸百艸は、南京町のにおいを「酸えた、脂っこい、一種独特の嗅覚」と表現している（岸、一九六三年b、一五頁）。陳舜臣は、「南京町特有のにおいというものが、たしかにあった。——往来にもれてくる湯気でさえ、なんとなく油っこいかんじがしたし、漢方薬のにおいに、薄荷のにおいがまじっていたようだ。日よけがかぶさっているので、それがいつまでもそのあたりにこもってくるように思えた」と書いている（陳、一九九八年、一七一頁）。

昭和に入り満州事変が起こる前頃までが南京町の最盛期で、神戸在住の華僑人口がピークを迎えたのもこの頃であった。

戦前、南京町に軒を連ねていた店の数は約七〇軒で、華僑の経営する店はそのうち三分の一ほど（二十数軒）であった。図5に、一九三五年頃の南京町の華僑の店舗を示した。元町通と栄町通に挟まれた、東西一五〇メートル、南北一一〇メートルほどの通りに商店が建ち並んでいる。図に掲載されているのは二七店舗であるが、内訳を見ると、中華料理七軒、雑貨店六軒、豚肉店四軒、漢方薬店三軒、豚まん屋一軒、米屋一軒、たばこ屋一軒、菓子店一軒、理髪店一軒、鍛冶屋一軒、不明（黄崇亮）一軒となっている。華僑商人らしい特色のある店が中心となっている。

神戸の中華料理店の第一号は、文献で確認できる範囲では、一八九二年頃に栄町通一丁目に開業した広東料理の「杏香楼」であり、一八九七年頃に海岸通一丁目に開業した北京料理の「神海楼」がそれに次ぐ（神戸新聞出版センター、一九八四年、三三〜三四頁）。

写真 4　1933 年頃の南京町
［写真提供：神戸華僑歴史博物館］

現在の南京町広場付近より東に向かって撮影。右手手前に漢方薬の「萬安堂」の看板が見える。中央の「広東酒菜」の看板を掲げた店は中華料理の東興楼。さらに左手奥の「豚肉大売出し」の幟が立っているのは公正豚肉店。路上に生鮮食料品を扱う朝市とおぼしき露店が建ち並んでいるのが興味深い。

南京町では大正の末に開業した広東料理の「第一楼」(栄町通二丁目)、「大東楼」(元町通一丁目)が老舗で、いずれも構えの大きな立派な中華料理店であった。大東楼は三階建てで、窓を赤・青・緑・黄色のガラス張りにしていたのでよく目立ち、第一楼は部屋の仕切りなどに中国の絵模様をすり込んだガラスをはめていたのが珍しがられた。昭和に入り、香港スタイルの広東料理の店「博愛」と「東興楼」ができた。大衆向けで日本人客も多く、繁盛した。「博愛」は、昼は市場で一働きした人、夕方は家族連れ、夜九時以降はダンスホールやバー帰りの人たちが目立ったというが(神戸新聞出版センター、一九八四年、三六頁)、一日の客層の変化がうかがえて興味深い。そのほか南京町の料理店には、外人商社、銀行、船会社など港に隣接する日本人会社員もよく訪れていたという(神戸新聞出版センター、一九八四年、三六頁)。

「豚まん」で知られる老舗の老祥記は、浙江省寧波出身の曹松琪氏が一九一五年に創業した(現在の店主・曹英生氏は三代目)。老祥記は日本最初の豚まん屋で、

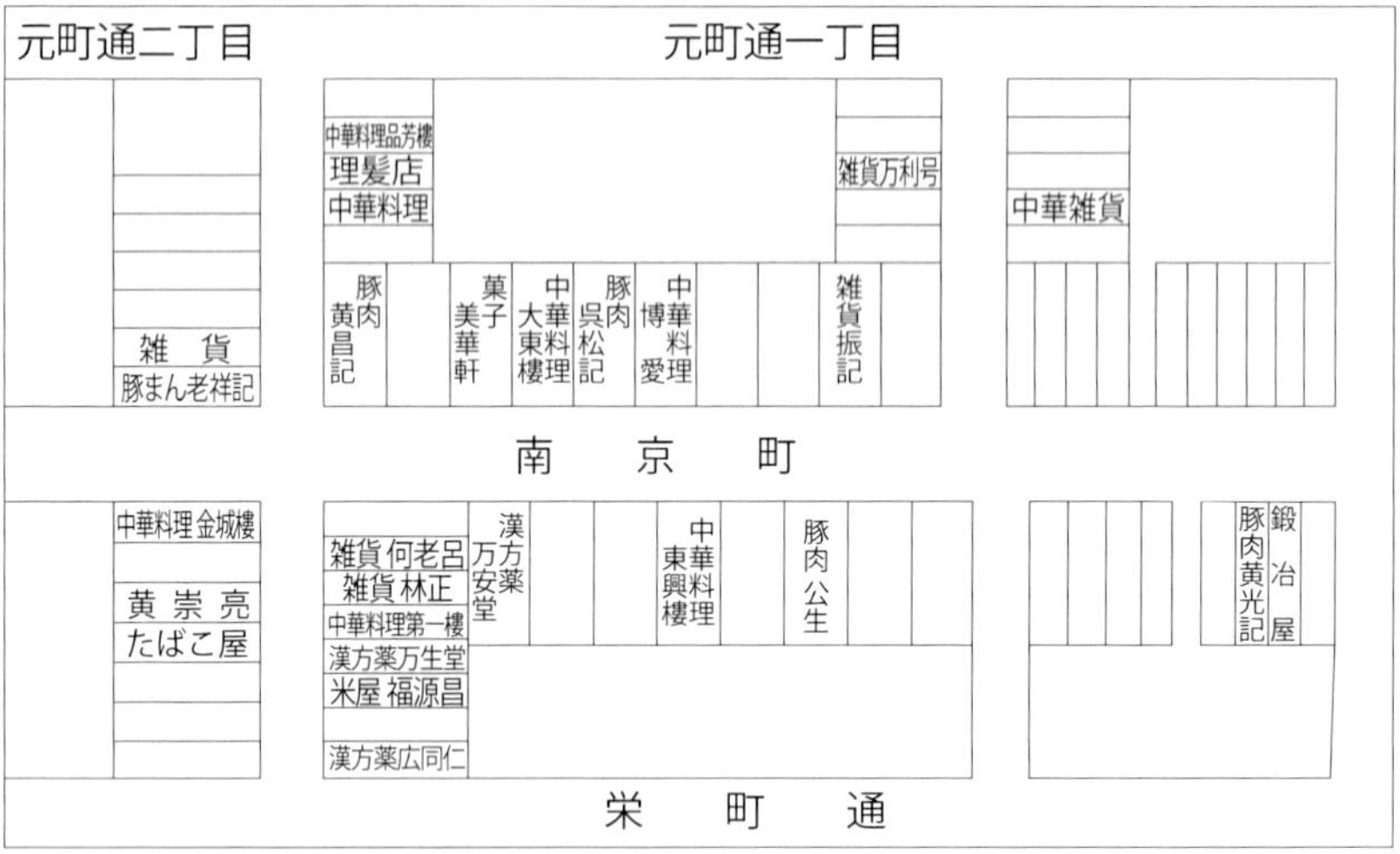

図5　1935年頃の南京町における華僑の店
［神戸新聞社、1987年、41頁］

「豚まん」の名前も、初代店主が中国の「包子《パオツ》」を日本人にわかりやすいように「豚まんじゅう」（豚の入ったまんじゅう）と名付けて売り出したのが始まりである。現在はテイクアウトが中心であるが、創業当時は、華僑や船員のサロンとして、お茶を飲みながら店内でいただくスタイルが基本であったという（阪神高速道路、二〇〇七年、六頁）。

以下は、三菱重工業株式会社神戸造船所の田中正一氏の著作『船台虫夜話』に書かれた一九三七年頃の老祥記の様子である（田中、一九八二年、二一五頁）。

就業時間がすぎると、帰途きまったように設計の若い連中を元町の浜っ側にあった南京街へ引っぱってゆかれる。

ゴミゴミした細い小路の中程にある豚マン屋（老祥記）には土間に六尺机と木の長床几が置かれ、天井から裸電球が鈍い光をなげかけているだけ。

一皿、たしか二〇銭くらいであったと思うが、これは無料の番茶（ウーロン茶）をガブガブ飲みながら食べる豚マンは素晴らしくおいしかった。

図6は、日本人商店も含めた、一九三五年頃の南京町の街並みである。日本人商店は、八百屋、肉屋（牛肉、豚肉、鶏肉）、豆腐店、菓子屋、乾物店、漬物店、卵屋、煮豆屋、氷屋、下駄屋、たばこ屋、ローソク店など、あいかわらず多様であった。

ただ、図6と先に挙げた明治・大正期の地図を比べると、昭和戦前までそのまま残っている店は意外と少ないこともわかる。日本人商店では鳥又、森屋牛肉店、鳥利、吉村乾物、下駄屋、鍛冶屋（鉄工所）など、中国人商店では大東樓、第一樓、豚肉屋などは両方の地図に見られる。こうして見ると、南京町における店の出入りは比較的激しかったことがうかがえる。

当時の南京町の目抜き通りは幅四メートルほどで、石畳の道であった。通りの両側にはさまざまな店が軒を連ね、脇の道幅の狭い道では雨が降ると道がぬかるむので、天幕を張っているところもあった。陳舜臣は、「戦災前の南京町は、石畳の道路の両側から、キャンバスの日よけをかけ渡していたから、いつもうす暗かった。そこにお国ぶりまるだしの飲食店や漢方薬の店などがあって、独特なムードをただよわせていた」と書いている（陳、一九九八年、一七一頁）。

店の多くは間口が狭く、奥の間から店先まで見渡せる造りで、店先には所狭しと雑多なものが並べられ、雑然としてい

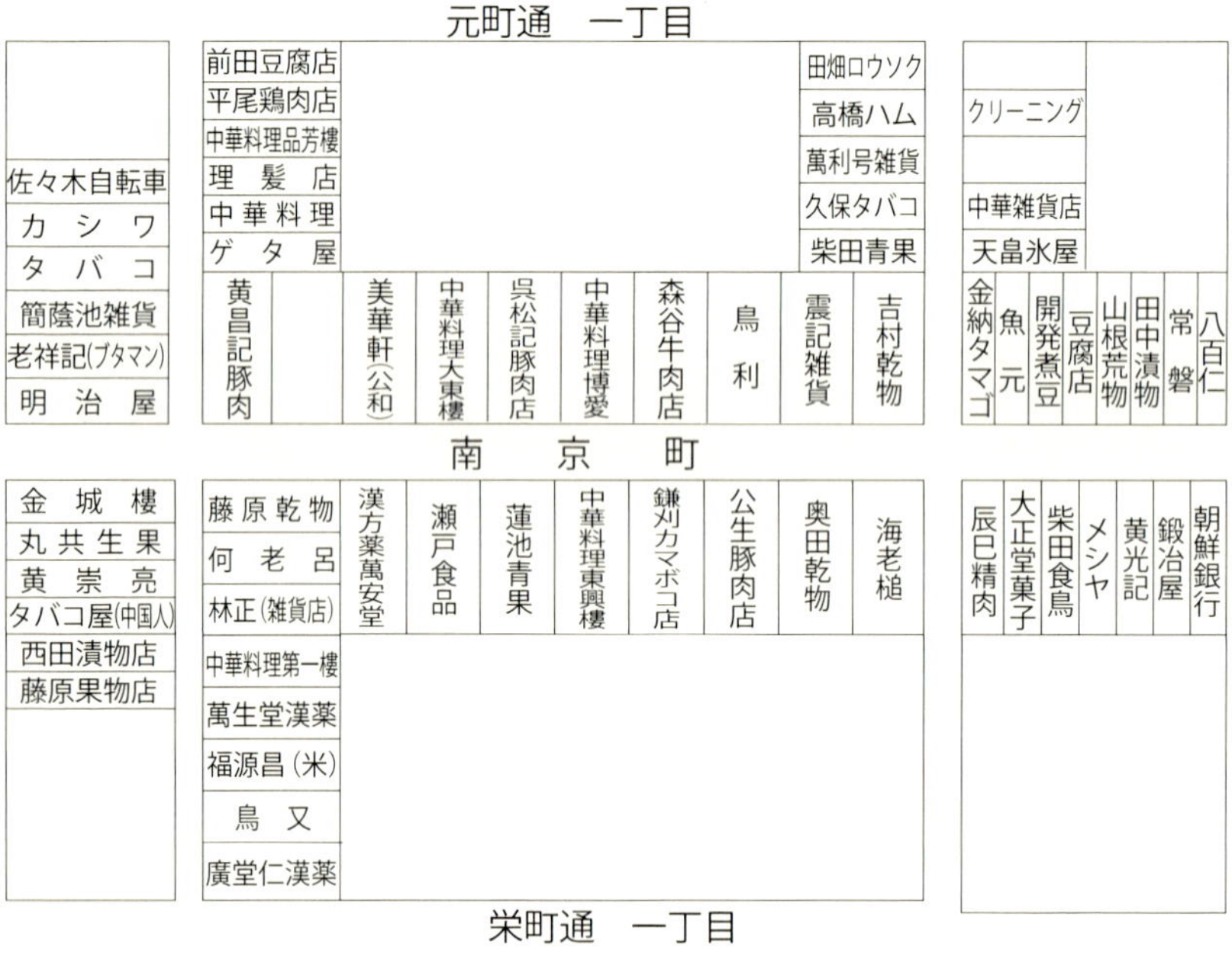

図6　1935年頃の南京町の街並み
［神戸市広報課、1991年、16頁］

た。店は総じて薄暗く、豚肉店では豚の胴体が吊され、豚の頭や足なども並べておいてあった（鴻山、一九八四年、一二〇頁）。華僑経営の雑貨店や食料品店には、他の市場や日本人商店では取り扱わない特殊なものが売られており、日本人の目を引いた。中国人向けに特化した商品（食材や食品、生活用品、祭祀用品など）も販売され、南京町市場は、当時の神戸華僑の日常生活を支える重要な存在でもあった。神戸在住のある華僑は、「（戦前、華僑は）買い物にはみな南京町にいった。あそこには何でもあったから」と語る。南京町を訪れるのは華僑、京阪神からの日本人買い物客が中心であったが、戦前神戸港に出入りする船には中国人船員が多く、彼らも足繁く南京町に歩を運んだ（神戸新聞出版センター、一九八四年、三六頁）。

南京町は、日本にありながら中国語が聞かれる街でもあった。華僑の店先では中国語が飛び交い、独特な雰囲気があったという（鴻山、一九八四年、一二二頁）。戦前、南京町の大きな中華料理店のボーイはほとんどが中国人で、お客が店に入ると、大きな声を張り上げて、中国語でお二人様、三人様と奥へ人数を知らせていた。

陳舜臣は『神戸ものがたり』の中で、「母親は日本に五〇年も住んでいたのに、日本語がうまく話せなかった。南京町で買い物をするので、日本語をおぼえる機会がなかったのだ」と書いている（陳、一九九八年、一七一頁）。それほどまでに南京町は、神戸華僑の生活の中で大きな部分を占めていたのである。

二　苦難の時代

――戦中・戦後～再開発以前の南京町

●空襲で消えた街

一九三一年九月一八日、奉天（現在の瀋陽）郊外の柳条湖で、関東軍（満州駐留の日本陸軍）が南満州鉄道の線路を爆破した「柳条湖事件」に端を発し、関東軍による満州（現在の中国東北部）全土の占領を経て、日本と中国との間の抗争が発生した。いわゆる「満州事変（九・一八事変）」である。この事件以降、日中関係は悪化の一途をたどった。在日華僑は日本での生活が困難になり、中国への帰国を余儀なくされた。神戸華僑の人口も、満州事変を機に半減した（中華会館、二〇〇〇年、一八六頁）。一九三〇年一二月時点では神戸に六七八〇人の在留中国人（華僑）がいたが、一九三一年一二月には三三九九人となった（中華会館、二〇〇〇年、一八三頁）。

さらに一九三七年七月七日の盧溝橋事件を契機に日中戦争が勃発すると、神戸華僑は次々と帰国。一九三四年以降、神戸華僑の人口は徐々に回復を見せていたが、一九三七年七月の六一四六人から、日中戦争開戦を挟んだ半年後の三八年一月には二六二八人と半数以下に減少した（中華会館、二〇〇〇年、一九五頁）。華僑への抑圧も次第に厳しくなり、食料不足もあいまって、神戸華僑は苦しい生活を強いられた。戦時下での物資の統制が行なわれ、物流は途絶え、南京町でも店はあっても商品はないという状態であった。

こうした苦境に追い打ちをかけたのが、一九四五年の神戸大空襲である。一九四五年二月以降、神戸市域は数度にわたりアメリカ軍の無差別焼夷弾爆撃にさらされた。三月一七日未明の空襲で神戸市の西半分（兵庫区、林田区、葺合区など）は壊滅状態となり、五月一一日の空襲では、灘区・東灘区が被害を受けた。さらに六月五日には西は垂水区から東は西宮までの広範囲にわたる爆撃が行なわれ、残された神戸市の東半分もほとんど焦土と化し、これら三回の空襲により神戸市域はほぼ壊滅状態となった（図7）。

図7 「戦災概況図　神戸」
（全国主要都市戦災概況図、第一復員省資料課、昭和 20 年 12 月）
［国立公文書館デジタルアーカイブ http://www.digital.archives.go.jp/gallery/view/detail/detailArchives/0000000600］

図で濃くなっている部分（地図では赤いメッシュがかけられている）が被災地域。

建設省編『戦災復興誌』第一〇巻によると、当時の市域の罹災状況は、罹災者数約四七万人、罹災面積約五九〇万坪、死者六二三五人、重傷者数七〇〇七人、軽傷者数八三三六人、計二万一五七八人にのぼり、建物の被害は全焼全壊一二万五二〇九戸、半焼半壊二九八〇戸、計一二万八一八九戸にのぼった。市街地の六〇パーセントが戦災にあい、家屋の六四パーセントが焼失、市民の五一パーセントが被害を受けるといった状況であった（新修神戸市史編集委員会、一九九四年、九〇八頁）。

華僑が多く暮らしていた南京町周辺地域（海岸通、元町、北長狭通、トアロード一帯）も大空襲でほぼ全焼し、コンクリート建築が部分的に残る程度で、付近は焼け野原となった（写真5）。戦前の街路景観はまったく消え去り、南京町は一から再出発することとなった。

写真5　神戸市元町付近の焼け跡（1945年6月5日）［写真提供：毎日新聞社］

空襲は本土全域に及び、地方の主要都市も被災した。神戸市元町付近もセメントのビルを残して焼き尽くされた。

●ヤミ市からの再出発と外人バーの時代

戦後の混乱の中、省線三宮駅付近やトアロードなどの焼け跡には、不法占拠のバラックが建ち並んだ（バラックとは、もともと駐屯兵のために建てられたトタン屋根のカマボコ兵舎のことを指すが、それになぞらえてトタン板作りの粗末な掘っ立て小屋をバラックと呼んだ）。とくに省線三宮駅から神戸駅までの高架下にはバラックが集中し、「三宮自由市場」と呼ばれる、延長二キロにも及ぶ日本一長いヤミ市を形成した。ヤミ市は、戦後間もない一九四五年八月の終わり頃、中国人（華僑）が揚げ饅頭を一個五円で売り出したことに始まるという（『神戸新聞』一九四五年九月一七日付記事）。

ヤミ市の当初は、中国人、台湾人、朝鮮人のヤミ商人が多く見られた。当時の『神戸新聞』によると、中国人の饅頭の立ち売り商人が主体とまで言われたほど多かった（『神戸新聞』一九四五年一〇月二九日付記事）。在留外国人は戦後しばらくの間、ＰＸ（Post Excange、進駐軍向けの売店）で物資を購入できたこともあり、砂糖や小麦粉を日本人とは別ルートで入手することができた。一九四五年九月時点では、高価でも甘い食べ物を販売することができた中国人が商売人の中心であり、その後台湾人や朝鮮人も市場に進出していった（村上・梅宮、二〇一一年、七三頁）。

ヤミ市では当初主体であった中国人など在留外国人に日本人（復員や徴兵解除による失業者を含む）も加わり、衣料品、食料品を中心とするさまざまな物資が売買された。立ち売りの店から次第に露店・屋台による仮設店舗による営業も見られるようになり（『神戸新聞』一九四五年一〇月二七日付記事）、饅頭、蒸し芋に始まり、生鮮食料品（青果・魚介類）、主食、日用雑貨、古着、繊維製品、ゴム製品まで何でも揃う市場として知られるようになった（村上・梅宮、二〇一一年、六九頁）。戦後神戸の復興は、こうしたヤミ市を中心に始まったと言っても過言ではない（写真6、写真7）。

戦後の南京町もヤミ市から出発した。焼け跡に粗末なトタンやバラックの店が建ち並び、さまざまな商品を扱っていた。こうしたバラックがやがて常設の店舗となり、戦後の南京町の風景を形作っていったのである。しかし、当時はまだ世の中全体が貧しい時代であり、南京町は、市場としての復興からは取り残されていた（写真8）。

一九五〇年の朝鮮戦争の勃発にともない、アメリカ軍が日本に大量の物資やサービスを発注したことにより（いわゆる「朝鮮特需」）、未曾有の好景気がもたらされた。一九五〇年～五二年の間の特需は一〇億ドルに達したと言われる。特需により物資は豊富となり、戦後の南京町は再びにぎやかさを取り戻してきた。バラック混じりの街並みであったが、南京町に来ればハイカラ品から中華食材、肉、魚など何でも揃うと言われ、多くの買い物客が訪れた。中華料理店も七、八軒にまで増え、戦前の面影を取り戻しつつあった。

しかし、朝鮮戦争は南京町に「もう一つの顔」ももたらした。外人バーに象徴される、「怪しく危険な街」

写真6　三宮駅南側に広がるヤミ市、三宮ジャンジャン市場（1946年）
［神戸市、1989年、118頁］

写真7　省線三宮駅高架下の散髪屋（1945～52年頃）
［写真提供：神戸華僑歴史博物館］

というイメージである。

戦後、神戸港はアメリカ軍によって全面占領され、アメリカ軍基地となった。一九五二年から一部撤収が始まったが、アメリカ軍基地としての神戸港は、その後の朝鮮戦争・ベトナム戦争に利用され続けた。三宮や元町にはアメリカ兵があふれ、市民が暴行を受けるなどの被害も増えた。とくにクリスマスの被害は大きかった。

朝鮮戦争が始まると、神戸や横浜などの港湾都市は朝鮮半島での戦争を遂行するための物資の集積地となり、多くの外国船が集まるようになった。また、先に述べたように神戸にはアメリカ軍基地もあった。こうしたことから、一九五〇年の朝鮮戦争以降、港にほど近い南京町の南側の路地を中心に、神戸港に入ってくる外国人船員や進駐軍兵士相手の「外人バー」が急増した（写真9、写真10）。最盛期には、南京町に十数軒の外人バーがあったという。なお外人バーは周辺の元町界隈にも広く点在し、一九七〇年代頃には合わせて数十軒の店があったようである。

外人バーは、スカンジナビア三国（スウェーデン、ノルウェー、デンマーク）系、アメリカ系、イギリス系というように、およそ船員の出身国ごとに店の客層が分かれていた。南京町付近にはUSL、Black Cat、Sunshineなどの店があった。中には日本人お断りの店もあった。

横文字で書かれたバーの看板は異国情緒を漂わせていたが、

写真8　戦後間もない頃の南京町付近の風景（1945年8月）
［写真提供：南京町商店街振興組合］

夜になると、あたりは怪しい雰囲気に包まれた。いろいろな国の外国人が店のママさんと、またいろいろな女性たちと酒を飲んでいた。通りには客引きの娼婦（売春婦）が立っており、お世辞にも治安のよい街とは言えなかった。「南京町は危ないから、近寄らない方がいい」、市民の間でもそんな噂がささやかれていた。なお、この時期の横浜中華街（当時は南京町と呼ばれていた）も、よく似た状態であった。

折しも一九六〇年にベトナム戦争が始まると、ベトナムからの帰休兵のケンカ騒ぎなども絶えなかった。昼夜を問わず船員や水兵がやってきて外人バーに出入りし、酒の上でのケンカも頻繁に起こっていた。「老祥記」の店主・曹英生氏の話では、当時の南京町は「中華街の風情は全くなく、危険な所」だったという。

写真 9　「うなぎ横丁」の外人バー（1977 年）
［写真提供：南京町商店街振興組合］

「うなぎ横丁」は、元町商店街から南京町につながる細い街路（現在の中山街）。今も同じ場所で「うなぎ横丁」（1947 年開業のうなぎ専門店）が営業している。写真奥の方は英語のバーの看板が並び、戦後の外人バー林立の時代の面影を残している。

写真 10　外人バーの看板が林立する路地
（1970 ～ 75 年頃）
［写真撮影・提供：大木本美通］

「森田川魚店」の西側を元町方面に抜ける路地（現在の友愛街）。北（元町側）から南に向いて撮影。

また広東料理店「民生」を営む呉正一氏によると、「夜は酔っぱらいの外国人船員や米兵、娼婦があふれ、一般市民を寄せ付けない雰囲気があった」という（『読売新聞』二〇一〇年一月八日付記事）。

以下は、南京町ホームページ内の「南京町列伝」に見る、広東料理「民生」の呉信就氏（一九三六年生まれ）の当時の述懐である（「町を守りぬいた男」http://www.nankinmachi.or.jp/about/retsuden/retsuden-01.php）。

「ハロー！　シューシャイン！」アメリカ兵をみると寄ってゆく靴磨きの子ども達。軍服のポケットからキャンディを撒いてその場をしのぐ米兵。ワッと地べたに群がる子ども達。戦争孤児にとっても生きる糧がある町だった。

一方、通りのあちこちに、米兵相手の外人バーが出来始めた。磯上の米兵キャンプ地、通称かまぼこ兵舎からくる兵隊達と、神戸港に着くアメリカ軍艦から、しばしの休憩をとって下船する兵隊の歓楽街になっていったのである。

夜、酔った米兵達が大きいプラスチックのゴミバケツの蓋を、フリスビーにして悪ふざけをはじめても、体格のよいアメリカの大男たちを誰も止めることは出来なかった。そこらじゅうの物が壊れ、騒ぐうちにとっくみあいの喧嘩が始まったり……

「そらもう、無茶苦茶なんやから……」

写真 11　広東料理「民生」付近の風景
（1970 〜 75 年頃）
［写真撮影・提供：大木本美通］
当時、「民生」は南京町で唯一の中華料理店となっていた。手前は「安福商店」、奥は「景徳行」。

売上の入っている木箱から大きな手で鷲づかみで盗られたこともあった。金を使い果たした者の仕業だ。警察に通報しても器物破損、損壊くらいなら調書のわずらわしさと言葉の壁で泣き寝入りになってしまう。どろぼうの首実検をした時も、良く似ていて誰だか決められない。まともな人が息をひそめ、賑わいも消えた町。

外人バーの隆盛で、厄介事はエスカレートしていく。ホステスを背後で仕切るやくざ。通りに組事務所までできた。外人バーの壁には、安っぽいペンキ絵に、どぎつい英語の看板。路地裏では、とばくに売春……。連夜の喧嘩や暴力沙汰。堅気《かたぎ》の人が寄りつけない町になっていった。店をたたむ処が出てきた。商売にならないのだ。

昭和四〇年代に入って、とうとう「民生」だけになった。それから八年間、南京町の中華料理店は「民生」一軒だけの状態が続いた。中華食材の店もわずかになって「南京町」の名前とはかけ離れた様だった。無法地帯、なすすべもない中で、南京町を見限って去った人達。それぞれに悩んだ選択だった。

このように、戦後の南京町は、昼夜を問わず外人バーなどで遊ぶ船員や水兵がたむろする「いかがわしい街」「きたない街」と見られていた。市民の目には、当時の（とくに夜の）南京町は怪しく危険な異境・魔窟と映っていたようである。

もっとも、南京町に住む人たちから見れば、外人バーのある風景も日常生活の一部という面もあったようで、堂記豚肉店の黄兆銘氏（一九三一年生まれ）は、南京町ホームページ内の「南京町列伝」で次のように語っている（「焼き豚作りは早寝早起き」http://wts71.ejworks.com/about/retsuden/retsuden-12.php）。

外人バーは、この周辺一帯たくさんできました。
当時は配達が主で、店も夕方には閉めてしまってました。
朝に肉を焼かんといけないから晩は早いんです。
バーと営業する時間帯が違うからね。
夜の騒ぎの頃は、すっかり寝てしまってるので、どうってことなかった。
だから、住んでて危ない、というようなことは全然なし。
それに、うちは子ども達が遅くに帰ってきたりで、夜でも戸口に鍵もかけてなかった。
まぁ、訪ねてくる人は戸が閉まってないから驚いて、
「なんや、戸が開いたままやんか。用心悪いなぁ」
とかいうてたけど。(笑い)
寝ていても何ともなかったし、怖いと思ったこともなかったよ。

現在は南京町の中心として整備されている南京町広場の周辺も、当時は狭い路地の両側に小屋のような建物(食材を売る魚屋、八百屋……)が軒を連ね、市場というよりは戦後のヤミ市の雰囲気を残した空間であった(写真12、写真13、写真14、写真15、写真16、写真17)。
このように、戦後の再開発以前の南京町の風景は、戦

写真 12　中山街付近の石畳（1952 年）
［写真提供：南京町商店街振興組合］
現在の「ユンユン」の角から北方面（元町商店街側）を見る。奥に続く道路は中山街。写真に写っているのは、台湾料理「攤販街」のオーナーとその妹さん。

写真13　昭和50年代後半の「老祥記」付近の風景
［写真提供：南京町商店街振興組合］

狭い路地に店が並び、通りの上には雨よけの覆いが付いている。当時のガラス戸が、現在も老祥記の店内に飾られている。

写真14　再開発以前の「老祥記」前の路地（1970～75年頃）
［写真撮影・提供：大木本美通］

間口の狭い店が軒を連ね、店先には野菜や果物、乾物などの商品が所狭しと並べられていた。戦前の市場の雰囲気を残す風景である。

写真15　再開発以前の南京町広場付近（1970～75年頃）
［写真撮影・提供：大木本美通］

現在の堂記付近から北（元町方面）を見る。路地（現在の南京北路）入口に雨よけの覆いが設けられている。路地に入って左手に老祥記があった。写真左手に森田川魚店の軽トラックが見える。

前の「国際マーケット」としての様子とも、また現在われわれが目にする中国色豊かできらびやかな南京町ともまったく異なったものであった。雨が降るとぬかるむ未舗装の狭く汚い道、街に広がる市場特有の生臭い臭い、バラックの名残の建物、外人バー、娼婦、ケンカ騒ぎ……一般の人から見れば、観光とはおよそ無縁の、暗く危険な街（夜の歓楽街）というイメージがつきまとっていた。

一九六五年の資料では、南京町市場組合には六五軒の店が加盟していたが、内訳は料理店八軒、食料品店二軒、肉店六軒、そのほかは中国物産とは関係ない店であった。華僑は南京町を離れていき、中華料理店も一時はたった一軒（広東料理の「民生」）だけになった。南京町の神戸華僑社会における生活ネットワークの紐

写真 16　再開発以前の南京町中心部（1977 年）
［写真提供：南京町商店街振興組合］

今の中華料理「長江」付近から東向きに見る。中央を奥に走る道路は現在の南京町のメインストリート（南京東路）。写真中央右寄りに「堂記豚肉商店」（現在の「堂記号」）が見える。右手前の電柱の陰が「鳥利商店」。中央の瓦屋根のあたりが後の南京町広場となる。

写真 17　再開発以前の南京町東エリア（1977 年）
［写真提供：南京町商店街振興組合］

現在の東龍街口から南京東路（南京町のメインストリート）を西方向に見る。右手手前は中華食材販売の「永昌行」。向かいは輸入食材の「林商店」。

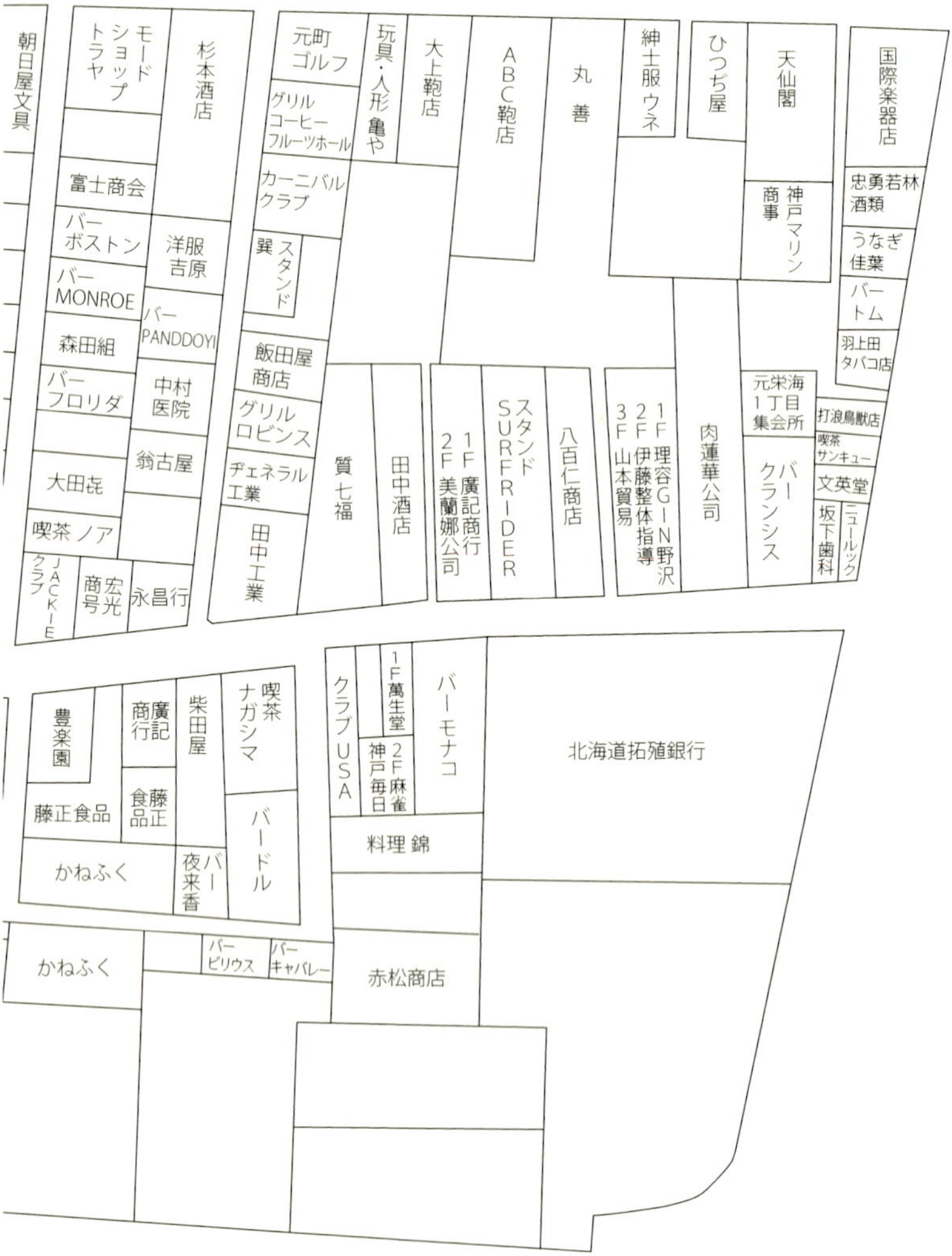
朝日屋文具
モードショップトラヤ
杉本酒店
元町ゴルフ
玩具・人形亀や
大上靴店
ABC靴店
丸善
紳士服ウネ
ひつぢ屋
天仙閣
国際楽器店
グリルコーヒーフルーツホール
富士商会
カーニバルクラブ
神戸マリン商事
忠勇若林酒類
バーボストン
洋服吉原
巽スタンド
うなぎ佳葉
バーMONROE
バーPANDDOYI
バートム
森田組
飯田屋商店
羽上田タバコ店
バーフロリダ
中村医院
グリルロビンス
元栄海1丁目集会所
打浪鳥獣店
翁古屋
チェネラル工業
質七福
田中酒店
1F廣記商行 2F美蘭娜公司
スタンドSURFRIDER
八百仁商店
1F理容GIN野沢 2F伊藤整体指導 3F山本貿易
肉蓮華公司
バークランシス
喫茶サンキュー
文英堂
大田㐂
喫茶ノア
坂下歯科
ニュールック
クラブJACKIE
宏光商号
永昌行
田中工業
豊楽園
廣記商行
柴田屋
喫茶ナガシマ
クラブUSA
1F萬生堂
神戸毎日
2F麻雀
バーモナコ
北海道拓殖銀行
藤正食品
藤正食品
バードル
料理錦
かねふく
バー夜来香
かねふく
バーピリウス
バーキャバレー
赤松商店

図8　1966年当時の南京町の街並み

『観光と産業の神戸市住宅地図　生田区　1966年版』関西図書出版社、日本電信電話公社『神戸市50音別電話番号簿　昭和40年』近畿電気通信局、1966年を参考に、南京町商店街振興組合の協力を得て作成した。

帯としての役割も、大きく薄れざるを得なかった。街並みからは戦前見られたような中国色が失われ、むしろ下町の商店街という雰囲気に近かった。外人バーに象徴される雑然とした裏町の南京町は市民から敬遠され、時代から取り残されてきたのである。

三　観光の街へ
――再開発～現在の南京町

●都市再開発と南京町の整備計画

　外人バーの主たる客層は、アメリカ兵と外国人船員であった。しかし、その得意客も一九七〇年代には次第に姿を消していくことになる。七三年一月のパリ協定を受けてアメリカ軍はベトナムから完全撤退、ベトナム戦争終結間際の七四年六月には神戸港が全面返還された。基地は閉鎖されアメリカ兵は帰還、七五年三月の「核兵器積載艦艇の神戸港入港拒否に関する決議」以降、アメリカの艦船の姿を神戸港で見ることはなくなった。また貨物のコンテナ化による船員数の減少、オイルショック以降の海運の衰退、円高による物価の上昇などの要因もあいまって外国人船員の客足も遠のき、南京町の風景の象徴でもあった外人バーは次々と閉店していった。こうして騒がしき「外人バーの時代」は終わりを告げたが、街は活気を失い、さらに沈滞ムードが広がることとなった。

　しかし、七〇年代も半ばを過ぎる頃から、新しい南京町の街づくりに向けての動きが芽生え始めた。折しも日中国交正常化（一九七二年）にともなう「中国ブーム」が起き人々の中国への関心が高まっていた時期で、こうした時代の流れは、その後の南京町復興への追い風となった。その後、神戸市の戦災復興土地区画整理事業に基づく地区再開発計画を契機に、南京町の整備計画、すなわち中国的な異国情緒が漂う街として整備しようとする動きが進み、南京町の風景が劇的に変化していくことになる。

一九六〇年代以降、日本経済は戦後の復興を遂げ、高度経済成長期に入る。しかし神戸の経済成長率は大都市としては低かった。神戸の経済が伸び悩んだ要因として、産業構造が重工業中心で、国際競争力・技術開発力に優れた中堅ハイテク企業の影が薄かったこと、東京や大阪、名古屋、福岡など広域中心都市に都市機能が集積されていったこと、神戸市の地理的条件（狭い用地）が工場の大規模化に向かなかったことなどが挙げられるが（新修神戸市史編集委員会、一九九四年、一〇二八～一〇二九頁）、七三年に始まったオイルショックはこうした傾向に追い打ちをかけた。経済的な苦境に加え、都市周辺部への人口流出（インナーシティ問題）など都市構造の問題も深刻化、こうした状況の中で、神戸市の都市構造再編に向けての再開発が迫られることになった。

神戸市は七〇年代末、異人館を中心とした北野地区の観光地整備に乗り出しており、観光は神戸の都市計画政策の新たな方向性として位置づけられていた。こうした過程で、南京町の観光資源としての可能性が注目された。南京町の再開発計画は、このような神戸市の都市構造再編に向けての過程で浮かび上がってきたのである。

再開発計画が浮上する前（一九七〇年頃）から、戦前の活気を取り戻したいという地元商店主の声はあったというが、当時、華僑経営の商店は南京町全体六一軒のうち三分の一ほどで、残りの日本人商店のほとんどは中国物産とは無関係の業種であったため、「大きな自己負担をしてまで中華一色にする必要はない」という声も一部にあり、地元の意見の合意をみることは難しかったという（神戸新聞社、一九八七年、三六～三七頁）。

こうした中、七〇年代半ばに地元関係者を中心に「南京町を考える会」が作られ、南京町の将来（再開発計画）についての話し合いが進められた。会では七六年に南京町の復興整備に関する陳情書を神戸市に提出。神戸市も都市再開発、観光化による地域活性化を検討していたこともあり、「国際港都神戸」にふさわしい中国的な景観を中核とした南京町の街づくりを積極的に支援する方向を打ち出すことになる（大橋、一九九七年b、八〇頁）。

こうした神戸市による再開発計画を機に、一九七七年七月には南京町の商店主らにより「南京町商店街振興組合」が設立され、その後、南京町の再興、観光地化に向けての動きが着実に進んでいく。振興組合の設立メンバー六四名のうち、中華料理店、中国物産店など中国関係の商売に携わる者は二割に満たず、大多数は日本人メンバーであった。地域の華僑と日本人が共同して新たな「チャイナタウン」を一から作るという壮大な取り組みにかかったのである。

なお、再開発以前の南京町には中華風の建物や店は数えるほどしかなく、狭い道幅の上、路上には車やバイクが停められているといった状況で、およそ何の風情も異国情緒もない街であった（写真18）。

その後の南京町の再開発事業は、南京町商店街振興組

写真 18　再開発以前の南京町西エリア（1977 年）
［写真撮影・提供：大木本美通］

現在の上海飯店付近からメインストリート（南京西路）を東に望む。道の両側に一般の商店や飲食店が建ち並び、現在見るような「中国色」は感じられない。喫茶店・スナック・バーなども多かった。

合と神戸市との密接な連携のもと進められていった。一九七八年、神戸市は「神戸市都市景観条例」を制定、地元の要望も受けて南京町整備計画の策定を求めた。また、振興組合のメンバー、コンサルタント、市の職員からなる「街づくり協議会」を組織、整備事業計画の骨子についての検討を重ね、八一年に「南京町復興環境事業実施計画」をまとめ上げた。「このままでは南京町は寂れる一方」という危機感と、戦前の「中華街」の雰囲気を再現したいという思いで南京町の街づくりが始まった。かくして「中国色」を前面に出した街づくり計画が本格的にスタートしたのである。

なお同じ時期、横浜でも中華街の再開発、観光地化の動きが進められた。横浜中華街も戦後は神戸と同様、アメリカ兵や外国人船員相手の外人バーの林立した暗く危険な街というイメージがあり、市民からは敬遠されがちであった。しかし一九七二年の日中国交正常化を契機に地元商店主らを中心に「横浜中華街発展会協同組合」を結成、中国イメージを生かした街づくりをハード・ソフト両面で進め、観光地として発展していった。

●創られるチャイナタウン

一九八一年に策定された「南京町復興環境事業実施計画」に基づき、翌八二年から具体的な景観整備事業がスタートした。以後、中国イメージを強調した南京町の街並み・風景が作られていくことになる（写真20）。

景観整備のポイントは、①シンボルゲート（楼門）、②プロムナード（街路）、③チャイナプラザ（広場）の三点であった（図9）。南と東の入口に置かれた中国風のデザインのシンボルゲート（楼門）は、街のゲートとして地区エリアの領域感を高めることにつながる。プロムナードは歩行者を優先し、かつての石畳を再現した道路と中国風ランタン、区画整理により建て替えられた新しい店の中華風外装、店先のにぎわいなどがかもしだすシークエンスとして街の軸線となる。チャイナプラザは街の中央部に確保された憩いの広場で、添景のあずまや、街の案内板、十二支＋パンダの車止めなどで構成された「ハレの場」であり、空間にメリハリを付け、イベントにも対応できる重要な空間になっている（白井、二〇〇八年、三頁）。

まず、一九八二年に「南京町」の名を掲げた楼門（南楼門）が完成した。また同年、街路と南京町広場の

写真20　区画整理が進む南京町東エリア
（1980年前後）
［写真提供：南京町商店街振興組合］

南京町のメインストリート、広東料理「民生」界隈の風景。再開発により取り壊し中の建物や空き地が目につく。

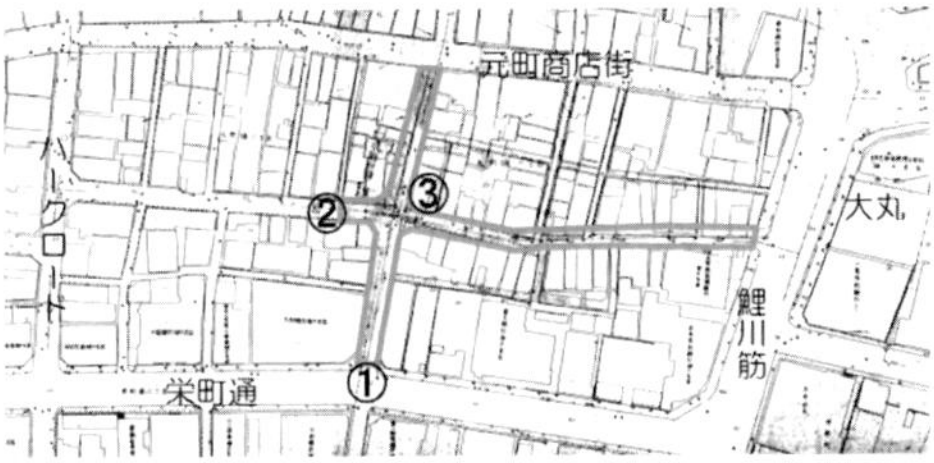

図9　南京町景観整備のポイント地点
［白井、2008、3頁］

整備が始まり、八三年に完成をみた（写真21）。狭い道幅を八メートルにまで拡張、昔ながらの石畳の歩道も復活した。石畳の道は、「舗地」と呼ばれる中国の伝統的な敷石による歩道の作り方を用いて整備された。

一九八三年には南京町広場にあずまや（高さ六・八メートル）を設置、八五年には南京町の顔と言える高さ九・八五メートル、幅七・四メートルの長安門（東楼門）が南京町の東入口（大丸神戸店側）に完成した（写真22）。建材には中国から輸入された「漢白玉」と呼ばれる大理石（中国河北省石家荘特産の大理石で、日本ではじめて海外輸出を許可された）が用いられた。八七年四月には南京町広場に中国風電話ボックス、八八年二月には南京町北側入口に大理石製の中国獅子像を設置、八九年一二月には南京町広場に「十二支石像」も設置された。十二支石像の横にはパンダの石像が置かれているが、当初中国に石像を注文した際、聞き間違いで亥がパンダになってしまった。しかし後に亥の石像を再注文、パンダ像は亥の石像の横に一三番目の十二支像として置かれることになったのだという。

街並みの整備にあたっては、中国イメージを演出する

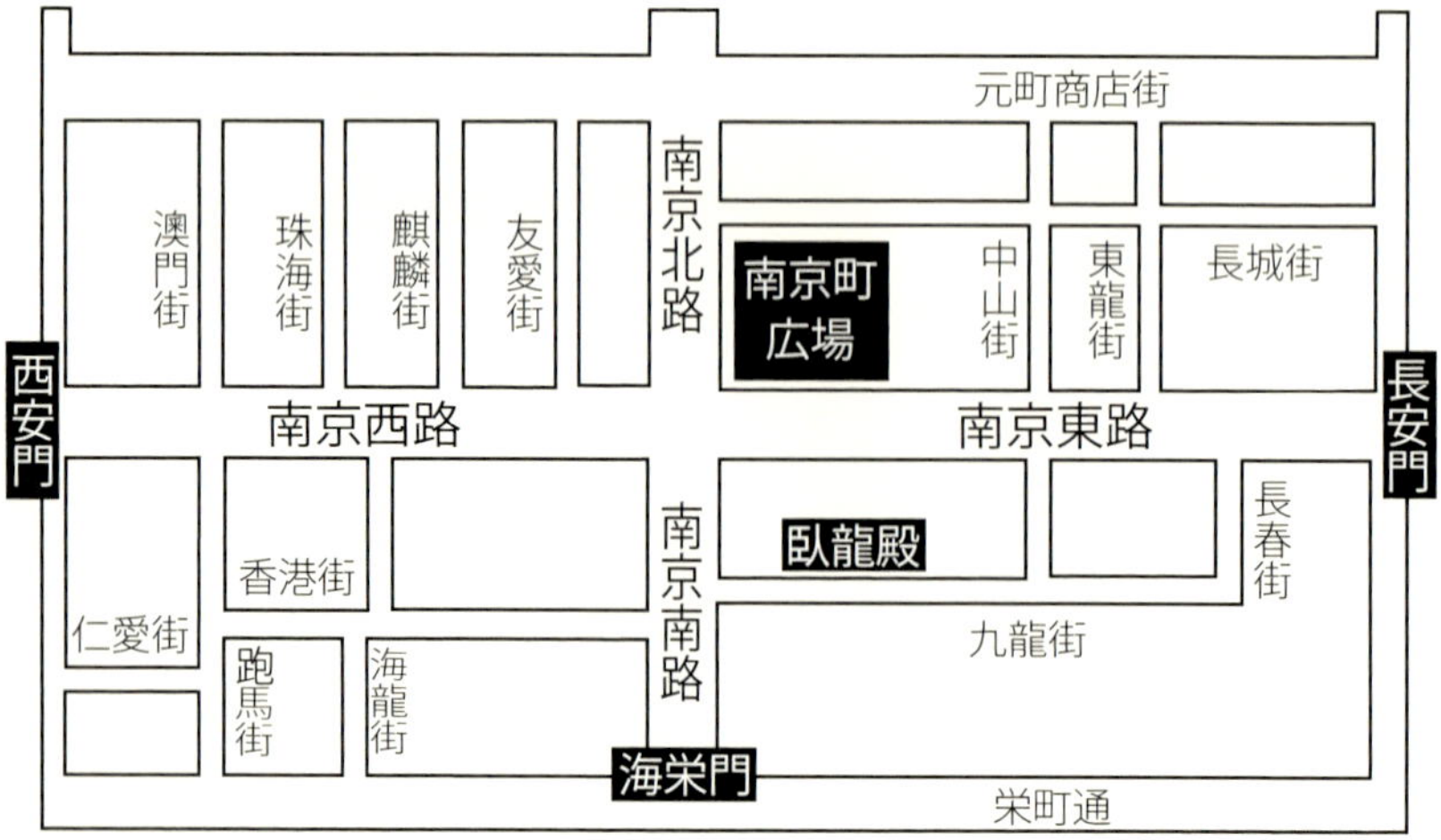

図 10　整備された南京町の街路

ため、赤を基調とした中国的な色使い、吉祥文字・龍・鳳凰などの図案、中国獅子などの石像、提灯などの要素が意識的に用いられた。

● 春節祭の創始

このように、一九八一年の整備事業計画策定以降、中国色を生かした南京町の景観形成が着実に進められた。八五年頃には楼門や街並みなど、ハード面での整備が一通り完了した。うらぶれた商店街は、関西随一のチャイナタウンに生まれ変わった。しかし南京町の知名度はまだ低く、観光客数も今ひとつ伸び悩んでいた。当時の神戸の観光地といえば北野異人館エリアが中心で、一九八五年に地下鉄が三宮まで開通すると、元町界隈はさらに活気を失っていった。

写真 21　南京町広場
中央はあずまや。周囲に十二支像を配置している。手前は小財神の「財財」「來來」の像。

写真 22　長安門
南京町東側入口に設けられたメインゲート。中国河北省石家荘特産の大理石「漢白玉」で造られている。

こうした事態を打開し街を活性化するためには、ハード面のみならずソフト面を充実させる必要があると考え、一九八六年には南京町の華僑および日本人商店主約四〇名により、街の活性化の実行部隊である「南京町商店街振興組合青年部」が結成された。青年部では定期的に会合を開き、ソフト面からの南京町活性化の方策を話し合ったが、その中で、南京町らしい行事を始めてはどうかという話になり、中国の旧正月である「春節」をアレンジしたイベント「春節祭」の開催が企画された。青年部が企画・運営の中心となり、街のディスプレイやイベントなどを発案した。春節祭開催の目的は、①南京町、元町地区の活性化を推進する、②中華街としての南京町をもっと多くの人々に知ってもらう、③観光拠点としてのPR、南京町の南に位置するメリケンパークへのルートづくりを行なう、④来街者にも楽しんでもらえるイベントとし、多くの人々に南京町とその周辺地域の良さを知ってもらうことなどであった。八六年から横浜中華街で新たに春節祭のイベントが始められたことも、刺激となった。

こうして、一九八七年の旧正月前後の四日間（一月二九日～二月一日）にわたり、第一回南京町春節祭（南京町春節祭――バンバン新年　神戸南京町）が南京町とその周辺地域で行なわれた。街並みはランターン（中国提灯）など中国的な装飾で飾り立てられ、通りには中国の食べ物や物産を販売する屋台が並び、南京町広場では獅子舞、龍舞、少林寺拳法、太極拳、中国舞踊など多様な中国的な芸能や出し物が披露された。こうして南京町にしかない旧正月の祭り「春節祭」が誕生したのである。

第一回春節祭は二七万人もの観光客を集めて大成功を収め、その後、南京町最大の恒例イベントとして定着していく（写真23）。以後、春節祭は昭和天皇崩御（一九八九年）、阪神・淡路大震災（一九九五年）の年を除き毎年開催され、二〇一五年で二七回を数える。これまでの春節祭の開催状況は表1（八四頁）の通りである。

第一回春節祭では神戸華僑総会舞獅隊による獅子舞（写真24）が披露されたが、チームの結成は一九七九年と歴史は新しい。また龍舞は、春節祭での披露を目的として南京町商店街振興組合の有志二十数名（華僑と日本人の混成）で新たに結成した「舞龍隊」によるものである（写真25）。香港から長さ四〇メートル（当時日本一）の龍を購入し、演技は中国や長崎で行なわれていた龍舞を参考にして新たに創作した。

一見すると、獅子舞や龍舞は神戸華僑が昔から脈々と受け継いできた「伝統文化」のように見えるが、実際には、南京町の観光化にともなう春節祭の創始をきっかけとして、新たに「見せるための文化」として創られた伝統なのである。また南京町の龍舞は、華僑と日本人がともに創り上げた伝統でもあった。しかし、歴史が新しいからといって、また日本人が加わっているからといって、獅子舞や龍舞の文化的な価値は少し

写真 23　春節祭のにぎわい（南京町広場付近）
［写真撮影・提供：横島克己］

写真 24　南京町広場での獅子舞の演技
［写真撮影・提供：横島克己］

も劣ることはない。その後いくつもの（日本人を含む）獅子舞や龍舞のグループが誕生、春節祭をはじめとしたさまざまなイベントに出演するようになっており、獅子舞や龍舞は今ではすっかり南京町、神戸の華僑社会、あるいは神戸という街に根付いた地域文化となっていると言える。

現在、龍舞については南京町龍獅団（第一回春節祭の際に結成された「舞龍隊」が前身で、二〇〇八年春節祭から獅誠館と合体して龍獅団として活動している。南京町の人や華僑のみならず、一般からの参加者や日本人も多い）、神戸市立兵庫商業高等学校龍獅團（一九八八年結成）の二チームがある。獅子舞については、神戸華僑総会舞獅隊（一九七九年結成）、神戸中華同文学校舞獅隊（一九九八年結成）、神戸市立兵庫商業高等学校龍獅團、南京町龍獅團の四チームがある。一九八七年に南京町春節祭が神戸市の地域無形民俗文化財に指定されたのも、こうした民俗芸能を含む中国色あふれる祭り全体が、単なるイベントではなく、これからも受け継がれる神戸の特色ある地域文化と認定されたことによるものであろう。

春節祭では、さまざまな中国的な芸能が披露される。神戸中華同文学校生徒による楽器演奏や神戸華僑総会の獅子舞・舞踊など、子どもや若者たちによる演技も多い（写真26）。華僑の中でも二世、三世といった若い世代は次第に日本化が進み、華僑としての意識も薄れてきている。そんな中、中国の伝統文化を学び、春節祭をはじめとする南京町のイベントで披露することは、外部（観光客）のまなざしを通して、彼ら／彼女らの華僑（中国人）アイデンティティをあらためて確認し、強める働きをしている。

写真25　南京町広場での龍舞の演技
［写真撮影・提供：横島克己］

一九八八年の第二回春節祭では、香港からさらに一セットの龍を調達し、「龍の結婚式」を行なった。八九年の春節祭は昭和天皇崩御のため中止となったが、九〇年の第三回春節祭では、多くの人に来てもらい祭りを盛り上げようという趣旨から、中国広東省の雑技団を招いた。雑技団の招聘はその後も続いたが、こうした外部団体との折衝に際しては、振興組合の華僑メンバーや華僑の各同郷会組織のネットワークが大いに活用されている。街には食べ物の屋台も八〇軒ほど並んだ。

阪神・淡路大震災の明くる年（一九九六年）の春節祭は、経費節減と自粛の折、雑技団や中国皇帝船による神戸港クルージングなどのイベントは中止となり、獅子舞、龍舞、太極拳などの中国的イベントと、食べ物や中国物産を販売する屋台を中心に運営された。復興も進んだ九七年には中国雑技団と皇帝船クルーズが復活、九八年からは「中国史人游行」と題した京劇の衣装とメイクでのパレードが始まった。また獅子舞三団体による競演も行なわれるようになった。

二〇一五年の第二七回春節祭は、二月一五日（日）にプレイベントがあり、二月一九日（木、旧暦元日）から二二日までの四日間開催された（写真27）。プログラムは表２（八五頁）の通りであるが、一五日のプレイベントでは、全長四七メートルの金龍（ロンロン）が三宮方面、元町方面を練り歩き（写真28）、神戸アンパンマンこどもミュージアム、ｕｍｉｅ一階センターストリートでは獅子舞を披露して祭りの幕開けを祝った。一九日以降は南京町広場を中心として、日中から夜にかけて連日中国的なイベントが行なわれた。

写真 26　神戸華僑総会の女性たちによる民族舞踊の披露
［写真撮影・提供：横島克己］

写真27　第27回南京町春節祭（2015年）パンフレットの表紙

写真28　プレイベントの龍の市内パレード（南龍游行）

初日の一九日は、南京町広場で神事・獅子の開眼式が行なわれ、オープニングセレモニーの後、東京中国歌舞団による変臉《へんれん》・雑技が披露された。その後、一二時から夕方一七時頃まで、京劇の衣装とメイクで三国志や楊貴妃などに扮した面々が南京町を出て神戸の街をパレードする「中国史人游行」が行なわれ、南京町の外にまで祭りのにぎわいを広げた（写真29）。

南京町広場のステージでは、三〇分刻みのスケジュールで獅子舞、太極拳、舞踊、音楽演奏など中国芸能の披露が行なわれ、多くの見物客でにぎわった。翌日以降も、広場のステージを中心として獅子舞、龍舞、太極拳、花架拳、舞踊、音楽演奏、歌などが披露された。とくに観光客の多い週末を中心に多くの出し物が組まれている。
期間中、ステージに登場した芸能団体・個人は以下の通りである。
・獅子舞：神戸華僑総会舞獅隊、南京町龍獅団、神戸市立兵庫商業高校龍獅團、神戸華僑総会舞獅隊幼獅班、神戸中華同文学校舞獅隊
・龍舞：神戸市立兵庫商業高校龍獅團
・太極拳：神戸華僑総会太極拳協会、兵庫太極拳同好会
・花架拳：日本花架拳学会
・舞踊：神戸中華同文学校民族舞蹈部、神戸華僑総会華芸民間舞蹈隊
・音楽演奏：神戸華僑総会民族楽器団華蕾、Xeno Quartet、ＪＣＭ民族楽団
・歌：范丹陽
・変臉・雑技：東京中国歌舞団
・二胡：二胡グループ和鳴

こうして見ると、春節祭への参加団体は神戸華僑に関わる団体を中心としながらも、南京町に関わる団体、日本人の団体などさまざまであることがわかる。

祭りの最終日の二二日には、獅子舞が南京町や北隣の元町商店街の

写真 29　中国史人游行
［写真撮影・提供：横島克己］

各店舗を回りご祝儀をもらう「採青」がイベントの合間に行なわれた（写真30）。

これら中国的な芸能以外にも、さまざまな中国色豊かなイベントが催された。南京町広場のあずまやには期間中商売繁盛の神様である「関聖帝君」を祀る祭壇が設けられ、『西遊記』に登場する孫悟空、猪八戒、沙悟浄、三蔵法師の四人が参拝を案内するというサービスを実施した。また広場には中央区中山手通の「関帝廟」のおみくじ（一回二〇〇円）が出張。国内旅行、ホテル宿泊券、南京町での食事券などが当たるポチ袋くじ（一枚二〇〇円）も人気であった。期間中、南京町の中華料理店や中華物産展など各店舗では特別メニューやセールなどを展開。二〇一五年に合わせ二〇一五円均一のお得なセットメニューや福袋も用意した。

写真30　獅子舞による「採青」

南京町にほど近い海岸通三丁目にある神戸華僑歴史博物館では、二〇一一年より春節祭の時期に合わせ、「南京町春節祭特別展」を開催している。二〇一三年は「南京町春節祭特別展――二五回の歩み」と題して、これまでの春節祭のポスターや写真、獅子舞の獅子頭や道具などを特別展示し、多くの来館者を集めた（写真31）。二〇一五年には、「南京町春節祭特別展――震災二〇年と新しい絆」と題した写真展を開催した。

春節祭は、南京町商店街振興組合を企画・運営の核として、多様な人々が参加し創り上げている祭りである。神戸華僑は、子どもから大人まで、獅子舞、龍舞、民族舞踊、太極拳演舞などさまざまな形で春節祭に主体的に参加している。また、年によっては海外（中国、台湾やシンガポールなど）の雑技団や獅子舞などの芸能団体も招聘され、春節祭は国境を越えて華僑を結びつけている。横浜や長崎の中華街など、国内華僑とのつながりもみられる。獅子舞や龍舞を演じるグループの中には、日本人主体のものもある。地域を問わず、アルバイトとして祭りを支える人たちも数多い。

南京町は神戸の重要な観光地ととらえられており、神戸市や商工会議所など行政との関わりも深い。地域の企業などもスポンサーとして協力している。地元のマスコミ（新聞・テレビなど）とのつながりも強く、南京町のイベントや活動の広報に大きな役割を果たしている。このように南京町春節祭は、華僑・日本人の別を問わず、さまざまな人々が出会い、結びつく場として機能しているのである。

●チャイナタウン化の進展

南京町の東に隣接する旧居留地でも、一九八〇年頃からいわゆるレトロブームに乗って近代洋風建築物と歴史的雰囲気が注目されるようになり、再開発が進んだ（写真32）。八三年六月には旧居留地は南京町と同様神戸市の都市景観形成地域に指定され、景観形成市民団体として旧居留地連絡協議会を結成、街づくりに積極的に取り組むようになった。また一九九〇年には北野異人館街、旧居留地、南京町、ハーバーランドを結ぶシティ・ループバス（神戸市内循環観光バス）の運行が始まるなど周辺地域の整備も同時期に進み、神戸市における南京町の観光拠点としての重要性が高

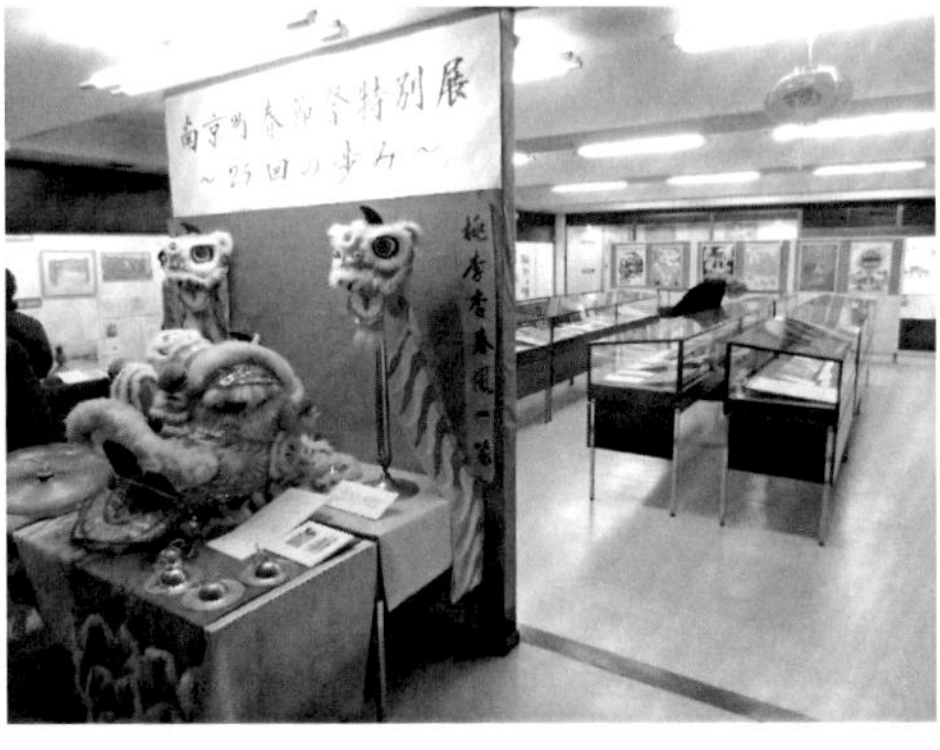

写真31　神戸華僑歴史博物館で開かれた「南京町春節祭特別展」（2013年）

まっていく。

　こうした中、神戸市都市景観審議会は南京町地区の景観形成について論議を重ね、一九九〇年に答申を行なっている（『答申書――南京町地区の景観形成について』）。答申書では「地区の個性をさらに伸ばし、国際港都神戸のシンボルにふさわしい都心商業地として景観形成を図る」とし、中国風建物に代表される異国情緒豊かな街並みの形成を図ることを景観形成の基本方針としている（神戸市都市計画局アーバンデザイン室、一九九〇年）。

　調査の過程で、メインストリート沿いには中国風業種の店舗も数多くあるが、一部の業務ビルでは淡泊な外観と閉鎖的な雰囲気により、街のにぎわいをそぐ要因となっているなどと指摘された。一九九〇年一〇月には神戸市都市景観条例に基づき、「南京町沿道」が良好な景観の形成に関する計画を定める区域である「景観形成地域」に指定された（北野町・山本通、税関線沿道、旧居留地など七カ所が同時指定）。南京町の景観ガイドライン（地域景観形成基準）も合わせて定められ、チャイナタウンとしての異国情緒あふれる景観を維持するべく、南京町の建築物や屋外広告のデザイン（色彩・材料・形態）と用途が制限されることとなった。こうして、南京町の「中国色」はさらに徹底・強化され「チャイナタウン化」が進むことになる（大橋、二〇〇〇年、三八頁）。なお、二〇〇四年に地域の景観計画・整備を規定する国の法律「景観法」が制定されたが、これにともない、「南京町沿道」は神戸市が指定する「景観計画区域」に移行した。

写真 32　旧居留地付近の風景

　南京町沿道が都市景観形成地区に指定されたことを受けて、翌九一年七月には「神戸南京町景観形成協議会」（約一三〇世帯）が神戸市景観形成市民団体として認定された。協議会では南京町商店街振興組合や神戸市などとも連携し、南京町の魅力的な街づくりを提案、整備事業を着実に進めている。

かつては、現在の南京町のうち南京町広場から東側の地域（元町通一丁目・栄町通一丁目の一部）が「南京町」と呼ばれていた。八〇年代初めの整備計画の際は東エリアが整備区間となったため、広場から西のエリア（元町通二丁目・栄町通二丁目の一部）の整備は遅れたが、春節祭が始まった一九八七年頃には西エリアでも道路整備が進み、楼門や街灯の設置も行なわれた。九〇年九月の景観形成地域指定の際は西エリア（現在の西安門のところまで）も南京町に含まれるようになり、南京町のエリアは西に大きく拡大した（図11）。こうして元町通と栄町通の間に挟まれた東西約二八〇メートル、南

図 11　南京町沿道景観形成地区
［神戸市市政情報 http://www.city.kobe.lg.jp/information/project/urban/scene/index_04.html］

北一一〇メートル、面積約四ヘクタールという現在の南京町の区画が確定することになる。なお、公的な地図の上では「南京町」という地名（住居表示）は存在しない。開港にともない華僑が集住し、やがて市場として栄えた一定のエリアを自然発生的に「南京町」と呼び、それが今に続いているのである。

ハード面の整備では、一九九三年四月に南京町広場の南側の路地（九龍街）に豪華な中国風の公共トイレ「臥龍殿」が完成、南京町の新しい観光スポットとなった（写真33）。一階正面には大きなガラス張りの展示スペースを設け、龍舞で使われる龍が飾られている。建物は三階建てで、一階に市民トイレ、二階に文化教室兼会議室（市民向けの中国語、料理、書道教室などが開かれている）、三階に南京町商店街振興組合事務所を備え、南京町のセンターの役割も果たしている。「臥龍殿」の文字は神戸出身の作家・陳舜臣氏の揮毫による。臥龍殿はその優れたデザインから、一九九三年には日本トイレ協会選定の「日本のグッドトイレ一〇」に選ばれ、同年一一月には、神戸市主催のショーウィンドウコンテストで神戸市国際観光協会賞を受賞した。

写真33　市民トイレ「臥龍殿」

● 阪神・淡路大震災と南京町

このように、一九八〇年代〜九〇年代にかけて南京町の街づくりは順調に進められていったが、一九九五年一月一七日午前五時四六分、阪神・淡路大震災が突如神戸の街を襲った。神戸市内では建物の全壊六万七四二一棟、半壊五万五一四五棟、死者四五七一人を数えた。各所で火災が発生し、延べ焼損面積は八一万九一〇八平方メートル、全焼六九六五棟、半焼八〇棟、部分焼二七〇棟、ぼや七〇棟。交通網は寸断され、電気、水道、ガスなどのライフラインもほぼ停止状態となった。

華僑の住宅、商店、事務所等も相当な被害を被った。華僑を中心とする神戸在住中国人の家屋の全半壊は一七〇〇棟にのぼった。第一樓や大神樓、東明閣など大きな中華料理店は全壊、福建同郷会館（福建省出身者で組織されるセンター）も全壊、華僑の信仰のセンターである関帝廟も本堂と礼堂の修復に三億円がかかるほどの被害を受けた（浅野・過、一九九九年、二四九頁）。

こうした事態を受け、華僑のリーダーたちを中心として、二〇日には神戸中華同文学校に「神戸華僑震災対策本部」が設置され、華僑の安否確認や避難所の開放（中華同文学校を避難所に充てたが、中国人のほか日本人も多く避難していた）、食料の確保、建造物の損壊調査、救援物資や義援金の受理と配布、犠牲者合同追悼会の開催など、華僑が一致協力して救援・復興活動に取り組んだ（浅野・過、一九九九年、二四九頁）。市民レベルでは、華僑と日本人の分け隔てのない相互支援、協力も随所で見られた。このことは、神戸華僑が普段から地域の日本人社会と良好な関係を築いていることをよく示している。

震災による南京町の被害状況は、全壊が八棟、半壊・一部損壊は全体の約五割に及び、長安門も半壊した（写真34）。しかし区画整理後一〇年ほどで建物は比較的丈夫であったため、多くは一部損壊で済み、甚大な被害には至らなかった。また幸いなことに、町内からは死者は出なかった。

震災直後は市内の店はほとんど閉ざされていた。南京町でもライフラインがほぼストップし商売ができない状況であったが、電気、水道は比較的早く復旧したため、二〇日には早くも豚肉のステーキを売る屋台が登場した。震災四日後の二一日には振興組合のメンバーで炊き出しの屋台を出し、焼き飯、焼きそば、ラーメン、おかゆなどを市民や被災者に無料でふるまった。

大震災は、一月三一日に始まる予定だった春節祭の二週間前に起きた。震災から約一週間後の一月二五日、振興組合のメンバー約三〇人が安否確認のため集まり緊急会議を開いた。さすがにこの状況で春節祭を開催することはできないが、「何か神戸を元気づけることをやるべきだ」「食の街・南京町が被災者の方々に対して何かできることはないか」という話になり、春節祭の代わりに、食の街らしく温かいものの炊き出しをしようということで話がまとまった。そのときはまだ電気、水道は全面復旧ではなく、ガスは通っていなかった。一月ということで寒い日が続いていたが、電気やガスがないので、食べるものは冷たいものばかりであった。

南京町の炊き出しの話は、メディアを通して広まった。一月三一日の春節祭の日には南京町広場で住職を呼んで法要を行ない、亡くなった神戸市民の冥福を祈り、その後、南京町広場に一〇軒ほどの屋台を出し、紹興酒、水餃子一万八〇〇〇個を被災者に無料で提供した（写真35）。温かい食べ物に被災者は涙して喜んだというが、神戸市民と南京町の強いつながりが感じられる、心温まるエピソードである。なお、当日集められた義援金は神戸市に寄付された。

振興組合で相談の上、二月一日以降、可能な店ではプロパンガス対応で、店の前で屋台の形で温かいもの

写真34　震災後の南京町
（1995年2月）
［撮影者：大木本美通・写真提供：神戸大学附属図書館震災文庫］
南京南路の角（みのや前）から北（南京町広場方面）を望む。写真左手手前から辰巳商行、宮崎商店、楽園、鳥利商店。

を提供していくことになった。ちょうど春節祭の前で、プロパンガスを用意していた店も多かった。店によってはラーメンであったり、焼きそばや焼き飯であったりしたが、ご飯ぐらいであれば電気でも炊けるということで、店の表で焼き飯を炒めたりなど、すべてプロパン対応で行なった。二月一日から屋台が広場の周りに六軒くらい出て、その後は一四、五軒出るようになった。

豚まんの店・老祥記では、二月一日からプロパンガスで営業を再開した。豚まんを七〇〇〇個作り、一〇個ずつ包んで無料で持って帰ってもらい、その代わりに義援金箱を置いた。物流やストックは結構あり、小麦粉やミンチなど食材の在庫の問題はなかった。二月三日からは通常販売に切り替えた。

三月一〇日には水道に続きようやく都市ガスが復旧し、南京町の約八割の店が営業を再開、これ以降は店の中で調理もできるようになった。三月一二日の日曜日には「南京町復興宣言」を出しイベントを実施。南京町広場で灰谷健次郎氏や筑紫哲也氏らをゲストに迎え、獅子舞や和太鼓、胡弓を披露した。神戸華僑総会など地元の華僑団体も南京町の復興に全面協力したが、横浜中華街、長崎新地中華街からも地域を越えた支援協力がなされた。横浜中華街では春節祭期間中に南京町支援の呼びかけがなされ、義援金が集められた。南京町ではそのお金を震災で被害を受けた長安門の修理費の一部に充てた。そのほか、横浜中華街の新しい牌楼完成を記念して、五月に南京町の獅子舞チームを招き、チャリティーを行なったりもしている。

この年は震災のため毎年恒例の「神戸まつり」（第二五回）が中

写真 35　南京町広場での炊き出し（1995 年 2 月）
［写真提供：南京町商店街振興組合］

止になったが、神戸まつりを市民の手で行なおうということで、振興組合と元町商店街の合同で「神戸五月まつり」を企画。五月二〇日・二一日の二日間、サンバや吹奏楽団、バトントワリングのパレードなどを行ない、南京町広場では獅子舞などを披露した。来場者は約二七万人に及び、神戸の復興を印象づけるイベントとなった。

一九九六年二月二三日～二五日には、二年ぶりに春節祭が開催された。南京町広場を中心にさまざまなイベントが行なわれ、三八万五〇〇〇人の来場者を集めた。同年一〇月一日には、半壊した南京町のシンボル・長安門の再建を祝う「長安門復興祭」を開催、獅子舞や龍舞が披露された。同年一二日には「第一回南京町ランターンフェア」、一九九八年一〇月には「第一回中秋節」が開かれるなど新たなイベントも創始され、着実に街の復活が進み、震災前以上の活況を呈するに至っている。

写真36　「加油！東日本」における募金活動

阪神・淡路大震災の被災経験をふまえ、南京町商店街振興組合では、その後各地の大地震の被災地支援にも積極的に取り組んでいる。一九九九年の台湾大地震（九月二一日）、二〇〇八年の中国四川省の大地震（五月一二日）などの際には、観光客らに募金を呼びかけた。

二〇一一年三月一一日には東日本大震災が発生、東北地方の太平洋側を中心に甚大な被害をもたらした。南京町ではそのとき獅子舞や太極拳を披露する「興隆春風祭」を開催中であったが、会期中に義援金の募金を行なうとともに、振興組合加盟の各店舗に募金箱を設置した。一カ月で約二三〇万円の義援金が集まった。

その後も毎年三月の興隆春風祭で、東日本大震災の義援金の募金を行なっている。

こうした募金活動のほか、神戸から元気を送るため、二〇一一年五月二一日〜六月六日まで南京町広場で「加油！（がんばれ）東日本」と銘打った東日本大震災応援イベントを開いたり（写真36）（期間中の土日曜には、広場で獅子舞、龍舞、太極拳などを披露するとともに、各日の一二時〜一八時の間、西遊記の三蔵法師と孫悟空が募金活動を行なった）、被災地の修学旅行生を受け入れるなどの活動を通し、神戸から被災地にエールを送り続けている。

二〇一二年の春節祭では、南京町商店街振興組合の協力を受け、岡本商店街（神戸市東灘区）が進める「岡本気仙沼支援プロジェクト」の一環として、大震災で大きな被害を受けた宮城県気仙沼市の復興支援屋台を空き店舗を利用して出店、気仙沼の物産や復興支援Tシャツなどを販売した。同年一一月一〇日には、豚まん発祥の地とされる神戸をPRする「第二回KOBE豚饅サミット」が南京町周辺で開かれ、全国から一二店が参加。収益の一部は東日本大震災の被災地支援に充てた。二〇一三年一月一七日には、老祥記ほか神戸の三店が気仙沼市を訪れ、炊き出しの三〇〇〇個の豚まんを振る舞うイベント「豚まんフェスタin気仙沼」を開催した。

● 震災後の街づくり

阪神・淡路大震災により南京町の街づくりの動きは一時中断したが、振興組合メンバーや地域住民の熱意のもと、ほどなく始動することになった。地域住民による街づくり団体「神戸南京町景観形成協議会」では、震災後の九六年七月に「南京町まちづくり計画」を策定し、神戸市への報告と支援要請を行なった。計画で

は、まちづくりの目標として、

・「グルメ」が基本のまちづくり（中華料理に代表される多彩な異国文化とのふれあい）

・「本物」志向のまちづくり（本格的で本物だけが持つ存在感を生かしたまちづくり）

・「街」ごと楽しめるまちづくり（街の賑わいや異国情緒等を活かした空間づくり）

の三点が挙げられており、細街路整備計画、八メートル街路無電柱化計画、地区ゲート演出計画、夜景演出計画、街路広場管理計画、街路演出計画、サイン案内計画、街路等清掃管理計画、賑わい演出計画といった具体的な計画案を提示している（白井、二〇〇九年、三頁）。

細街路整備計画は一九九六年度末に完成。道路をアスファルト舗装からレンガ舗装に変え、龍などをデザインしたレリーフ石板を設置した。雰囲気が変わった路地にも新しい店ができてきて、にぎわいも増してきた。九八年には南京町広場周辺の再整備を行ない、総合案内板の設置とともに、街路樹の周りを石ベンチとプランターで取り囲む憩いのスポットづくりなどを行なった（白井、二〇〇九年、三頁）。

二〇〇〇年にはこれまでの電柱を街灯兼用のスリムなデザインの美装柱に建て替え、電線を地中化することで、街並みがすっきりきれいになった（写真37）。美装柱には中国風のランタンをデザインした街灯が灯され、異国情緒あふれる夜景を作りだしている。あわせて大通りの敷石を明るい色調の平板舗装に全面リ

写真 37　整備された南京町のメインストリート

ニューアルして、地区の景観を一新している。このリニューアルで街全体が明るい印象になり、雨の日でも歩きやすくなった（白井、二〇〇九年、三頁）。

長年の願いであった電線地中化完成と街路敷石のリニューアルを記念して、二〇〇〇年六月一八日には記念式典「南京町二千年紀　招福開街式」が盛大に行なわれた。

二〇〇五年一月には、震災から一〇年の節目に復興から飛躍のシンボルとするため、南京町の西側入口に「光復」（復興）の額を掲げた「西安門」を建設（写真38）、多くの観光客が広場から西のエリアまで足を運ぶようになった。

メディアを通した南京町の広報活動も積極的に行なっている。インターネットが普及してきた一九九六年八月には南京町公式ホームページを開設。いつでもどこでも、南京町の最新で詳細な情報を得ることができるようになった。二〇一〇年三月には街の魅力をコンパクトにまとめた公式ガイドブック『熱烈歓迎　南京

写真38　南京町の復興・飛躍のシンボルとして建てられた西安門

図12　南京町公式ホームページ
［http://www.nankinmachi.or.jp/index.html］

町』を発行。一一年四月には南京町商店街の公式フェイスブックページを開設するなど、世の中のメディアの変化に迅速に対応している（図12）。

● 新たなイベントの創始

春節祭の成功を受け、南京町の中国色を生かしたイベントの種類も次第に増えていく。一九九六年から冬の「ランターンフェア」、一九九八年から秋の「中秋節」が始まった。

ランターンフェアは光の祭典「神戸ルミナリエ」（震災の鎮魂・追悼、復興を祈念して一九九五年から開始されたイベントで、毎年一二月に開催。二週間の会期中に四〇〇万人の人が訪れる）の協賛イベントとして始められたもので、第一回は一九九六年一二月に開催された。ルミナリエの前日からクリスマス頃まで、南京町広場を中心に通り沿いに提灯やランタンが飾り付けられ、暖かな光で中国情緒を演出。以後、南京町の冬の風物詩として定着する。

二〇一四年のランターンフェアは一二月四日〜二五日まで開かれた（写真39）。初日は一七時より爆竹を合図に南京町広場で点灯式を行ない、獅子舞の演舞が見られた。期間中は南京町広場のあずまや、メインストリートを中心に約四〇〇個の赤や黄色の中国提灯（ランタン）が並び、南京町の冬の夜空を明るく照らし出した。点灯時間は日没から二二時頃までで、開催期間中は南京町の店舗も営業を延長し、夜遅くまで多くの人でにぎわいをみせた。

中秋節は一九九八年に始められたが、その前身は一九八八年一一月一六日に開催された「南京町ニュートンサーカス」である。神戸市で行なわれていた「グルメディアKOBEグルメフェスタ」に協賛する形で、南京町広場にミニ屋台街を開設。材料持ち込みの即席料理などが好評を博し、翌年も開催された。九〇年一一月七日には、ニュートンサーカスをさらに発展させ「第一回好吃広場」（好吃は「おいしい」という意味）を開催。南京町広場に屋台ブースを設けて安価な特別料理を提供する、持ち込み食材を即席調理するなどの企画を行ない、食の祭典として多くの観光客を集めた。

好吃広場は毎年一一月の恒例イベントとして九七年まで続いたが、九八年には旧正月の春節祭と並ぶ秋の節句イベントにすべく名称を「中秋節」に改め、旧暦八月一五日の十五夜に合わせて九月ないしは一〇月に開催するようになった（期間は二、三日）（南京町商店街振興組合、二〇〇〇四年、八頁）。中秋節は、春節に次ぐ大きな節句で、一年で最も美しいとされる中秋の名月を愛で、秋の豊作を祝い地の神様を祀る行事である。第一回南京町中秋節は九八年一〇月四日、五日に開催され、獅子舞、中国舞踊、太極拳などが南京町広場で披露されたほか、食のイベント「食宴祭」、子ども餅つき大会やチャイナドレス写真館など、さまざまなイベントも行なわれた。中秋節は春節祭より規模は小さいが、南京町を身近に感じる「参加型の祭り」「地元の祭り」として好評を博し、その後も毎年開催されている（南京町商店街振興組合、二〇〇四年、九頁）。

二〇一四年九月六日～八日の三日間行なわれた第一七回中秋祭では、街並みが色鮮やかに飾り付けられ、南京町広場を中心としてさまざまなイベントが繰り広げられた（写真40）。

写真39　南京町ランターンフェア（南京町広場の飾り付け）

プログラムは表３（八七頁）の通りである。広場のあずまやには「土地財神」を祀る祭壇が設けられ、連日、西遊記の四人の登場人物（三蔵、悟空、八戒、悟浄）が祭壇の参拝方法を指南、記念撮影にも応じていた。イベントとしては、七日の夕方、獅子舞が南京町の各店を回ってご祝儀をいただく「採青」があった。六日・七日は夕方から夜にかけて南京町広場のステージを中心に、獅子舞、龍舞、太極拳、舞踊、歌（中国歌謡）のステージが繰り広げられた。

期間中を通して、南京町オリジナル月餅（一個五〇〇円。中国では中秋節の際、親しい人やお世話になったひとに月餅を贈る習慣がある）の販売、振興組合加盟店で使える金券が当たる巨大ガラポンによるくじ引き「福球」も行なわれた。

写真40　第17回中秋節（2014年）パンフレットの表紙

南京町の一番新しいイベントが、二〇〇七年、神戸空港開港一周年を祝いスタートした「ＫＯＢＥロマンチックフェア　興隆春風祭」である。これで現在の南京町の「四大イベント」（春節祭、興隆春風祭、中秋節、ランターンフェア）が出そろった形になる。開催期日は毎年三月（二〇一五年より四月に変更）の日曜で、華やかな赤提灯が飾られた南京町広場で獅子舞、龍舞、太極拳、舞踊、歌など中国の伝統芸能の披露が行なわれる。二〇一五年に開かれた第九回興隆春風祭のプログラムは表４（八八頁）の通りである。

こうした定期的なイベントのほか、「南京町二一世紀 花と光の復興祭　冬の部」（二〇〇一年一月）、「南京町ムーンライトランターン」（二〇〇六年二月〜三月）、「熱烈歓迎祭二〇〇七」（二〇〇七年九月）、「南京町端午節・チマキフェア」（二〇一二年六月）、「南京町ブラックライトフェスティバル」（二〇一二年七月）など、折に触れて臨時イベント・協賛イベントを行ない、年間を通して多くの観光客が訪れている。

●南京町と屋台

最近では、南京町と言えば「屋台の町」として知られるようになっている。道の両側に屋台がぎっしりと軒を連ね、豚まん・小篭包・餃子・ラーメンといった点心を中心として飲み物、スイーツに至るまで、中国色豊かな食の祭典が連日繰り広げられている（写真41）。イカスミを使った黒豚まんや角煮バーガーなどは、よそでは味わえない味である。新たなメニューも続々登場し、訪れる人を楽しませている。人気のある店には、昼時になると長い行列ができている。

屋台の食べ物の値段は三〇〇円～五〇〇円程度が中心で、気軽に店を渡り歩き、買い食いを楽しむことができる。背後に店を構えているところは別として、座席を設けている店は少なく、テイクアウトが中心となっている。

今でこそ屋台は南京町の欠かせない顔になっているが、南京町に屋台が見られるようになったのは、一九八七年の第一回春節祭以降のことである。先に述べたように、一九八〇年代以降、中国色を前面に出した南京町の街づくりが進められたが、当時の南京町はまだ発展途上で中華料理店の数も多くはなかった。八七年の第一回春節祭を機に、祭りを盛り上げるため観光客向けに食べ物屋台を出したところ、好評を博した。これが南京町の屋台の先駆けである。しかし屋台は祭りの時に出るだけで、普段はほとんど出ていなかった。

南京町で最初に常設の屋台を出したのは中華食材専門の「廣記商行」で、一九八八年のことであった。気軽にお客さんが入ってくれるようにと、最初は店の前で水餃子を売った。初めのうちは、お金がないわけでないのにどうしてこんな商売をするのかと笑われたというが、評判になると、まわりも真似をして屋台を出すようになっていったという（下田、一九九九年、一〇八、一一四頁）。

九〇年代初めの時点では、常設の屋台を出している店はまだ一部に過ぎなかった。現在のようにメインストリート沿いに屋台が建ち並ぶ風景が生まれたのは、一九九五年一月一七日の阪神・淡路大震災以降のことである。

三月にはライフラインは復活したものの、店が完全に復旧するまでには時間がかかったため、一部の店はしばらく屋台での営業を続けた。これを契機に、南京町以外からも次々に屋台が進出するようになり、震災後、南京町は全国的な観光地として多くの観光客を集めるようになった。メディアでも震災復興のシンボルとして屋台が取り上げられ、その数は飛躍的に増え、街を埋め尽くすに至った。

屋台の増加は、南京町に活気を生み出した。屋台は今や南京町になくてはならない顔になっている。しかし、同時にさまざまな問題も起きている。南京町のメインストリートは決して広いとは言えないが、道の両側にぎっしりと屋台が建ち並ぶとさらに道は狭くなり、緊急時には消防車も入ってくることができない。

写真41　屋台のある風景

南京町の屋台は、中華料理店が自分の店の前に屋台を出しているケースと、店に関係なく外から来た人が場所を借りて屋台を出しているケースがある。現在、南京町で屋台を出している人たちの中には、南京町の外から来た人や、戦後新たに中国から日本にやってきた「新華僑」の人たちも少なくない。彼らは後ろの店（雑貨店など）と契約して店を出しているが、南京町商店街振興組合のメンバーではない。そのため組合の定めた道路の確保や清掃に関するルールやマナーが十分守られず、このままでは南京町のイメージが崩れるのではという懸念も広まっている。また、屋台を経営する新華僑と、南京町の老華僑との間の考え方の違い、コミュニケーションギャップも生まれている。

屋台は街のにぎわいを創り出す一つの景観装置であるが、屋台の呼び込みが激しく、なかなか後ろに控える中華料理店に入ってもらえないなどの問題点も出てきている。

このように、屋台の問題は南京町がかかえる課題の一つとなっている。屋台は観光の目玉でもあるが、振興組合としては、じっくりと専門店で本格的な中華料理を味わってもらいたいという思いもある。振興組合でも対策に乗り出しているが、従来の店舗が屋台に負けないよう、個性を発揮し集客力を伸ばすべきという意見もある。中国文化に加え、神戸ならではの食材を生かし、中国と神戸と融合させた料理も提供していければという思いから、神戸ビーフを使った料理を町の有志二〇店舗が提供する取り組みも実施した（阪神高速道路、二〇〇七年、五頁）。

伝統的な南京町の店を守る必要もあるが、新しい屋台のにぎわいも意味がある。今後は両者がいかに互いに協力し合いながら一つの街を作り、街の個性を発信していくかが重要な課題となってくるものと思われる。

●未来へ

南京町は横浜中華街に比べると、かなり規模が小さい印象を受ける。しかしよい意味でコンパクトな空間に、「中華世界」と街の熱気が凝縮されている感がある。また、人と人との距離が近く、街を支える人々のまとまりがよいのも特色と言える。

現在、南京町の経営者の比率は、華僑と日本人がほぼ一対一の割合であるという。チャイナタウンというと「華僑の街」といったイメージが強いが、市場ができた明治の頃から、華僑と日本人は仲良く一緒に街を作ってきた。南京町商店街振興組合でも、華僑と日本人が協力して南京町を活性化するためのアイデアを出し、街づくりを進めている。

現在、南京町商店街振興組合の加盟店は約一〇〇軒。そのうち中華料理店は約三〇軒、中華雑貨等を扱う店が約二〇軒。そのほか、中華食材店、洋食の店、和食の店、喫茶店、洋菓子店、肉屋、魚屋、八百屋、豆腐店、画廊、楽器店、雑貨店、居酒屋など、実に多種多様な店がある。「中国色」を核としながらもそれにとどまらないエキゾチックな雰囲気。そこには、開港以来さまざまな文化を吸収してきた神戸の気風を感じることができる。しかし、町の商店一五〇軒のうち三分の一は南京町商店街振興組合に非加盟であるという問題点もある。屋台も含め、今後さらに南京町を街全体でもり立てていくような機運が期待される。

神戸開港から華僑の集住、国際色豊かなマーケットの形成へ。戦後はヤミ市のバラックからスタートし、外人バーの並ぶ繁華街（歓楽街）の時代、七〇年代末以降の再開発の進展と観光チャイナタウンの誕生、大震災とそれを乗り越えてのさらなる発展……南京町の風景は、この一五〇年あまりの間に、めまぐるしく変わり続けてきた。

現在も、南京町を訪れるたびに街の表情が少しずつ変わっていることに気づく。南京町商店街振興組合理事長の曹英生氏は、「今後一〇年で、南京町をもっと文化性の高い町にしていきたい。中国文化を大切に、質の高い料理やサービスを提供するのはもちろん、廟（中国の神々を祀った宗教施設）のような施設を建設するなど、文化的な雰囲気を持つ町にしたい」と語る（阪神高速道路、二〇〇七年、五頁）。

地元南京町の人々を中心に、神戸華僑、国内外の華僑社会、神戸市、地元企業、神戸市民、観光客……さまざまな人の思いが交錯する中で、街が動いている。南京町は常に前へ、時代とともに新しいものを取り込みながら進化し続けているのである。

参考文献

「座談会　国際自由市場今昔語る」『兵庫春秋』一―五、一九四九年、二～七頁
浅野慎一・過放「神戸華僑の被災・避難・復興と相互援助」『阪神・淡路大震災の社会学　第二巻　避難生活の社会学』昭和堂、一九九九年、二四八～二六八頁
岩見彩「神戸と中華料理」『神戸と外国文化』八、京都精華大学呉宏明研究室、二〇〇一年、一七四～一九五頁
大橋健一「都市社会における祝祭とエスニシティの生成―中国系エスニック・コミュニティを事例として」『兵庫教育大学研究紀要』一七、一九九七年a、一三五～一四二頁
大橋健一「エスニック・タウンとしての「神戸南京町」―地域の磁力と都市エスニシティの動態」奥田道大編『都市エスニシティの社会学―民族／文化／共生の意味を問う』ミネルヴァ書房、一九九七年b、七五～八七頁
大橋健一「「神戸南京町」の再構築と観光」『立教大学観光学部紀要』二、二〇〇〇年、三六～四〇頁
小川さち代「聞き書きでつづる神戸の南京街と華僑」『歴史地理教育』四一九、一九八七年、一〇～一七頁
過放「阪神大震災と在日中国人コミュニティ」『社会学雑誌』一四、一九九六年、一八三～一九三頁
過放『在日華僑のアイデンティティの変容―華僑の多元的共生』東信堂、一九九九年
岸百艸「南京街の半世紀」『歴史と神戸』七（第二巻別冊一）、一九六三年a、二二～三一頁
岸百艸「南京街の半世紀（補遺）」『歴史と神戸』八（第二巻別冊二）、一九六三年b、一五～一九、三二頁
神戸華僑華人研究会編『神戸と華僑―この一五〇年の歩み』神戸新聞総合出版センター、二〇〇四年
神戸空襲を記録する会編『炎の記録　神戸大空襲―神戸空襲を記録する会一〇年のあゆみ』神戸空襲を記録する会、一

九八一年
神戸市編『神戸一〇〇年――写真集』神戸市、一九八九年
神戸市広報課編『市民のグラフこうべ（特集＝南京町）』二二一、神戸市、一九九一年
神戸市都市計画局アーバンデザイン室『南京町地区景観ガイドライン　神戸らしい都市景観をめざして』神戸市都市計画局アーバンデザイン室、一九九〇年
神戸市役所編『神戸市史　本編各説』神戸市役所、一九二四年
神戸新聞出版センター編『神戸の中国料理』神戸新聞出版センター、一九八四年
神戸新聞社編『素顔の華僑――逆境に耐える力』人文書院、一九八七年
鴻山俊雄『神戸と在留中国人』東亜学社、一九五四年
鴻山俊雄『神戸大阪の華僑――在日華僑百年史』華僑問題研究所、一九七九年
鴻山俊雄『神戸の外国人――外国人墓地と華僑風俗』華僑問題研究所、一九八四年
下田暁子「神戸に住む外国人の戦争体験――在日中国、韓国・朝鮮人を中心に」『神戸と外国文化』六、京都精華大学呉宏明研究室、一九九九年、一一～二〇八頁
白井治「神戸南京町の空間形成について（一）」『あーばんとーく』一三三、神戸まちづくり会館、二〇〇八年、三頁
白井治「神戸南京町の空間形成について（二）」『あーばんとーく』一三七、神戸まちづくり会館、二〇〇九年、三頁
新修神戸市史編集委員会編『新修神戸市史　歴史編Ⅳ　近代・現代』神戸市、一九九四年
杉山和歌子「神戸南京町春節祭」『神戸と外国文化』一、京都精華大学呉宏明研究室、一九九三年、三五～四七頁
髙橋晋一「自文化を演じる、異文化を演じる――神戸の華僑系／非華僑系舞獅グループにおける文化表象の利用とアイデンティティ」『徳島大学総合科学部人間社会文化研究』一〇、徳島大学総合科学部、二〇〇三年、一一九～一三〇頁

高橋ふみ子・山本記詩子「神戸の南京町――歴史と発展の様子」『神戸と外国文化』一、京都精華大学呉宏明研究室、一九九三年、一一～三四頁
伊達智之「神戸南京町のイメージ」『神戸と外国文化』一〇、京都精華大学呉宏明研究室、二〇〇四年、一四〇～一五二頁
田中正一「船台虫夜話（二）――老造船技術者の追憶」『関西造船協会誌』一八七、一九八二年、一八三～二一五頁
中華会館編『落地生根――神戸華僑と神阪中華会館の百年』研文出版、二〇〇〇年
張玉玲『華僑文化の創出とアイデンティティ――中華学校・獅子舞・関帝廟・歴史博物館』ユニテ、二〇〇八年
陳舜臣『神戸ものがたり』平凡社、一九九八年
南京町商店街振興組合「手作りの祭――南京町の中秋節」『パワフルかんさい』四一九、経済産業調査会近畿本部、二〇〇四年、八～一二頁
南京町商店街振興組合編『熱烈歓迎　南京町――南京町公式ガイドブック』南京町商店街振興組合、二〇一〇年
西島民江「明治前期における神戸華僑への視線」『待兼山論叢』二七、一九九三年、一五～三二頁
阪神高速道路編『阪神ハイウェイ』一六九（特集＝神戸・南京町）阪神高速道路、二〇〇七年
兵庫県史編集専門委員会編『兵庫県史第五巻　付図　明治五年兵庫神戸実測図　三千分箇之縮図』兵庫県、一九八二年
藤岡ひろ子「神戸の「核心地区」の形成過程」『神戸市史紀要　神戸の歴史』一八、一九八七年、一～二三頁
村上しほり・梅宮弘光「戦後神戸におけるヤミ市の形成と変容――「三宮自由市場」の事例を中心に」『神戸大学大学院人間発達環境学研究科研究紀要』四―二、二〇一一年、六九～八一頁
村田誠治編『神戸開港三十年史』原書房、一九七四年（原著一八九八年）
安井三吉・陳來幸・過放編『阪神大震災と華僑――神戸商科大学・神戸大学「阪神大震災と華僑」共同調査報告書』神戸

商科大学・神戸大学、一九九六年
山崎健「神戸南京町の形成とその背景——開港から明治期までを中心に」安井三吉編『近百年日中関係の史的展開と阪神華僑』（平成七～八年度文部省科学研究費補助金研究成果報告書）、神戸大学、一九九七年、一～六頁
王維『日本華僑における伝統の再編とエスニシティ——祭祀と芸能を中心に』風響社、二〇〇一年
王維『素顔の中華街』洋泉社、二〇〇三年

表1　南京町春節祭のあゆみ

回数	年	開催日程	旧暦正月	来場者数	備考
第1回	1987年	1月29日（木）～2月1日（月）	1月29日（木）	29万人	
第2回	1988年	2月18日（木）～2月21日（日）	2月18日（木）	35万人	
	1989年	中止			昭和天皇崩御
第3回	1990年	1月26日（木）～1月28日（日）	1月27日（金）	30万人	
第4回	1991年	2月15日（金）～2月17日（日）	2月15日（金）	28万人	
第5回	1992年	2月7日（金）～2月9日（日）	2月4日（火）	37万人	
第6回	1993年	1月22日（金）～1月24日（日）	1月23日（土）	38万人	
第7回	1994年	2月11日（金）～2月13日（日）	2月10日（木）	40万人	
	1995年	中止			阪神・ 淡路大震災
第8回	1996年	2月23日（金）～25日（日）	2月19日（月）	38.5万人	
第9回	1997年	2月7日（金）～2月9日（日）	2月8日（土）	46万人	
第10回	1998年	1月30日（金）～2月1日（日）	1月28日（水）	39.9万人	
第11回	1999年	2月19日（金）～2月21日（日）	2月16日（火）	41万人	
第12回	2000年	2月4日（金）～2月6日（日）	2月5日（土）	36.9万人	
第13回	2001年	1月26日（金）～1月28日（日）	1月24日（水）	30.5万人	
第14回	2002年	2月15日（金）～2月17日（日）	2月12日（火）	38.5万人	
第15回	2003年	1月31日（金）～2月2日（日）	1月28日（火）	41万人	
第16回	2004年	1月22日（木）～1月25日（日）	1月22日（木）	40万人	
第17回	2005年	2月9日（水）～2月20日（日）	2月9日（水）	58.1万人	
第18回	2006年	1月29日（日）～2月5日（日）	1月29日（日）	34.9万人	
第19回	2007年	2月18日（日）、 2月23日（金）～2月25日（日）	2月18日（日）	33.7万人	
第20回	2008年	2月7日（木）～2月11日（月）	2月7日（木）	38.6万人	
第21回	2009年	1月26日（月）～2月1日（日）	1月26日（月）	35.7万人	
第22回	2010年	2月14日（日）～2月21日（日）	2月14日（日）	42.4万人	前夜祭 2月13日（土）
第23回	2011年	2月3日（木）～2月6日（日）	2月3日（木）	34.9万人	プレイベント 1月30日（日）
第24回	2012年	1月23日（月）～1月29日（日）	1月23日（月）	43.8万人	プレイベント 1月22日（日）
第25回	2013年	2月10日（日）～2月17日（日）	2月10日（日）	43.8万人	プレイベント 2月9日（土）
第26回	2014年	1月31日（金）～2月2日（日）	1月31日（金）	18万人	プレイベント 1月26日（日）
第27回	2015年	2月19日（木）～2月22日（日）	2月19日（木）	21.2万人	プレイベント 2月15日（日）

表 2　第 27 回南京町春節祭　プログラム（2015 年 2 月 19 日～ 22 日）

2 月 15 日（日）　プレイベント		
14:45	獅子舞	神戸華僑総会舞獅隊
15:00 ～ 17:30	南龍游行－龍のパレード　南京町広場→元町商店街（往復）→三宮センター街（往復）→南京町内→南京町広場	
16:00	獅子舞	神戸華僑総会舞獅隊
2 月 19 日（木）　元日		
10:30	無事祈願	
11:00	オープニング	
11:15	変臉・雑技	東京中国歌舞団
12:00	中国史人游行　人物紹介	
13:00	歌	范 丹陽
14:00	獅子舞・舞踊	神戸中華同文学校舞獅隊・民族舞蹈部
15:00	太極拳	兵庫太極拳同好会
16:00	変臉・雑技	東京中国歌舞団
17:00	中国史人游行帰着	
18:00	音楽	Xeno Quartet
19:00	変臉・雑技	東京中国歌舞団
2 月 20 日（金）		
11:00	神戸華僑幼稚園の演技	
11:30	変臉・雑技	東京中国歌舞団
12:00	二胡	二胡グループ和鳴
12:30	歌	范 丹陽
13:00	音楽	JCM 民族楽団
13:30	太極拳	神戸華僑総会太極拳協会
14:00	変臉・雑技	東京中国歌舞団
14:30	歌	范 丹陽
15:00	太極拳	神戸華僑総会太極拳協会
16:00	音楽	Xeno Quartet
17:00	音楽	JCM 民族楽団
18:00	龍舞・獅子舞	神戸市立兵庫商業高等学校龍獅團
19:00	獅子舞	神戸華僑総会舞獅隊
20:00	変臉・雑技	東京中国歌舞団

2月21日（土）		
11:00	変臉・雑技	東京中国歌舞団
11:30	音楽	神戸華僑総会民族楽器団華蕾
12:00	歌	范 丹陽
12:30	獅子舞	神戸華僑総会舞獅隊
13:00	花架拳	日本花架拳学会
13:30	太極拳	神戸華僑総会太極拳協会
14:00	歌	范 丹陽
14:30	音楽	神戸華僑総会民族楽器団華蕾
15:00	太極拳	神戸華僑総会太極拳協会
15:30	獅子舞	神戸華僑総会舞獅隊幼獅班
16:00	舞踊	神戸華僑総会華芸民間舞蹈隊
16:30	獅子舞	神戸華僑総会舞獅隊
17:00	変臉・雑技	東京中国歌舞団
17:30	舞踊	神戸華僑総会華芸民間舞蹈隊
19:00	変臉・雑技	東京中国歌舞団
20:00	獅子舞	神戸華僑総会舞獅隊
2月22日（日）		
20:00	獅子舞	神戸華僑総会舞獅隊
20:30	獅子舞	南京町龍獅団

表3　第17回南京町中秋節　プログラム（2014年9月6日～8日）

9月6日（土）		
11:00 ～ 18:00	福球	
11:00 ～ 18:00	祭壇参拝	
16:00	獅子舞	神戸華僑総会舞獅隊・幼獅班
16:30	獅子舞・舞踊	神戸中華同文学校舞獅隊・民族舞蹈部
17:00	歌	范 丹陽
18:00	太極拳	神戸華僑総会太極拳協会
19:00	獅子舞	神戸華僑総会舞獅隊
20:00	舞踊	神戸華僑総会華芸民間舞蹈隊
20:20	太極拳	兵庫太極拳同好会
20:40	獅子舞	神戸華僑総会舞獅隊
9月7日（日）		
11:00 ～ 18:00	福球	
11:00 ～ 18:00	祭壇参拝	
17:00	音楽	神戸華僑総会民族楽器団華蕾
17:30	龍舞・獅子舞	神戸市立兵庫商業高等学校龍獅團
18:00	歌	范 丹陽
18:30	舞踊	神戸華僑総会華芸民間舞蹈隊
19:00	龍舞・獅子舞	神戸市立兵庫商業高等学校龍獅團
19:30	太極拳	神戸華僑総会太極拳協会
9月8日（月）		
11:00 ～ 18:00	福球	
12:00 ～ 18:00	祭壇参拝	
17:00 ～ 20:00	好吃広場	

表4　第9回 KOBE ロマンティックフェア 興隆春風祭 プログラム
（2015年4月5日、12日、19日）

4月5日（日）		
13:00	龍舞・獅子舞	神戸市立兵庫商業高等学校龍獅團
14:00	歌	范 丹陽
15:00	舞踊	神戸中華同文学校民族舞蹈部
16:00	太極拳	兵庫太極拳同好会
4月12日（日）		
13:00	獅子舞	神戸中華同文学校舞獅隊
14:00	太極拳	神戸華僑総会太極拳協会
15:00	花架拳	日本花架拳学会
16:00	太極拳	兵庫太極拳同好会
17:00	獅子舞	神戸華僑総会舞獅隊
4月19日（日）		
13:00	音楽	神戸華僑総会民族楽器団華蕾
14:00	舞踊	神戸中華同文学校民族舞蹈部
15:00	獅子舞	神戸華僑総会舞獅隊・幼獅班
16:00	舞踊	神戸華僑総会華芸民間舞蹈隊

南京町年表

年	月日	できごと
1868年	1月1日	神戸開港。外国人居留地の建設始まる。中国人も来港し、居留地西側の雑居地に居を構える。
1871年	9月13日	「日清修好条規」締結。華僑人口の増加、居住地の拡大。
1877年頃		雑居地の一角にさまざまな商店が集中し市場を形成、「南京町」と呼ばれるようになる。以後、「何でも揃う国際的市場」として繁栄を見る。
1887年頃		「京屋の酒倉」を取り壊し店舗に改築（1887年に西半分、1892年に東半分）。
1894年	8月1日	日清戦争勃発。この頃から日露戦争（1901年勃発）前後にかけて南京町の日本人が増加。
1899年		日本人・華僑合議の上、街の清掃を行い、道幅を広げ石畳に作り替え街の体裁を整える。
1926年		「南京町市場組合」結成。
1931年	9月18日	満州事変発生、華僑の帰国が相次ぐ。
1937年	7月7日	日中戦争勃発、華僑の帰国が相次ぐ。
1945年	3月17日、5月11日、6月5日	神戸大空襲により神戸市域は壊滅状態に。6月5日の空襲で南京町もほぼ全焼。
	8月15日	終戦。ヤミ市、バラックから戦後復興が始まる。
1950年	6月25日	朝鮮戦争勃発。外国人船員や進駐軍兵士相手の外人バーが林立。
1960年	12月	ベトナム戦争勃発。外人バーの時代が続く。南京町を離れる華僑が増え、昭和40年代には中華料理店は「民生」1軒だけに。
1972年	9月29日	日中国交正常化、「中国ブーム」が起こる。
1974年	6月	ベトナム戦争終結を前に、神戸港が全面返還される。外人バーの閉店が相次ぎ、さびれた商店街の様相となる。
1975年		この頃から神戸市と連携した再開発計画の検討が進む。
1977年	7月10日	「南京町商店街振興組合」設立。
1979年		「神戸華僑総会舞獅隊」結成。
1981年	8月	「南京町復興環境整備事業実施計画」がまとまり、本格的な街づくりが始まる。
1982年	6月27日	「南楼門」完成。
1983年	4月29日	南京町広場の「あずまや」完成。

年	月日	できごと
1985年	11月19日	南京町東入口に「長安門」竣工。
1986年	6月17日	建設大臣より感謝状と記念品を贈られる。
	6月25日	兵庫県知事より「まちづくり功労賞」を受賞。
		「南京町商店街振興組合青年部」結成。
		「龍踊り愛好会」結成。春節祭開催後、名称を「南京町舞龍隊」と改める。
1987年	1月29日～2月1日	「第1回神戸南京町春節祭」開催。
	4月3日	南京町広場に中国風電話ボックスを設置。
	7月	南京町のイラストマップ作成。
		「神戸市立兵庫商業高等学校龍獅團」結成。
1988年	2月17日	南京町北側入口に中国獅子像（大理石製）一対を設置。
	11月16日	「第1回南京町ニュートンサーカス」（ミニ屋台村）開催。
1989年	12月21日	南京町広場に十二支の石像を設置。
1990年	3月23日	（財）神戸国際観光協会より「ハロー神戸賞」を受賞。
	5月	「南京町吼獅堂」（南京町の獅子舞グループ）結成。
	10月15日	南京町とその周辺が神戸市の「景観形成地域」に指定される。
	11月7日	「第1回好吃広場」開催。
1991年	7月	「神戸南京町景観形成協議会」認定（2011年「南京町景観形成協議会」と改称）。
1992年	7月	「神戸南京町中華料理店協会（KNCA）」発足（2011年「南京町中華料理店協会」と改称）。
1993年	4月18日	市民トイレ「臥龍殿」竣工式。
	6月6日	神戸国際トイレシンポジウムで、臥龍殿が日本トイレ協会より感謝状を授与。
	11月19日	臥龍殿と誘導サイン類が、神戸市主催の景観ポイント賞の特別賞を受賞。
1994年	9月22日	第1回南京町地区まちづくり計画会議開催。
	11月6日	「獅子舞フェスティバル」開催。
1995年	1月17日	阪神・淡路大震災発生。
	1月25日	振興組合の緊急会議を開催、春節祭の中止を決定。
	1月31日	旧暦元日。神事と水餃子、紹興酒のふるまい。
1995年	3月12日	「南京町復活宣言」を出す。
	5月20日～21日	「神戸五月まつり」開催。
1996年	1月17日	「南京町1.17地鎮の儀」を行なう。

年	月日	できごと
1996年	8月14日	南京町公式ホームページ開設。
	9月30日	横浜・長崎・神戸「中華街フォーラム」開催。
	10月1日	「長安門復興祭」開催。
	12月11日～25日	「第1回南京町ランターンフェア」開催。
1997年	3月26日	細街路の整備事業が完成。
	6月20日	建設大臣より「魅力あるまちづくり」の功労者として表彰される。
	7月4日	「南京町」が南京町商店街振興組合の商標として登録される。
	7月19日～8月31日	「大長江節（フェア）」開催。
	10月24日	「春節祭」が神戸市地域無形民俗文化財に指定される。
	12月19日	兵庫県より「兵庫県自治賞」を受賞。
1998年	6月1日	南京町一帯が「投げ捨て防止重点区域」と「喫煙制限区域」に指定される。
	7月	「神戸南京町楊貴妃会」発足。
	10月4日～5日	「第1回中秋節」開催。
	11月	広場の小財神の愛称を公募、「財財」と「來來」に決定。
	12月10日	広場北側に案内看板が完成し、点灯式を行なう。
1999年	12月31日	「南京町2000年カウントダウン」開催。
2000年	4月	楊貴妃会の発案で、毎月1回の南京町広場大掃除がスタート。
	6月18日	「南京町二千年紀 招福開街式」開催。
	10月4日	都市づくりパブリックデザインセンター「都市景観大賞」入賞。
2001年	1月17日	「南京町1.17鎮魂の儀」を行なう。
	1月25日～29日	「南京町21世紀 花と光の復興祭 冬の部」開催。
	5月30日・6月5日	「Mew21世紀 夢の晩餐会」開催。
	6月	南京町街路照明が、社団法人照明学会より関西照明技術普及会賞を受賞。
	7月19日～8月19日	「南京町21世紀 花と光の復興祭 夏の部」開催。
	9月30日	「南京町吼獅堂」解散。
2002年	4月	新しい獅子舞団体「南京町獅誠館」結成。
	11月29日	「南京町道路環境保全準備委員会」発足。
2003年	5月1日	「南京町を育てる会」発足。
2005年	1月15日	「西安門」の竣工記念に「光復祭」を開催。
	9月1日	公式ホームページのアドレス統一。

年	月日	できごと
2005年	12月8日	公式ホームページの携帯サイト開設。
2006年	2月11日～3月31日	「南京町ムーンライトランターン」開催。
	4月	南楼門のライトアップ完成、名称を「海栄門」と改める。
2007年	3月	「第1回興隆春風祭」開催。
	9月15日～17日	「熱烈歓迎祭2007」開催。
2008年	2月	「南京町龍獅団」結成。
	5月15日	中国四川省大地震発生。募金などの支援活動を行なう。
	12月	「南京町」を新たな分類で商標登録。
2009年	5月16日	国内初の新型インフルエンザ患者が神戸市で発生。風評被害により客足が激減。
	5月23日	獅子舞が組合員全店舗をまわり厄落とし。
	6月13日～28日	「加油！ 南京町 第一幕」開催。
	7月25日～8月31日	「加油！ 南京町 第二幕」開催。
	9月5日～10月4日	「加油！ 南京町 第三幕」開催。
	11月	長安門、海栄門、あずまやの照明をLED化。
2010年	3月	公式ガイドブック「熱烈歓迎　南京町」発行。
2011年	3月11日	東日本大震災発生。義援金募金活動を行なう。
	4月5日	公式フェイスブックページ開設。
	5月	「分煙タウン化」に向けた取り組みを開始。
	5月21日～6月6日	「加油！ 東日本」開催。
	11月11日	「第1回KOBE豚饅サミット」開催。
	12月1日	公式サイトリニューアル。新たにスマートフォン向けの公式サイトもオープン。
2012年	1月22日～2月28日	神戸華僑歴史博物館で「南京町春節祭特別展」を開催。
	6月18日～30日	「南京町端午節 チマキフェア」開催。
	7月28日、8月11日、18日、25日	「南京町ブラックライトフェスティバル」開催。
	11月	南京町5カ所のシャッターに「まちかど壁画プロジェクト」の壁画が描かれる。
2013年	2月7日～28日	神戸華僑歴史博物館で「南京町春節祭特別展——25回の歩み」を開催。
	2月10日～15日	春節祭にシンガポールの龍舞団体「JBCC（新加坡惹蘭勿利民衆倶楽部龍獅團）」が出演。
	12月22日	アートフェスト「P.A.D.」を開催。

年	月日	できごと
2014年	1月23日～2月25日	神戸華僑歴史博物館で「南京町春節祭写真展」を開催。
	9月8日	南京町中秋節「好吃広場」開催。
2015年	1月31日	震災20年事業「南京町 あの震災を忘れない 1.31――炊き出し・写真展・シンポジウム」を開催。
	2月2日～28日	神戸華僑歴史博物館で「南京町春節祭特別展――震災20年と新しい絆」を開催。
	4月23日	JA兵庫六甲とのコラボ企画「南京町の台所」を開催。

南京町ホームページ、『神戸新聞』記事、『落地生根』等をもとに作成

常連の店として

民生（中華料理）
安達節子（あだち・せつこ）さん

南京町での中華料理店の開業は一九六三年からです。一九八〇年に現在の場所に移ってきました。都市計画の整備前は、今より西側で営業していましたが、広場ができて現在の位置に移動しました。私の店は広東料理の店ですが、小さな子どもからご老人まで幅広く食べられるのが中華料理の魅力だと思います。店の名前は、「市民のために生まれた」の意味からつけました。いまでは店は息子が継いでくれています。

亡くなった主人は神戸生まれの華僑で、主人の父が広東省より来日しました。私は日本人です。主人の実家は南京町で肉屋をやっていました。主人と子どもたちは中華同文学校に行っていました。子どもたちは南京町育ちで高校からは県立の学校へ行き、名前は日本名に変えています。住居は、以前は南京町の店の調理場の二階に住んでいました。

昔は外人バーばかりで、女の人が寄り付かなかったところです。外人バーのお姉さんには、子どもの面倒を見てもらったりしていました。南京町は都市計画で大きく変わり、今では若い人もたくさん訪れるようになりましたね。すべての層の方がお客さんとしていらっしゃいます。

阪神・淡路大震災の時は、建物が残っていたので二月二日から営業しましたが、店舗の半分で、食べ物の価格も安くして販売しました。一月三一日ごろには振興組合を中心に広場で炊き出しを行ないました。温かいものが食べられるのでたくさんの人が集まって来てくれました。私たちは、広場で水餃子をふるまいました。大変でしたが、立ち上がるのは南京町が一番早かったです。

店には常連さんがよく来てくれます。九州から北海道まで転勤で地方に移った人でも神戸に立ち寄ったときには来てくれますし、親子何代も続いて来てくれている方もいらっしゃいます。昔からの年配のお客さんは「今、何か良いもんがある?」と注文して、季節の旬のものを食べていかれます。料理は季節の物をいれるように心がけています。野菜、魚、蟹、蛸、サザエもあります。料理はものによってお客さんの好みの味を聞いていてから調理しています。

最近は、観光地になってたくさんの人が来てくれるようになりました。特に春節祭、ルミナリエの時は多くの人が訪れます。今の南京町は屋台が多いようです。「南京町を育てる会」をつくって、ごみの掃除をしてもらう人を雇っています。きれいな街になって、観光で来てくれる人たちも、昔から来てくれている常連さんも喜んでもらえるようにしています。イベントは、やはり集客効果があります。新しい観光客とともに常連さんも来やすい街であってほしいと思っています。

南京町の良い所は仲良しなところです。近所づきあいは大切にしていますよ。商売をしている以上、おつきあいはきちんとしないといけません。日本人とか華僑とか関係なしにつきあうことが大事ですね。

華僑二世から見る南京町

北京菜館（中華料理）
穆 栄華（ムウ・エイカ）さん

私は一九四八年神戸生まれの神戸育ちです。父は戦前に山東省から日本に来ました。家では山東語をしゃべっていて、日本語は下手でした。上海出身の母は父と一緒に中国から来ました。戦争中、父の時には、外国人、華僑も強制的に住まいを集中させられ、大阪に行くにも警察署に届け出が必要だったそうです。息子たちは中国籍で、現在、隣で別の中華料理店を経営しています。妻は上海からきた女性です。山東語は北京語と同じなので、妻とは普通語（標準中国語）で話して、家庭では普通語と日本語をチャンポンで使っています。

私は中華同文学校の出身で、兵庫県立御影高校を卒業しました。息子たちも中華同文学校を卒業しています。中華同文学校では、中国文化を教えてもらい、華僑の友人が増え、同胞を大事にしてきました。

私の頃は、外国人、華僑は国民健康保険に加入できなかったし、銀行の融資も受けられず、就職差別があり、日本の企業には就職できなかった時代でしたので、華僑同胞とのつながりは非常に大事なものでした。華僑はお金が必要になったときには、同胞で行なっていた頼母子講（無尽）を利用しています。両親は利用していましたが、私は利用したことはありません。自己資金でやっていくのが私の信条です。現在は銀行も融資してくれる時代になりましたね。

中華料理屋は父が始めました。一九七五年まで北京飯店という店を開いていて、一九七七年から北京菜館と名を変えて、現在もこの店名を使っています。「美味しい野菜を食べさせる店」の意味でつけました。今の店は一九八九年頃にお客がよく集まると魅力を感じ、南京町で開業しました。当時はまだ、南京町の西側は整備されていなくて、中華料理店は北京菜館と群愛飯店だけでした。外人バーもいくつか残っていました。

　店のコックは中国人で、北京料理を作れる人を雇っています。メニューは季節に応じて少しずつ変えています。野菜は南京町の八百屋からも仕入れますし、近郊の農家からも取り寄せます。中国から食材を直接取り寄せることはありません。

　中華料理店の経営はなかなかしんどいものです。一日、一四時間は働いています。阪神・淡路大震災では店が潰れたため、再建するのに二年かかりました。老華僑の子どもたちは、中華料理屋はしんどいから働きたくないと思っています。そのため、中華料理屋の後継者が少なく、会社勤めをしようと考えている若者が多いです。南京町に新華僑は一割～二割いますが、振興組合に入っていない人が多いですね。老華僑とは考え方が違いますが、ハングリー精神が強いです。

　現在、南京町全体で華僑が三分の二程いますが仲が良いです。振興組合に加入している店舗が三分の二、加入していない店舗が三分の一あって、これは町発展上の課題です。当然、日本人の組合の人とは仲が良く、差別などありません。

　近頃では、日中の政治問題がマスコミに取り上げられると新聞記者やテレビ局がやってきたり、右翼団体が近くで街頭演説をやったりするのには困ったものです。今後の南京町は、中国の文化の発信地になってほしいですね。南京町を発信地として、日中友好や、文化交流が広がっていけばいいと思います。

南京町の裏通りから

劉家荘（中華料理）
沢口涼祐（さわぐち・りょうすけ）さん

一九七五年、松山市生まれの神戸育ちです。他の兄弟は皆、神戸生まれの神戸育ちです。父親が四年間松山にいた時代に生まれたので、私だけが松山生まれでした。父が急死したため、二二歳の時、店を継ぎました。店は一九八六年に父が開業しました。中華料理店を継ぐ前、大学生の時にはすでに起業し、中古車の注文販売をやっていました。

祖父の代に日本にやって来ました。日本の方が豊かな暮らしができると思って移住を決断したのでしょう。父は三歳だったそうです。祖父、父とも台北生まれです。祖父は台湾にいるときは、台湾バナナを岡山に運搬していました。日本に来てからは、祖父母は中華料理店を経営していました。

父は、線香を売ったりしていましたが、台湾のように日本では線香の需要がなく商売はうまくいかなくて、叔父が経営していたクラブ「チャイナタウン」で働いていたこともあります。母親はお好み焼屋を経営していました。母親は神戸生まれですが、故郷は台湾の新竹です。祖父母との会話は日本語の方が多かったです。それで、私は中国語ができず、いま中国語を勉強しています。

台湾と中国は政治が違うため、父親は私を中華同文学校には行かせませんでした。小中高は神戸の公立学校に行きました。日本の家庭との違いを意識したのは、朝、豚まんを食べて学校に行ったり、拜々《バイバイ》という日本の法事のような儀式を家庭でやっていることに気付いたときでした。

私は二〇歳までは台湾籍でしたが、日本国籍を取りましたので、今は華僑ではなく華人です。帰化前の名前は劉繕雲（リュウ・ゼンウン）です。今でも南京町では「劉君」と呼ばれています。台湾籍から日本国籍にした理由はいくつかありますが、ひとつには、姉が優秀で日本の一流企業に就職をしたいと考えていたので帰化を決断しました。当時は外国人の採用を拒む企業がほとんどでした。別の理由としては、台湾では徴兵制度があって（二〇〇〇年の制度改正までは二年間の兵役が義務付けられていた）、台湾籍で帰国すると徴兵される可能性がありました。また、台湾と中国の関係が悪いために、台湾籍では香港・上海に行けなかったこともあります。新華僑の人も帰化をするケースが増えてきています。帰化をしないと銀行からお金が借りにくいからです。

劉家荘の名前は、劉家の家という意味です。店の目玉商品は、焼鶏です。父がコックから教えてもらったものを、家庭で作ってくれていたものです。メニューは四季のものを取り入れて季節ごとに変えていっています。食材は民生さんと一緒に神戸近くの農家から仕入れたり、南京町の三木屋さんからも仕入れています。廣記商行さんの展示会に食材を捜しに行ったりもします。

お客さんの七割方が常連さんです。お店が裏通りにあるため観光客を意識せずに、本格的な料理を提供できます。観光のお客さんにも本格的な中華料理を食べてほしいですね。お店もお客さんの味覚に合わせるのでなく、本格中華料理を食べたいと思う味覚を育てる義務があると思います。

南京町とのかかわりは龍舞の担ぎ手としてアルバイトで入った時からです。その後四代目の隊長として龍を担ぎ、六年間隊長としてがんばりました。劉家荘が開業したころの南京町は、今よりも完成しておらず不思議な町でした。生活感があり、住みやすい街でした。また南京町にはどんな店もあり、何でもありました。現在の南京町はショッピングモール化してきて、昔ながらの店も減ってきています。これからは南京町を地元の人びとに愛される街にしていかなければいけないと思っています。チャイニーズですが神戸市民です。神戸で一生懸命働き、税金を納め、神戸の街づくりに貢献したいです。神戸をよくしていく情熱は日本人と変わらないです。

Ⅱ 南京町の過去・現在・未来

座談会

——南京町の過去・現在・未来

曹　英生（老祥記店主・南京町商店街振興組合理事長）
欧　政彦（大同行店主・南京町商店街振興組合広報部長）
藍　璞（神戸華僑歴史博物館館長）
安井　三吉（神戸大学名誉教授・孫文記念館館長）
呉　宏明（京都精華大学人文学部教授・神戸華僑歴史博物館運営委員）

●南京町のなりたち

呉宏明　「南京町の過去・現在・未来」ということで、南京町の歴史だけではなくて体験や思いから南京町を考えるというテーマを設定しました。みなさんそれぞれの南京町との関わりや関心というところから、お話をしていただきたいと思います。

曹英生　今や南京町は、日本でも有名な観光地のひとつになって、神戸に観光に来られたお客さんの多くは南京町とか居留地、北野町といった所に行かれるんですけど、私が小学生、中学生の一九七〇年頃で覚えている南京町というのは、そんな観光地とは程遠いちょっと危険な場所という面がありました。

後に区画整理をしてから劇的に町が良い方に変わった。地震もあったんですけど、それにもめげず、何とか団結の中で町づくりを成しとげました。春節祭ひとつ立ちあげるにしてもいろんな方に支援された中での町づくりで、我々だけでなく、外国人を広く受け入れてもらえる神戸の風土が、南京町にとても合ったという中で発展できたのかな。

藍璞　歴史的な観点から見た南京町というのは、仕事のために現在の神戸華僑歴史博物館周辺に華僑が多く集まって住み始めた。日本と中国の、当時は清国ですけど、国際関係が進展して海岸通に理事府（領事館の前身）ができたということで、周辺に住んでいる中国人が自分の家族を呼び寄せて家庭生活が始まる。それをサポートするために、今の南京町の場所に国際フードマーケットと言われるような市場ができた。そしてそこには日本人と中国人が軒を連ねて仲良く商売をしている。ここが大事なんですね。仲良くというのは、同じ肉でも豚肉は中国人で牛肉は日本人というように取り扱う商品が競合しなかったということもあるかもわかりません。

アメリカに渡った中国人、今で言う中国系アメリカ人の歴史を見ますと、非常に悲惨なんですね。彼らは単純労働者として行って、向こうで契約労働を終えて賃金を手にして、国へ帰って来る者もいれば、アメリカの地に留まった者もいる。留まった者は、アメリカの社会が不景気になってくるとお前ら邪魔だから帰れというような、ボイコットくらいだと良いですけど、中には虐殺事件ということにまで発展したという悲劇もあります。そういうことで、彼らはやむを得ずチャイナタウンに固まって住むようになった。つまり防御的なチャイナタウンであると。だから今でもそのカラーがあるわけですね。チャイナタウンの中には白人や黒人は営業していない。せいぜい韓国系とかベトナム系などのアジア系。東アジア系の人は、今は商売をしていますけど、それ以外は寄せ付けない。表面から見るとアメリカも日本も大した違いはないんですけど、そういう歴史の違いがあった。ぜひ昔からの、軒を連ねて一緒に商売をしたという南京町の草の根の友好というものに注目していただきたいと思います。

●生活の場として

呉　戦前のことでも、戦後のことでもかまいません、何か南京町の思い出に残るようなことがありましたら、その辺からお話を進めていけたらと思います。曹さんいかがですか。

曹　私が生まれたのが一九五七年なんですけど、物心がつく小学校一年生ぐらいには、中華街という意識は全然なくて、市場という感覚だったんですね。八百屋さんがあったり、鳥肉屋さんとか乾物屋さんとかがあったり、全くの市場やったんですね。中国のテイストが残っているのは、中国の食材というか乾物中心の店が数軒あったり、もしくは豚肉店を経営している店主が中国人、華僑であったり、そういう程度で。それと同時に「外人バー」もたくさんありました。どっちかいうと「外人バー」の方が割合としては多かったくらいに、路地を中心に営業していた。夕方近くになるとそういう商売の女の人がネグリジェみたいな服を着て立っていたりしていて、船員さんも昼間からお酒をあおって、夜は自分の国の歌を歌いながら町中を徘徊する。時にはうちのドアを蹴ったりして、とても危なくて外にひとりでは出られないような雰囲気でしたね。今でこそ土曜、日曜は一万人二万人というたくさんの観光客が来られているんですけど、当時の土曜、日曜というのはほとんど閑散として、店屋さんも半分以上が閉まっていた状態だった。

うちのおばあちゃんは日本人なんですけど、御詠歌の先生なんですよ。店の一階で日本のお仏壇で御詠歌を唱えて、生徒さんを募って南京町の中ですが御詠歌をみんなで合唱する音がガアッと聞こえてくる。何か渾然一体としていて、僕は生まれたのもそこですし、育ったのもそこなんで、世の中ってそういうものかなと。そこだけ特別な場所やと思っていなくて。ただ、今で言う賑わいもゼロでしたね。うちも老祥記っていう豚まん店専門で元祖ということでやっているんですけど、お客さんもたくさん来るようなことがなくて。親父が朝、豚まんを五〇個か一〇〇個か作ったら、後はそれを蒸しなおして昼ぐらいまでしのいでいるような感じで。うちの家族、親戚も含めて、おばあちゃんも一緒に住んでいたんですけど、一二人がその豚まんで生計を立てていたので、とっても貧乏やったと思うんですね。それで僕も跡取りということで、将来がものすごく不安で。皆にも「お前とこ豚まんじゅう屋やないか」というような感じでちょっと蔑まれるようなね、今では考えられない雰囲気やったんです。

欧政彦　確かに賑わいという点では、私が小さい頃の町中は土日には近所の子どもたちとキャッチボールをしたり野球をしたりしても全く問題がないぐらい閑散としていましたね。ただしひとつ私が思うのは、やっぱり近所付き合いの一体感がすごくありましたね。先ほども言った通り、外国人がたくさん来られて「外人バー」もたくさんあって、それからおまけにヤクザ事務所までありました。しかし、近所の付き合いがすごく密着していて、たとえばうちの隣の隣にヤクザ事務所があったりして、ネジ回し貸してくれとかかなづち貸してくれとか訪ねてきたりすると、普通に貸してあげたり。私が小さい頃なんかは、ちょっとお菓子買いに連れてったげるという感じで、不二家へ連れて行っていただいてお菓子を買ってもらったり。そういうすごく密着した付き合いがありましたね。そういう面白い町だったというのは言えますね。

安井三吉　それが変わっていくのはいつ頃でしょうか。南京町商店街振興組合の話が出てくるあたり。

曹　やはり一九八七年の第一回春節祭の時ですかね。あの時がひとつの過渡期で、区画整理が完了して、町が中華街という方向に向いた。コンテナが発展して外国の船員さんがあまり神戸に滞在しなくなった。それとドルが弱くなったことで、段々と日本でお金を使う頻度がなくなっていった。ということは、そういう「外人バー」的な所がほとんどなくなってきて、いろんな生態系というか、バランスが崩れてきて。ヤクザも商売にならんからか、おらんようになったり。

安井　一九七七年頃ですか、振興組合ができたというのは。

曹　そうですね。振興組合ができてからまた紆余曲折があって、なかなか進まなくって実際に区画整理が全部終わったのが一九八五年なんですよね。その間、一九八〇年ぐらいから徐々に区画整理が部分的にできて、最後は南が残って。

安井　区画整理というのは具体的にどういうことをされたんですか。

曹　要は土地をみなさん二五パーセントずつ神戸市に売った。その分建ぺい率が良くなって容積率も良くなって、当然道路幅が広くなった。それで真ん中に広場ができて歩車道もできた。今まで消防車も入れないような所もあったのが、ちゃんと通るようになった。一番象徴的なのは道幅が随分広くとれたことですね。

●震災と南京町

安井　陳徳仁先生が神戸華僑歴史博物館を開くのが一九七九年。私が神戸に来たのは七二年です。やっぱり一番印象にあるのは一九九五年の震災ですよ。あの時に南京町がいち早く炊き出しをやってみんなを元気づけた。ああいうことが非常に印象的です。私も震災の時に西宮から自転車で神戸に来て、同文学校へ行ったりした時に南京町を通って、大変な時に元気づけようとされていたのが非常に印象的でした。

曹　炊き出しもちょっとしたタイミングで決まったんです。地震の約一週間後ですね、一月二五日やったと思うんですけど、振興組合で臨時集会みたいな総会をして、三十何人集まって春節祭どないするって話と安否確認をして。まあ春節祭は中止やなと。確かその中で群愛飯店の施さんが、神戸の人が喜ぶようなことしようやないかと。春節祭は中止やけど、その日に熱いものを出したらどないや、というふうに提案したんですよ。ほな、皆いいことやねと、やろうやないかということですぐに意見がまとまって、一月三一日、春節祭の元日の日にそれを実現できた。それが予想以上の反響がありまして、その臨時総会にはいろんなメディアが入っていたんですね。テレビも新聞社も数件入っていまして、炊き出しをするということで一気に報道された。となると多くの神戸市民が食べるもんとか楽しいことがほとんどない中で、うちの町が先駆でやれた。それが、今先生がおっしゃったタイミングだったわけです。

安井　東北の震災のことで「自粛ではなくて」と新聞で呼びかけられていたのは、多分その時の体験を書かれていたのでは。

曹　神戸の震災の時は、横浜中華街が春節祭をやるかどうか、神戸が大変な時期にやっていいものかどうかということで、横浜の春節祭は中止という話もあったそうなんですけど、ある理事が、こういう時だからこそ何か支援をしていこう、パレードをして広く横浜市民から義援金を頂戴しながら、当然自分達も義援金を集めて神戸に送ろうと。それが実現して、約一〇〇〇万円という大きな金額が集まったんですね。

それを彼らは終わってすぐの二月五日、春節祭が一月三一日ですから、一週間足らずでそのお金を理事長以下五人で自ら持って来られた。当然アクセスも寸断されていて、大阪まではとりあえず行けたらしいんですけど、そこから芦屋辺りまで在来線があったんですかね。そこからまたバスに乗り換えて三宮まで来たんですけど、その道中というのが一番悲惨な灘、東灘。あの辺の一番悲惨な姿を見ながら三宮に到着したら、三宮もぐちゃぐちゃ、センター街も潰れて。あれを見ながら南京町に入られた。ところがうちの町は商売をしていたんですね。プロパンガスを使ったりして、民生さんなんて店でちゃんと食事を作っていましたし、うちも二月一日から営業していました。それに彼らは本当に驚いて、こんなに早く動いて営業していることに同じ華僑としてものすごくプライドを感じたと。彼らは特にそういう悲惨な場面を見た後で南京町を見たのでね。

それで義援金の内五〇〇万円に関しては南京町の修復などにということで、結果的には楼門が潰れていたので長安門の修復費にあてた。残りの五〇〇万円は華僑の団体、華僑総会とかその辺の方々にお渡しした。我々も深く感謝したんですけど、向うの理事長いわく、これは我々の先祖も関東大震災の時には神戸のみなさんにとても世話になっているから、恩返しだから、華僑というのは時空を越えて助け合うんだから礼なんていいと。その時すごく、繋がりというか絆を感じたんですね。

だから「震災後の自粛をやめよう」と共同通信を通して私が言ったのは、その時の気持ちを素直に反映して、何かアクションを起こして、元気な人はそこで義援金とか募ったお金を早くに被災者側に渡してあげたい。そういうことをしてほしかった。それが効いたかどうかわからないですけど、それ以降いろんな団体も自粛じゃなくってチャリティーをやるというひとつの図式が定着していったと思うんですよね。我々が神戸で震災を経験している人間だからこそ、そういうメッセージが伝わりやすかったと思うんですね。

藍　南京町商店街があいう形で市民に食べ物を提供したことで、食べ物自体が非常に有難かったということもあるでしょうけども、それを食べなかった人も、自分の住むコミュニティに対する貢献とかを感じたと思う。それから何よりも私があらためて感じたのは、華僑のある意味での楽観的な生活スタイルというか、ちょっとやそっとの災害にはめげない華僑の精神ですね。華僑同士挨拶しても、ああ良かったなぁ、生きてたら何よりや、生きていれば何を失ってもまたやり直せる、いくらお金持ちでも金持って死ねませんやろうしと。そういう意味での楽観です。楽天ではなくて。何か自分に残されたもので生きぬこうというその精神から学ぶことも多かったんじゃないですかね。そういう考えの人は華僑の中に多い。そういう精神、気持ちを持っていなければ、外国で生きていけない。何を失っても命さえあればなんとかなる。やっていけるし、やっていくっていう頑張り精神。それが震災の時に一番大きかったですよね。私も震災直後はあっちこっち歩いてみましてね、破壊されたダメージの大きさに打ちひしがれた。あとで新聞を見たりして、南京町がやってるじゃないかと。心強かったですね。

● 戦前・戦中の南京町

呉　藍先生、南京町の思い出として戦前のこととか何かありましたら。

曹　我々も知りたいですね。

藍　そうですね。神戸の商店街として、私が小学校に上がる前から繁栄してハイカラな町だと言われていたのは、元町商店街ですよね。だから元町商店街のおもちゃ屋さんにはしょっちゅう親父に連れて行ってもらったこととか、そういうことは覚えているんですけど。

私の曽祖父が香港上海銀行の神戸支店の買弁（買弁については二一三頁「華僑と職業」を参照）だったので、親父も嫌々ながら藍家の子孫だということで、香港上海銀行で働けということでそこの銀行員になったんです。たまにその香港上海銀行に遊びに行くと、職場はそれほど面白くない。ただの銀行ですから。それが終わってから、ちょうど今の三井住友銀行の西と南側の大きな土地の一部に、香港上海銀行の職員住宅があったんですね。確か二階建ての木造で回廊式というか、そういう建物で中庭があって、住人の会話は非常に賑やかだけれども私が聞いてもさっぱりわからない言葉で。というのも私が小さい時母親を亡くしまして、家ではばあやとそれから女中さんが育ててくれておりましたので、一〇〇パーセント日本語です。父親のほうもそれを意識して家の中では完全に日本語。ということで一切中国語に接する機会がなかったわけです。ですから大げさに言いますと、全く異文化の世界ですよね。その頃の華僑は、職員住宅で働いている職員なんかは香港や広東省からやってきたばかりの人が多くて、日本語はほとんどできないような人たちですね。服装も、夏といっても黒ですね。黒い中華服ね。ごわごわした麻の紗。それで半そでで、髪の毛はおかっぱをひっつめたような髪の毛ですね。履いているものと言えばサンダル。サンダルといっても今のようなハイカラなものじゃなくて、足の形をした楕円形の木板の前の方にゴムか皮をくっつけた、ごくシンプルなサンダルですね。それを履いて南京町へ買物に行くというような姿も見ました。

実際に南京町が中国人が多く商売をしている町だということも、親父から教えられたのは戦争が始まってからなんですね。その頃はもちろん物資もありませんし、たとえば果物屋さんに行ってバナナを買いたくても、バナナも普通の新鮮なバナナじゃなくて干しバナナなんですね。それを何本か買って食べたというぐらいの印象で、南京町の記憶といえば、干しバナナ、つっかけ、そういう断片的な感覚的なことだけなんです。私の小さい時の戦前の思い出と言っても断片的な感覚、皮膚感覚的なものしかなくて系統的にどうこう言うことはできないんですが。

安井　先生のお住まいはどの辺だったんですか。

藍　私の母親は肺結核で亡くなったんで、ひょっとしたら私に感染しているかもわからないので、空気の良い所にということで、現在の籠池通の労災病院の近く、旧呉錦堂邸の北の墓地のすぐそばに住んでいました。だから同文学校に通学するには遠過ぎたので、校区内の日本の国民学校に通いました。そういうことで、たまに町へ出てくると言えば現在の農業会館の敷地の東半分ぐらいの部分ですか、香港上海銀行神戸支店があったのは。そこへちょくちょく出かけて行って。親父はたまには洋食や中国料理を食べたかったと思うんですね。家では全く日本式の野菜の煮つけとか魚の焼き物とかですから。でも当時の僕は中国料理はあまり口に合わなくてね、じゃあ洋食にしようということで洋食屋へはよく連れて行ってもらいましたね。

●神戸と南京町

呉　神戸と南京町を考える上で、南京町の魅力とそれから神戸市にとって南京町がどういうものかという、そういうことをお話できたら嬉しいです。

欧　藍先生がおっしゃっていたように、現在は南京町と言われていますけれども、以前は市場でした。その時でも現地にいた日本の方ともすごく仲良く良いお付き合いをさせていただいた。いまだに南京町は中国人、華僑だけの町だと思われていると思うんですけども、そうじゃないんですよね。当初から日本の方もたくさんおられた。

藍　当時は市場とおっしゃっていたけども、南京町と呼ぶ以外に南京市場という名称を使っていた人が結構いましたね。日本人が牛肉を売り、乾物を売り、鶏肉を売り、それから水産物を売り、八百屋さんも日本人だし、それに対して中国人は豚肉屋や漢方薬屋、雑貨屋も結構多かったですね。互いに商売敵にならない。お客さんが来てくれたら、今日は自分の所の店で買わなくても明日は自分の店で買ってくれるとか、それはまさしく皆が仲良く力を出し合ってやってきた町だなっていうことが考えられますね。

曹　うちの老祥記のほうの店は、昔は日本のお客さんがあまりいなくて、ほとんど華僑の集まりとか、船員さんが来ていろんな情報交換というか皆でそこで集まって饅頭食べながら和気あいあいと、お前どないしとんやと。今でも海外のチャイナタウンに見られるような、おじいちゃんばっかり集まってお茶飲んだり、そういう雰囲気の店だったらしいんですね。それは港という土壌があってそうさせたと。神戸港あってこそ発展してきたと思われるんです。

神戸市との関係で言えば、神戸市役所と振興組合がとっても良好な関係で、区画整理という大事業もやはり神戸市主導というか地元との一体の中でやったんです。僕らは普通に税金も払っているからイコールの立場だと思うんですけど、他の横浜さんとか行くとちょっと違うみたいで。たとえば南京町の臥龍殿という観光トイレにしても、神戸市の土地を借りて、上は地元民がお金を払って、運営は地元民プラス神戸市から補助が出ている。こういうのは画期的やね、随分うまいことされてるんやなぁと言われたりすると、他の所は違うんやなとその時に認識しました。神戸の華僑社会というのは、随分と日本の社会にうまく溶け込んでいる。

藍先生もさっき言われたように、海外ではひとつの町で完結しているというか、学校が中華街にあり、廟が中華街にあり、横浜もそれに近い状態でどっちかと言うと守るためのコミュニティをしっかり作っている。神戸は反対に同文学校が山の手にあり、関帝廟がまた山の手にありというような図式で、別に守る必要も何にもなくて、反対に日本の方でも南京町で商売するには我々は別に排除するわけではないし、一緒にやろうやと。現に今の南京町の振興組合の理事というのは半分が日本の方なんですね。

藍　行政の華僑に対する理解と協力は、確かに神戸は突出していると思いますね。兵庫県は外国人県民共生会議を年一回開いていますし、神戸市は外国人市民会議を開いています。最初から華僑や他の外国人の県民市民に対しても意見、要望を聞く積極的な姿勢が見られる。そういう姿勢も明治以来の外国人に対するオープンな行政側の考え方、スタンスの流れかもしれません。

もうひとつ先ほどのお話で気付いたのは、中秋節とか春節祭とかの行事が南京町の振興の特色じゃないかと思いますね。と言いますのは、両方とも旧暦でやるでしょう。旧暦で華僑が行事をやるというのは、神戸では南京町の中秋節と春節祭しかないわけなんです。海外のチャイナタウンなんかに行って感じるのは、やはり文字が書けなくても字が読めなくても中国語はしゃべれる。中国語は主に話しことばとしての方言ですけどね。家で使っている方言がしゃべれる。場合によっては共通語もしゃべれるけれども、家庭では中国語で話すという家庭が多いのに対して、日本、特に私は神戸しか見ていませんから神戸で見ますと、一〇〇パーセント近く日本語化しているんじゃないか。まあ家族構成の問題などいろんな要素がありますけど。一例を挙げますと、私は広東人で広東同郷会に所属しています。最初私が広東同郷会に入った一九八〇年代、九〇年代かな私が入ったのは、当時は、全て広東語を使わないといけないと決められていた。会議での発言もできるだけ広東語を使えと。広東語がどうしてもできない人は共通語でも構わないという動きでしたが、他の現在は一〇〇パーセント日本語になっています。会議用語も議事録も全部日本語です。そういう面で、他の華僑団体も似たり寄ったりだと思うんですけど、もう一〇〇パーセント近く日本語化している。古い家庭では中秋節にはご馳走を作って先祖を拝むとか、それを旧暦のままでやるっていうのは海外のチャイナタウンかシンガポールのような華人社会でしかない。そういう中にあって、南京町は日常的には自分のものではない旧暦の行事を取り入れたんですよ。古いものだけど新しいものによって華僑自身も自分の文化のルーツを思い起こす。忘れないようにすることは、これはまた非常にいいなと、いいイベントだと思います。

●神戸華僑の伝統の下で

安井　私は舞子の孫文記念館の仕事もしておりますが、そこで感じていることと、先ほどのお話とで共通している面がいろいろありました。よく私は申し上げるんですが、世界の各地に孫中山記念館、それから孫文の妻の宋慶齢記念館があります。中国国内、台湾もそうですし華僑の多くいる所もですね。ですから東南アジアとかアメリカなどにあるのですけれども、それらはほとんどが中国人の方、あるいは華僑華人の方でやっている。たとえばアメリカですと、白人の方が一緒にやっているかというと、そうではないわけですね。それに比べると神戸の孫文記念館の場合、日本人と中国人、華僑華人が一緒になって作り運営している。そういう孫文記念館は神戸だけですよと、中国の方や華僑華人の方が来られた時にいつもちょっと自慢げにお話するんです。それはやっぱり神戸における華僑の方と日本人の長い間の、開港以来のいろいろな過程で作り上げてきたものが南京町にも表れているし、孫文記念館のあり方にも表れていると感じているのです。これは海外との比較ということでもありますし、横浜の華僑社会と日本人社会との関係の問題の中にも共通して出てくることがあるのではないかと。

それから行政との関係の問題もありますね。大阪の方が神戸より中国人が多い。でも大阪における中国人社会と行政との関係は神戸と比べて違うのではないでしょうか。神戸の中に入っていれば当たり前のように思うのですけども、ちょっと独特の社会が、昨日今日できたものではなくて、開港以来の長い伝統の上に作り上げてきたものが、今いろいろな形で役に立っているのではないかと。そういう感じを非常に持っています。

曹　中華総商会は立派な会ですし、華僑総会もとっても素晴らしく運営されている。そういう先輩たちがしっかりとした組織を脈々と作り上げげて、いろんな活動もしているというのが後押しになって、我々がその傘の下で上手いこと生きてるんかな。我々神戸の華僑社会というのは、後ろ盾があってそれがしっかり機能している。そういうところで自分らはプライドを感じるようになっている。そういう後ろ盾がないと、一匹狼的にならざるを得なくて、いじめ的なことがあったり、自分が中国人と名乗らないということがあったりだと思うんです。神戸の地にいるというのは本当に幸せやなと思います。

藍　どうして行政との関係も上手くいくようになったかというと、華僑自身の側にもそれだけの努力があったと思うんですよね。我々の先輩はそれだけ努力して、いかに日本社会の信頼を勝ち取るか、その代わり要求すべきことは要求を出す。単にあれ出せこれ出せだけではなくて、自分たちでできることがあれば地域社会、あるいは行政に対しても貢献できることは貢献する。たとえば神戸市と天津市が、一九七三年に当時としては初めて中国との友好都市になりました。その後、一九八三年に広東省と兵庫県との友好提携もありました。それに尽力したのは神戸華僑なんですね。華僑の当時のリーダーたちが一生懸命頑張って行政側に提携の希望を伝えて、希望があっても直接神戸市長あるいは兵庫県知事が中国の政府に手紙を出しても、そう簡単に話に乗ってくれないだろうけれども、華僑が間に入って話を繋いだということも多々あっただろうし。だからあらゆる所でお互いに貢献できることは貢献し、いかに信頼を失わないようにするかというふうに先輩方が頑張ってきた結果だと思うんですね。それは一朝一夕にスムーズな関係ができたわけではないと思います。

安井　今のお話は華僑の側にとってどうだったかというお話でしたけれど、僕は逆に日本人の側にとってもこういうあり方がより良いものを作りだしてくださっているという感じを持っているのですね。だから南京町があるということが、神戸にとって素晴らしい役割を果たしているし、我々の孫文記念館もそういう役割を果たしているし、果たしていきたいという考えです。そういう意味でお互いが自然と良い感じの通じ合う関係ができているのではないかと、そのような目で見ているのです。

●チャイナタウンのなかの南京町

呉　今までどちらかと言えば過去に焦点を当ててきましたけれども、南京町の現在の問題あるいは課題、そういうものがありましたら未来に向けて考える材料にしたいと思います。

安井　ひとつ質問してよろしいですか。周辺の元町商店街とか乙仲通、あるいはセンター街とか、そういう他の通りとの関係では、問題とかは起っていないんでしょうか。

曹　幸いながら、うちの町は元町商店街さんととても仲が良くて、商業系の元町東地域協議会というのがあるんですけど、それは周辺の大丸、大丸前商店街、穴門商店街、トアロード、元町の一丁目から三丁目をひとつの協議会として、年に何回か行事をしています。たとえば春節祭の時は彼らが手伝いに来てくれて、元町で何か行事をする時は我々が手伝いに行くとか。それと三宮のセンター街さんの場合だと、春節祭の実行委員会に入ってもらったり、企画委員会でも意見を出してもらったり、宣伝も地元誌で使わせていただいているとか、センター街をパレードしたり、そういうような形で協力しあっている。乙仲通さんともコラボレーションする可能性もあると思うんです。やはり仲良くやるというのは基本で、みんなで一緒にやる。

藍　南京町だけにお客さんが来ているとか、そういう感情は周りの町にはあまり生じていないですか。

曹　直接我々には言ってこないですけど、やはりうちの町に来るというのは、当然来街者があの辺にも回遊するので、反対に彼らが春節祭に協賛金を出してくださったり、彼らにとってもメリットが大きい。

藍　この神戸華僑歴史博物館の周辺が開港直後華僑の集住地になっていた背景には、隣に居留地があったからと、港に近かったからと、このふたつのファクターがあるんですね。というのは当時いろんな職業の人間がいたわけですけども、貿易関係とか金融関係とか、あるいは港湾荷役業者とか、とにかく貿易業務に直接間接に関連する華僑がこの辺に住んでいた。今だったら車で一〇分かそこらですけど、当時は徒歩で通うわけですから、やっぱり居留地に近くなくちゃいけない。必然的にこの周辺が華僑の集住地になっていって、その結果南京市場が生まれた。

そういう歴史から現在を見ますと、確かに南京町はチャイナタウンに違いないけれども、神戸のチャイナタウン＝南京町かというと、そうでもない。チャイナタウンという比較的広い概念の中で中心を成す代表的なエリアは南京町に違いない訳ですけれども、やはり歴史的なことを考えると、この神戸華僑歴史博物館の辺から旧居留域を含めて乙仲通も含めた広さでグレートチャイナタウンを捉える。乙仲業者（乙仲業者については一六八頁「南京町の隣町」を参照）が今の乙仲通に集まったのも、ここを中心に華僑の零細な貿易業者がずっとたくさんあったからですね。華僑の貿易商というのは規模が零細だから、自分で車を持ったり、あるいは通関専門の人を雇ったりはできない。そういう時には貿易貨物の運送から通関業務までを代行する乙仲さんが必要だった訳ですね。乙仲もそういう華僑の貿易商をあてにこの周辺に集まってきた。だから華僑の貿易商あっての乙仲だったし、乙仲に頼る華僑の貿易商という構図が出来ていた訳ですね。そういうわけで広い意味でのチャイナタウンは、この辺まで広がってきた。

そして外国人居留地というのは、主に欧米人が中心だけれども、そこで働く華僑の職員たち、あるいはそれと関連して外国系の銀行に手形割引に行く華僑商人がいたことを考えると、神戸華僑歴史博物館周辺も含めて海岸通まで、そして栄町通、乙仲通、それから南京町ともっと広いエリアを囲い込んでしまうというようになれたら良いかなと。だから確かに今の南京町は、チャイナタウンを代表するチャイナタウンの核ではあるけれども、チャイナタウンというのはもっともっと以前は広かったというふうに捉えることも必要ではないかなと私は考えます。

● 新華僑の台頭

曹　今老華僑はどっちかというと沈滞気味というか、三世四世になった中で親とかおじいちゃんの家業を継承している場合が多くて、反対に今は新華僑の勢いが凄くて、大きいゾーンにもし進出があるとすれば、新華僑の可能性があるんですね。南京町の店でも結構新陳代謝がありまして、昔の店が出るとすぐに福建省を中心に新華僑が入って来る。

藍　新華僑の長所と言えばリスクを恐れない、アントルプルヌールシップというか企業家の起業精神ですよね。そのためには多少リスクを負ってもやるという気概は彼らの特徴だと思うんですけども、既存の組織の中に組み込んでいく、あるいは我々はこうやって日本社会の信頼を獲得したんだから新華僑も同じ華僑としていくならば、というふうに説得できればと思う。

安井　新華僑の問題をちょっと別の角度から見ることになるのですけれども、日本全体に占める中国人の割合がどう推移してきたかという問題が考えられますよね。神戸も絶対数は増えているのですけれども、しかし相対的な比率はずっと低下してきているんですね。今は四、五パーセントぐらいじゃないですか。愛知県なんかよりも少なくなってきていると思うのです。日本全体の貿易量に占める神戸港の割合というのがやはり同じように低くなってきているのですね。だから全体的に神戸が小さくなってきたような気がしている。かつて日本全体に占めていた位置というのが小さくなっているし、日本全体の中国人社会の中でも神戸の位置というのはやはり小さくなってしまっているという気を非常に持つんですよね。だから新旧の問題も一方であると思うのですけれど、もう一方で、全体としていかに大きく発展させていくのかを考えると、今言われた新華僑というか新しく来た人たちに定着してもらうような仕組みを作れるかどうか、活躍できる場を提供できるかどうかという発想も必要なのではないかという気もするんです。

● 南京町のこれから

呉　南京町の「公式ガイドブック」では曹さんが老若男女に是非来てほしいと。家族あるいは恋人に来てほしいと書いていますけども、どうしたら若い人あるいはお年寄り、あるいは障害を持った人に来てもらえるか、どういう町づくりにしたら良いのかをお話していただいたらと思います。

欧　「春節祭」と名前を付けたのは南京町がそもそものスタートなんです。細かいことを言いますと、「春節祭」っていう言葉は中国語じゃないんですよね。「春節」が元々の呼び方ですね。意味合い的には春節の期間中、つまりお正月期間中にお祭りをやって祝うということでスタートしたんですけども、それが南京町の組合及び南京町に住んでいる人にとっては一番大きな起爆剤になったと私は思うんです。町全体の連帯感は春節祭によって培われてきたと、すごく感じます。そもそも春節祭が始まった頃は、町の人だけのひとつのお祭りだったのにもかかわらず、今では名前も通って期間中に三〇万人、四〇万人の来街者が来られて楽しんでいただけるというような、日本の中でも有数の一大イベントになっていると思っています。それで、次の構想というか未来図なんですけども、先ほども言いましたけども町のお祭りじゃなくて神戸の春節祭という感じで取り組んでいきたい。それが私共のひとつの夢ですね。

呉　曹さんは、どういう町にすべきとお考えですか。

曹　今はイベントが結構たくさんあるんですけど、イベントの質を高めたい。お客さんに感動してもらって帰ってもらうことが一番大きなことであって、イベントの数も質も高めたいですね。それと、南京町は夜がちょっと弱いので夜の楽しめるような仕掛けを、イルミネーションに少しお金をかけたり、後は何と言っても一番大事なのは食、食の町なので、やはりもう一度原点に戻って美味しいものを極めていくように、切磋琢磨して美味しい物を更に美味しく作っていく。南京町のこの店に行ってあの料理を食べたいというぐらいの物を個々の店がそれぞれ持ってる、これが一番強いと思うので、そういう店作りをもう一度原点に戻ってやってほしい。

横浜の理事長と以前よく話をしていたのが、町が一番良いのは、カレンダーで言うと全ての日を赤にするのが一番いいと。いつも晴れの舞台を演出するのが町のひとつの方向かなというふうにおっしゃったことがありました。できればカレンダーを全部赤にしたいというのが大きな夢ですね。後ハードの面でね、たとえば関帝廟とかの文化的な施設が近くにあれば良いと思うんですけどね。

呉　横浜の楼門の説明を見ていると風水に基づいてやっていると書いてありますけど、神戸の場合はやはり考えてやっていますか。

曹　そんなん言われると辛いところあるんですけど、横浜さんからも言われたりしてるんですけど。先人が作ってしまっているので、これからはそういうことも考えてせなあかんのかなという中で、先に長安門ができたり。あんまり風水的なところはやってないですね。

欧　風水的なことは実際問題考えてやってないんですけど、以前ある風水師の方が南京町はすごく良い、門といい、場所といい、良い位置にはありますねと言われたことがあります。

● 横浜・長崎・神戸

呉　横浜、長崎、神戸の比較や連携についてはいかがですか。

曹　定期的ではないんですけど、シンポジウムという形で、最初は震災の年ですかね、横浜で三大中華街フォーラムというのをしまして、それで、震災の後にちょうど長安門が復興した時に合わせて神戸で同じように三大中華街フォーラムをやっていますね。個別的には横浜で開かれたフォーラムにも呼ばれたりして。二〇一一年は横浜が関聖帝君鎮座一五〇周年ということで、中秋の時に横浜からキャラバン隊が来て、横浜の山車を南京町の中秋節の時に出してPRをした。反対に我々が関帝誕の時に向こうに招聘されて獅子舞をしに行ったりという交流はありますね。後、長崎とは一対一でのイベント交換はやってないんですけど、気質的には長崎の人と我々は結構合って、不思議なんですけど友達と話してるような感覚で。

藍　西と東の違いかな。

安井　規模の問題もあるのではないですか。

藍　三都市のちがいで言えば、神戸は南京町という名称を維持していること、それに対して横浜が中華街に名前を変えたということなんですけども、これはやっぱり横浜は江戸という武士の町の近くにあったから、それでやっぱり名と実の名の方を重んじる。だから横浜も今までの「外人バー」云々の町というそのマイナスイメージを払拭するために、中華街とまず名前を変えて再スタートしようと考えられたんでしょうし、神戸なんかは関西特有の実を取って、むしろ開港当時から使われている南京町という名前が神戸市民にとっても馴染み深いし、それでいいんじゃないのというふうに考えられたのかどうか。特に二〇一一年からですか、「神戸」を取ってしまって「南京町」、世界唯一の南京町と称するようになった。これは面白いなと思いますね。個人的には大賛成です。横浜中華街、長崎新地中華街と元の「南京町」が変ったのに対して、どうして神戸は「南京町」にこだわるというのか名前を大事にしていこうと思ったのでしょうか。

曹　我々が今一番力を入れてるのがブランド戦略というか、商標としての「南京町」を定着させようということで、商標専門の弁護士も顧問として雇って、ブランド戦略をしているということが特出していると思うんですね。今、南京町とは関わりのない所がうちの町の名前を使って商売をしていることもあって。

藍　確かにそうですね。戦前の南京町っていう呼び方は唯一と言っても良い。チャイナタウンを南京町という呼び方にしたのは日本だけですよ。アメリカ辺りへ行ったら唐人街ですよね、チャイナタウン。だから中国から来る人には、南京町の由来を説明してあげなくてはいけないくらいなんだけども、確かに大げさではなくて世界唯一の南京町ですから。その商標は是非ブランド戦略で大事にしてもらったら良いと思いますね。

●文化の力

呉　今までもいくつか話が出ていますけども、南京町と神戸華僑の繋がりをどう考えるのかという点ではいかがでしょうか。

曹　特に意識しなくて繋がっているなというのが神戸の良さで、神戸で開催された世界華商大会が二〇〇七年ですか。その時に多くの世界の華商が来られまして、とても楽しいと言っていただいた。我々は獅子舞を中心にいろんな文化とかミニ春節祭をあの時に表現したんです。世界の中で見ると神戸に華僑社会があるの？　くらいにしか思われてない部分もあって、どっちかというとシンガポールとかマレーシアとかにいる人らがアジアの華僑やろうと。日本はあんまりおらへんのとちゃうんみたいに思われてるんですけど、いやいやしっかり神戸でも立派なものがあるというのを再認識していただいた。今後も特に中国との関わりがいっそう深くなる中で、彼らにも見ていただいて、中国の伝統文化を異国でしっかり守ってるということも見てほしいなということですかね。

安井　震災の後、当時振興組合の副理事長で昌園の黄棟和さんにお会いしてお話を伺ったことがあるのですけれども、その時まで私は南京町というのは華僑の人たちだけでやっているというのをイメージとして持っていたのですが、お話を聞いて日本人がたくさんいて一緒にやっているのだと、その時初めて気が付きました、遅いのですけれど。舞子の孫文記念館の場合もそうですけども、あそこにはふたつの役割があると思っているんです。ひとつは日本とあるいは神戸と言ってもよいのですが、中国との関係、台湾ももちろん含んで。それから神戸の中での日本人と中国人との関係、そういう関係を記念館を通じてどうやって広げたり深めたりしていくのか、そういう役割が孫文記念館にはあると私は思っているのです。南京町もやはり同じような性格を持っているのだとみなさんのお話を伺いながら思っていました。

欧　南京町がここまで知名度が上がってきたという証明にもなると思うんですけども、新型インフルエンザとか冷凍餃子事件、段ボール肉まんとかいうような問題が起こると、一番先にテレビが来るのも南京町です。そういった、時には風評被害の中でも、もっともっとがんばっていきたいなと思います。

藍　そうですね。春節祭と中秋節、このふたつのイベントを通じて、古いながらも現在の中国人社会で生き続けている中国の伝統文化を絶えることなく継承してほしいという気持ちですね。それから南京町の実録としては、日中戦争、それからアジア太平洋戦争をくぐり抜けて、そして震災をくぐり抜けて、ある意味絶滅の危機に瀕した時もあったのに、それを克服して今日がある。それはもちろん南京町に関わっている方々の努力だと思うんですけども、その残されたものを発展させていくという精神で、南京町よ永遠たれ、という気持ちですね。フェニックス、不死鳥として生き続けてほしいというふうに思います。

本座談会は二〇一一年八月一七日、神戸中華総商会会議室で行なわれた。各人の肩書きは当時のものである。

南京町の品質を守る

群愛飯店（中華料理）
施 蓮棠（シ・リェンタン）さん

群愛飯店としては、一九六六年に父が開業してから四九年目になります。最初、父は大阪で二年余り店を開き、その後、神戸に開店しました。大阪で開業したのは、父が大阪の道頓堀で料理の修行をしたからです。南京町店（二〇一三年九月より閉店中）は一九八五年から営業を始めていますが、他にも、元町駅近くに本店、大丸神戸店の中にも店を出しています。小さな店から広げていって、今に至ります。料理は中国の南の方の広東料理です。店の名前は「多くの人が群がり来て、愛してもらう」の意味からつけました。

私は、一九五六年生まれの華僑三世で、神戸生まれの神戸育ちです。祖父の代に広東省から日本にやって来ました。中華同文学校には、私、妻、子どもの皆が行きました。私は二七回生で、老祥記の曹英生さんとは同級生です。妻は台湾華僑なので、私は現在台湾のパスポートを持っています。息子は二九歳で、帰化し日本国籍を持っています。日本のパスポートがあれば、海外に行く時に大変便利です。息子は現在、会社に勤めていますが、ゆくゆくは店を継いでくれます。日本国籍の取得に関して言うと、新華僑の方が、早く帰化していきますね。彼らの方が、帰化の申請書類が少なくて済むようです。我々老華僑は、日本での滞在年数が長く、家族・親族も多いので、申請書類もたくさん提出しなければならなくて審査も大変なので、帰化を考える人は少ないです。

現在の住まいは兵庫区ですが、実家は中山手三丁目にありました。当時、そのあたりは広東村と呼ばれるくらい広東省出身の華僑が多く住んでいました。広東語は、祖父母が広東語で喋りかけてくれたことで覚えました。また、実家近くの人に、少々間違っていても積極的に広東語で喋りかけたおかげで、広東語ができるようになりました。私は広東省の故郷には帰ったことはありませんが、私の兄は訪れたようです。

阪神・淡路大震災の時は、地震がおさまると、すぐに店を見に行きました。裏口は壊れ、店の中はぐちゃぐちゃでした。南京町はさいわい被害が大きくなく、すぐに水道や電気が使えるようになりました。冷蔵庫にあった食材を使い、他の店舗と協力して、温かい食べ物を被災者の方々に提供しました。同胞意識から横浜や長崎の中華街から多額の義援金が渡されたときは本当に嬉しかったです。東日本大震災では、一度訪れたことのある気仙沼市に募金を手渡しに行きました。その時に見た光景に、涙が出ました。

料理には季節感を大切にしています。春には豆苗《トウミョウ》を広島県の専門農家から取り寄せて、夏にはニガウリ、秋には松茸、冬から春先にかけては牡蠣、上海蟹を出しています。野菜は南京町の八百屋の三木屋から仕入れています。このごろは、安い中華料理が中心に売れていますが、高級中華料理を提供することで、群愛飯店のブランドを守っていかなければならないと思っています。

お客さんは観光客が三〜四割で、神戸の地元の人が南京町から離れていっているのが問題です。最近は不景気でお客さんが減り、儲けも少なくなりました。また、お客さんが屋台での立ち食いや買い食いで食事を済ませるようになってきています。屋台で呼び込みする店員が増え、南京町全体の料理のレベルが落ちてきていると心配しています。テナント料が高くなり、南京町から離れる店もあります。

華僑の人たちとは、同胞意識を持ちながら、良いお付き合いをさせていただいています。私も中華同文学校の同級生が四人おり、知り合いも多いので、気心がわかります。

当然、日本人の人たちとも、仲良くお付き合いしていますよ。

振興組合という仕事

南京町商店街振興組合事務局
平山裕世（ひらやま・ひろよ）さん

一九七一年生まれです。一九九九年七月に振興組合事務局に就職しました。神戸生まれの神戸育ちですが、神戸の西の方に住んでいましたので、子どものころは南京町に来たことはありませんでした。大学時代に中国関係の勉強をしていて、その頃から南京町に来るようになりました。また、友達が南京町の獅子舞の団体に関係していて、私も獅子を作ったり絵を描いたりしていく中で、南京町とつながりができました。

私が振興組合に就職したころの南京町は、町の様子自体は今とあまりかわりませんが、電線の地中化をした時でした。現在のメインの通りは普通の道で、電線も道を挟んで渡っていました。今は町の景観を意識して、地面の下に埋めています。

振興組合は一九七七年七月にできて、同年に法人登録をしました。その後、一九九七年に「南京町」の名称を組合の商標として登録しブランド化を図りました。

事務局の主な仕事は、事務員二人で行なっています。集金などのお金関係の仕事と、春節祭などイベントの準備・進行を含む全般的な仕事があり、私は後者の仕事を担当しています。イベントの当日は、メイクや司会などイベント運営のありとあらゆる仕事をしています。イベントが無事に終わったときは、この仕事をやっていて良かったと喜びを感じます。イベントはすべて組合員の手作りで、外注はしていません。イベントを手作りすることが、組合員の結束を強める良い効果をもたらしていると思います。

一月～二月の春節祭、九月～一〇月の中秋節、一二月のランターンフェアなどのイベントがあります。中国には四節句を祝う祭りがあり、南京町ではこれに合わせたイベントを行なっています。五月から六月に行なわれる端午節に応じたイベントがなかったのですが、二〇一二年から端午節のイベントを始めました。春節祭のパレードは、二〇一〇年からは元町商店街や三宮センター街にも出向いています。

振興組合は社長の集まりなので、会議の内容も会社の利益や自分の生活に絡むことになり、意見を集約することが難しく、とても気を遣わなければいけませんが、組合員の皆さんは活力があるので、組合員のアイディアを最大限活かしていきたいと考えています。春節祭を始めたころの中心メンバーは当時の青年部の人たちでした。その方たちは、今は組合理事になり、メンバーの年齢も高くなってきました。二〇一一年度より青年部が再結成されてメンバーは七名程度ですが、若い力が入ってきたことに期待しています。

南京町では振興組合とは別に、任意団体の「南京町を育てる会」を結成し、屋台のゴミの処理や警備員を雇うなど町のルールの遵守を目指しています。自転車の駐輪場の整備も差し迫った問題と考えています。また観光バスの乗降場の整備を行ないたいと思っていますし、町の北側には門がありませんので是非作りたいと考えています。

今後の南京町は、地域のふれあいの場となり、地域の台所のような場所になってほしいと考えています。今では、南京町でしか買えないもの・南京町にしかないものがどんどん減ってきているので、独自のものを考えていかないといけません。

Ⅲ 南京町の風景

楼門——南京町を見る①

南京町の東・西・南の入口には、それぞれ、「楼門」と呼ばれる中国の伝統的な建築様式の門がそびえたっている。中国では一般に「牌坊《パイファン》」「牌楼《パイロウ》」と呼ばれるが、中華文化のシンボルとも言え、日本（神戸・横浜・長崎）をはじめ世界各地のチャイナタウンの景観を特徴付けている。

南楼門（海栄門）

南楼門は、南京町のシンボルとして一九八二年に最初に建てられた。高さは七・六メートルで、台湾製である。南京町の南の入口に位置し、二層の屋根に龍や鳳凰の彫刻が施されているが、これらは中国では吉祥のシンボルとされる。門の南側（表側）には「南京町」「海榮門」の二つの額が掲げられている。「南京町」の文字は元・神戸中華同文学校長の李萬之氏によるもので、現在、南京町のロゴとしても使用されている。楼門の北側（裏側）には「飛翔」と書かれた額がかけられている。

東楼門（長安門）

鯉川筋に面して建つ白亜の門で、文字通り南京町の玄関口と言える。高さ九・八五メートル、幅七・四メートルで、一九八五年一一月一九日、廣記商行の鮑日明氏の寄贈により完成した。中国河北省石家荘特産の大理石「漢白玉」を使用し、柱には無数の龍と雲の模様の彫刻が施されているが、建造に約五二〇〇万円を要したという。一九九五年の阪神・淡路大震災によって大きな被害を受けたが、翌年一〇月一日に修復再建された。

正面入口（東側）の「長安門」の文字は元・神戸市長の宮崎辰雄氏による。その上に掲げられている「敦《とん》睦《ぼく》」（情愛が厚くて仲のよいこと）の文字は、中国仏教協会会長・趙撲初氏の書である。門の西側（裏側）の題字「友愛」は元・兵庫県知事の坂井時忠氏による。

西楼門（西安門）

二〇〇五年一月一五日、阪神・淡路大震災から一〇年目の節目に、復興から飛躍のシンボルモニュメントとして建設されたのが西楼門である。高さ九・七メートル、幅五メートル、構造は鉄骨造りで瓦葺き、木製飾りと大理石が貼られている。中国で商業が最も栄えた約一〇〇〇年前の北宋時代の門がモデルとなっている。門の西側（表側）の「西安門」という額は、兵庫県知事・井戸敏三氏によるものである。その裏側の額にある「光復」（「復興」を意味する）は、神戸市長・矢田立郎氏によって揮毫《きごう》された。西安門の総事業費は約四二〇〇万円。約二六〇〇万は兵庫県や神戸市などから補助を受け、残りは募金などでまかなわれた。

元町本通に面した南京町の北側には楼門がない。その代わり、南京町広場から元町商店街に抜ける道の両側に大理石製の一対の獅子像が鎮座し、南京町を見守っている。獅子は中国では招福と厄よけのシンボルとされる。獅子像は一九八八年二月一七日に設置された。南京町商店街振興組合では、将来的には北楼門の建設も考えているという。東西南北すべての門が揃えば、南京町のすべての入口の「顔」が整う形になる。

（呉宏明・高橋晋一）

南京町最初の門として作られた海栄門

街並み——南京町を見る②

楼門をくぐると、そこには周囲とは別世界の中国的景観が広がっている。日本でありながらいきなり外国にワープしたような不思議な感覚、これが南京町探訪の一つの魅力であろう。

南京町の歴史は神戸開港後の明治時代にさかのぼる。しかし現在の南京町の風景は、かつての南京町の歴史景観を再構成したものではない。その場所が神戸華僑の伝統的な居住地・商業地であったという歴史性はふまえながらも、一九八一年に策定された再開発計画に基づく景観整備事業の中で新たに創造、演出された中国世界である。そこは華僑の生活の場としてのチャイナタウンではなく、観光地・商業地として「見せるために」一から創られた、イメージとしてのチャイナタウンなのである。

南京町の街づくりは、一貫して「中国的景観」を創り出すことを目指して進められた。八〇年代以降、伝統的な技法に基づく石畳の歩道の整備、街のシンボルである楼門や南京町広場、中国風デザインのあずまやなどの整備が進められ、建築物については黄色や緑色の特徴的な色彩による反りを持たせた形の屋根、赤い丸柱と細かい模様を浮き彫りにした梁形、赤（中国では吉祥色として喜ばれる）を代表とした中国的色彩、文字・龍・鳳凰などの図柄を使用した中国ムードを演出する付属物、中国獅子等の石像、旗、提灯などの要素が採用された（大橋健一「観光のまなざしと現代チャイナタウンの再構築」『景観のまなざしの展開』春風社、二〇〇四年、一〇七頁）。

神戸市は一九九〇年に「中国風建物に代表される異国情緒豊かな街並みの形成を図る」ことを基本方針として「南京町地区景観ガイドライン」を制定、建築物の色彩・材料・形態について規制を設けた。現在は二

○○六年に策定された神戸市の景観計画（都市景観条例）に基づき、建築物や屋外広告物について設計上の基準が定められている。

　街のシンボルとしての楼門（牌楼）、中国的な意匠の建物などについては、国内他地域や海外のチャイナタウンの景観と共通する部分がある。二、三階建てのショップハウス（一階は商店、上階は居住用）が軒を連ねて建ち並ぶのも世界のチャイナタウンの特色である。ショップハウスは間口が狭く奥行きが深い短冊型で、中国の伝統的建築様式にヨーロッパの様式を加味した独特の東西文化の折衷様式となっている。ただし現在の南京町では、一部に面影を感じさせるだけで、シンガポールのチャイナタウンのように様式化はされていない。東南アジアのチャイナタウンなどに行くと、一階に日差しやスコールを避けるための通路である「五脚基《ゴカキ》（騎楼《チーロウ》）」が見られることが多いが、こうした歩道空間は南京町には見られない。気候の違いと、道幅が狭いためと思われるが、狭い道の両側に屋台が軒を並べる風景は南京町特有のものであり、モノや人が狭い空間に密集しているがゆえに、独特の活気あふれる空間を作り出していると言えよう。

　なお、華文（中国語）圏最大の観光情報ホームページ「ＭＯＯＫ景點家」（www.mook.com.tw/）では、南京町は「香港的縮影版（香港のミニチュア版）」と紹介されている。赤と金を基調とした建築物、楼門などの中国的建築、街の中にあふれる中国語（漢字）、港式小吃攤《シャオチータン》（香港式の点心等の屋台）などは、確かに「香港的」な風景とも言える。

（髙橋晋一）

中国色豊かな街並み

街路の名前——南京町を見る③

中国・香港・台湾などの中国社会に限らず、世界の多くの国や地域の市街地の街路（ストリート）には事細かに名前が付けられており、住所表示もこうした街路名を基準に設定されている。たとえば、「中国遼寧省大連旅順口区長春街○号」といった具合である。街路名は場所（住所地番）をわかりやすくするとともに、その地域に親しみを持つきっかけにもなる。

実は、南京町のすべての通りにも固有の街路名が付けられている（五二頁の図10参照）。南京町を東西に走るメインストリートは、南京町の心臓部とも言える南京町広場を境に、東が「南京東路」、西が「南京西路」と呼ばれている。広場の南北を走る街路は「南京南路」「南京北路」である。南京町の「南京」と東西南北の方位を合わせた街路名で、初めて街を訪れた人にも直感的にわかりやすいネーミングと言える。中国（台湾、香港なども同様であるが）では一般に、大きい道路は「路」、やや狭い道路は「街」と名付けられる。南京町でも、この東西南北のメインストリート以外の小路は「街」と称されている。南京東路の北側には東西に「長城街」が走り、「東龍街」「中山街」が元町一番街との間を南北に連絡している。南京東路の南側には「長春街」「九龍街」がある。南京西路の南側には「香港街」「仁愛街」が東西に走り、「跑馬街」「海龍街」が南北に通る。南京西路の北側には「澳門《マカオ》街」「珠海街」「麒麟街」「友愛街」がある。

これら街路のネーミングはとくに土地に根ざした地名というわけではなく、南京町商店街振興組合の理事会で、中国のポピュラーな街路の名前ということで決められたものであるという。確かに、どれも明快で親しみやすく、中国的なイメージが前面に出た街路名である。「香港街」「九龍街」「澳門街」「珠海街」という名称からは、中国南部海岸地域の広東省・香港・マカオあたりのイメージが感じられる。「九龍」は香港市街地の地域名、「珠海」は広東、マカオに隣接する経済特区の名前である。実際、神戸の華僑は広東省の出身者が多く、そういう点では南京町の歴史、街のイメージを反映した地名と言えないことはない。

ちなみに、横浜中華街のそれぞれの通りにも同様の街路名が付けられている。中華街大通り、関帝廟通り、西門通り、北門通り、市場通り、南門シルクロード、媽祖《まそ》小路、蘇州小路、北京小路、上海路、中山路、香港路、福建路、長安道、開港道、広東道、太平道、海河道といった具合だが、日本風と中国風の街路名が混在しているのが特徴である。一方、南京町の方は中国的な街路名という点では徹底している。しかし、南京町の各街路の名前が観光客に親しまれているとはまだ言えないようである。街路の敷石にはそれぞれ「南京北路」「中山路」などといった街路名が示されているのだが、雑踏のためか気にする人は多くはない。振興組合では、観光客などに街路の愛称を広く知ってもらうため、今後各街路の入り口に愛称の書かれたゲートを敷設することも考えているという。「○○街の○○という点心の店がおいしい」などというように、街路の名前と店が結びつくようになれば、街歩きもよりいっそう楽しくなるのではないだろうか。

（高橋晋一）

道路に埋め込まれた街路名タイル

南京町広場――南京町を見る④

東西約二〇〇メートル、南北約一一〇メートルの範囲に広がる南京町の心臓部に位置しているのが南京町広場である。中国風のあずまやをはじめとするさまざまな中国的なモニュメントが集中し、南京町観光の起点とも言うべき場所となっている。

現在見るような南京町広場ができたのは、さほど古い話ではない。再開発以前の広場付近は普通の狭い十字路で、小さな店が建て込んでいた。南京町には人々が憩い、集い、行事を行なうような空間がなかったのである。しかし、一九八一年に「中国的景観」を核にした南京町の整備事業実施計画がまとめられると、翌年以降、広場を中心とした地区の街並み・空間整備が進められた。

「ヨーロッパにはコート（court）があって街が広がっている、広場があると何かできる」。そうしたイメージを抱きながら、「広場を作ろう」という話が持ち上がった。一九八六年、広場に最初に完成したのは中国風の「あずまや」であった。高さ六・八メートル、直径三メートルで、神戸元町ライオンズクラブからの寄付金をもとに、振興組合が補塡して建築したものである。赤の六本柱に黄色い屋根、軒先の華やかな彫刻、周りに赤いランタンをつるし、正面には登録商標である「南京町」の額が掲げられている。なお、横浜中華街でも二〇〇〇年、関帝廟通りにある山下町公園（別名「小公園」）が整備され、中国風デザインのあずまや「会芳亭」が設けられている。

一九八七年四月には、NTTの寄贈により中国風電話ボックスを広場に設置。一九八九年一二月には十二支の石像を広場の周りに設置した。ただしよく見ると、十二支像のはずなのに石像は一三体ある。何が多いかというと、パンダの像である。石像を中国に注文した際、言葉の誤解から「亥《いのしし》」がうまく伝わらず（亥は中国の十二支には含まれていない）、代わりにパンダの像が届いたのだという。あらためて亥の像を発注し、無事十二支が揃ったという話である。

広場の正面には、赤い中国服をまとった男女一対の小財神（子どもの財神）像が立っており、人目を引く。身長約一メートルで、上海から取り寄せたものである。南京町商店街振興組合が一九九八年一一月に名前を募集、それぞれ「財財」と「來來」と名付けられた。華僑社会では財神は金運・商売繁盛の神として信仰が厚い。その点で、南京町のシンボルにふさわしい神と言える。ちなみに財財は男の子、來來は女の子である。同じように胸の前で両手を握るように組んでいるが、これは「拱手《きょうしゅ》」「抱拳」と呼ばれる中国の伝統的なあいさつ（敬礼）の仕方である。よく見ると財財は左手で右手の拳を包み、來來は右手で左手の拳を包んでいるが、これは男女の礼法の違いによる。

さらに九八年一二月には、観光客へのアンケートをもとに、総合案内板の設置改修、街路樹の周りをプランターやベンチで囲む「憩いのスポット作り」などの整備を進めた。

こうして整備された南京町広場は、南京町の顔として観光スポットになっているだけでなく、春節祭や中秋節などの行事の際にはイベントの主会場となり、獅子舞や龍舞などの演舞が披露される。広場は南京町の「にぎわいづくり」の核となる場所として、大きな役割を果たしていると言えよう。（高橋晋一）

南京町広場の財神像

「南京町市場」の面影——南京町を見る⑤

戦前の南京町は「南京町市場」と呼ばれ、何でも手に入る一風変わった国際マーケットとして知られていた。新鮮な肉、魚、野菜、果物から線香、漢方薬、下駄までなんでも売られていた。市場は朝九時頃から正午にかけてにぎわいを見せ、買い物かごをさげた華僑や日本人の主婦でごった返した。戦後、焼け跡のバラックから復興した南京町は、戦前の独特の景観こそ失われたが、やはりハイカラ品から中華食材、肉、魚まで何でも揃う商店街として知られていた。

八〇年代の再開発以降、南京町の風景は大きく変貌した。街並みは観光客向けに整備され、「市場」の雰囲気は感じられなくなった。しかし注意して見ると、八百屋や鳥屋など、そこここに昔の市場の残影を見いだすことができる。

「鳥利商店」は、南京町広場向かいの角地にある鳥屋（鶏肉卸業）である。現在三代目で、現店主の祖父（辻川利平氏）が一九〇〇年、大阪堺から南京町に来て開業した。南京町は外国貿易の盛んな神戸港を控えており、商売がしやすいと考えて移り住んだという。鶏肉は中華料理の重要な食材の一つであり、地元料理店との関係も強い。華僑の食生活の中でも鶏肉や豚肉の比重は高い。鶏肉は供物としても重要な位置を占めており、旧正月の拝礼行事には一羽の鶏を丸ごと供えていたという。

メインストリート中ほどの「森田川魚店」。文字通り、珍しい川魚専門店である。戦後、一九四八年に現店主の父親が明石より出てきて店を借りて営業を始めたが、明石の実家も川魚卸店であった。南京町と川魚……あまり関係ないようにも思えるが、華僑は鯉やフナなどをよく食することから、南京町でも川魚卸・販売の商売が成り立つのではと考え店を出したのだという。四〇年くらい前には、第一樓や神仙閣などの中華料理店で忘年会・新年会が開かれるときのメインは丸ごとの鯉の天ぷらで、多いときは一日一〇〇〇本も出荷したというが、最近は鯉の販売は少ないという。現在の主力はうなぎで、販売の九割を占める。そのほかにも、鮎、フナ、ドジョウ、スッポンなどを扱っている。以前は香港や台湾から来た船員が、船内で調理するため鯉やフナを買いに来ることもあった。

「三木商店」は、一九五〇年から南京町で営業している八百屋である。開業当時から南京町にある八百屋として、中華料理店が必要とする中国野菜を多く扱った。現在も市場で仕入れた中国野菜を中華料理店に卸しており、店頭には珍しい野菜が並ぶ。二〇〇二年からは、南京町のメインストリート（中国料理「民生」の向かい）でさまざまなカットフルーツを販売し、人気を博している。

いずれの店も、南京町が市場であった時代から、地元華僑の食生活や中華料理店と深くかかわりながら商売を続けてきた。現在の南京町の「中国的風景」の中では異色な存在でもあるが、南京町の歴史やルーツを伝える、貴重な場所と言える。

（髙橋晋一）

南京町の青果店（三木商店）

中国雑貨店——南京町を見る⑥

南京町のところどころに、中国雑貨・物産を扱う専門店を見かける。店頭には華やかな中国風アクセサリーやお茶、食品、食材などが所狭しと並べられている。この手の店は、観光客向けに最近できたもののようにも思える。しかし、南京町における中国雑貨店の歴史は意外に古い。

中国雑貨店は、南京町市場の成立期である明治初期から見られた。一八七七年頃、在留中国人の数は五〇〇人に達していたが、その頃南京町の東端にあった万源号、源生号あたりがもっとも古い雑貨店であるという（鴻山俊雄『神戸大阪の華僑』一九七九年、二一七頁）。一九〇四年末の神戸には、華僑の雑貨商は一六軒あった（田中鎮彦『神戸港』神戸港編纂事務所、一九〇五年）。店の顧客はもっぱら中国人で、日本人はたまに陶器や菓子類、靴などを買いにくるくらいであった（鴻山前掲書、二二八頁）。商品は塩物（塩漬肉、塩漬蟹、腸詰め肉、塩くらげ、ハム、ピータンなど）、菓子、老酒、瀬戸物、土鍋、杓子、缶詰、髪油、白粉、靴、文房具、線香、たばこ、ロウソク、爆竹、傘、靴など、まさに華僑の生活全般に関わる雑貨を扱っていた。

当時の中国雑貨店には、広東人が経営する「広東雑貨店」と、寧波人が経営する「上海雑貨店」があった。明治・大正～昭和戦前期の代表的な雑貨商には、万源号、源生号、徐老志、万利号、新合号、泰和号、瑞和号、茂昌、広生（以上広東人経営）、震記、成記、李光記、厚生号（以上寧波人経営）などがある（鴻山前掲書、一七二頁）。

買い手のほとんどが華僑なので、その数が減れば商売も成り立たなくなる。一九三七年以降日中戦争が激化する中、在留華僑の多くは中国に帰国したが、華僑の雑貨商も店をたたんで次々に帰国、残ったのは広東雑貨店六軒のみとなった。日中戦争勃発後は輸入の許可手続きが煩雑なことと、為替送金に手数料がかかるので、中国雑貨の輸入品は店頭から姿を消し、台湾雑貨がとって代わった（鴻山前掲書、二二八頁）。

戦後、一九八〇年代の整備事業を経て、南京町は中国色豊かな観光の町として生まれ変わった。日中国交正常化後の「中国ブーム」もあいまって、中国の商品や雑貨に人気が集まるようになり、老舗の雑貨店に加え、観光客を対象とした新しい雑貨店も増えた。雑貨の購買層も、戦前の華僑中心から日本の地元客や観光客へとシフトしていった。品揃えは、中華食材、調味料、お茶や中国菓子、冷凍の点心類、中国酒、茶器や皿などの食器類、中国服やTシャツなどの衣料、アクセサリー、中国的な小物・グッズ、陶磁器などの置物、さらには神戸プリンなどの神戸みやげに至るまで、主に観光客をターゲットにしたものが中心となっている。街の一般的な雑貨店には置かれていない個性的な商品が多く並べられ、眺めているだけでも飽きることがない。

ある雑貨店の店主の話では、観光客には中国茶や中国的なアクセサリーなど「中国らしさ」が表れたものがよく売れ、地元客は春雨やビーフンなど、品質のよい食材を買っていく人が多いという。しかし、地元客・観光客の別を問わず、この街でしか手に入らないものを求めて来るという点は変わりない。中国雑貨店は、中華料理店や屋台とともに、南京町の「中国色」を生み出す重要な要素、景観の一つを作っていると言えるだろう。

（髙橋晋一）

雑貨店の店頭

春節祭——南京町を楽しむ①

春節とは中国の旧正月のことで、中国の節日（年中行事）の中でももっとも重要なものとされている。中国では、新暦の正月よりも旧正月の方を盛大に祝う習慣がある。春節には学校や会社は休みとなり、町の飲食店や商店も多くは休業となる。人々は皆ふるさとの実家に帰るため民族大移動が起こり、交通機関は大混雑する。獅子舞や龍舞などの伝統芸能が披露され、街には邪気をはらい新年をことほぐ花火や爆竹の音が鳴り響く（爆竹は近年都市部では規制される傾向にある）。正月料理として北方では水餃子、南方では湯圓《タンユエン》（白玉団子のスープ）を食べる。また、各家では縁起の良い「春聯《しゅんれん》」（赤い紙にめでたい文句を書いたもの）や「年画」を購入して貼ったりする。

南京町の春節祭は、一九八〇年代以降に進展した中国色を生かした街づくりの一環として、中国の「春節」を参考に一九八七年に始められたものである。歴史的には伝統的なものとは言えないが、神戸の地域色豊かな行事として地域に根付いており、一九九七年には神戸市の地域無形文化財に指定されている。なお同年、神戸市中央区中山手通の関帝廟（三国志の武将・関羽を神格化した「関帝」を祀った廟）で行なわれる「水陸普《ふ》度勝《どしょう》会《え》（関帝廟の盂蘭盆《うらぼん》）」も同様に指定された。

春節祭では、獅子舞、龍舞、中国舞踊、中国音楽など、さまざまな中国的な芸能が披露される。中華グルメやショッピングとともに、ふだん接することのない中国色豊かな文化に触れることが、春節祭観光の大きな目玉になっている。神戸中華同文学校生徒による楽器演奏や獅子舞、神戸華僑総会の獅子舞・舞踊など、地元華僑の子どもや若者たちによる演技も多い。華僑の中でも二世、三世といった若い世代は次第に日本化が進み、華僑としての意識も薄れてきている。そんな中、中国の伝統文化を学び、春節祭をはじめとする南京町のイベントで披露することは、外部（観光客）のまなざしを通して、彼ら／彼女らの華僑（中国人）アイデンティティをあらためて確認し、強める働きをしている。中国文化を自ら演じることで、自分たちの文化を意識し、誇りを持つようになる。南京町の春節祭は、中国、台湾、香港や各地の華僑社会の春節のような生活文化そのものではなく、南京町の観光化の中で創られた新しい行事ではあるが、南京町、神戸華僑の文化を支える舞台として地域にしっかり根を下ろし、それを次の世代へと受け継ぐ役割を果たしているのである。

なお、長崎新地中華街では一九八七年に春節に合わせ「灯篭祭」を実施、一九九四年からは「ランタンフェスティバル」として長崎市全体の行事へと規模を拡大した。市内各所にランタンが飾られ、大型のランタンオブジェが展示されるとともに、獅子舞、龍舞、胡弓演奏などのイベントが行なわれる。横浜中華街においても一九八六年に「春節祭」が創始された。獅子舞、龍舞、中国舞踊など中国的な伝統芸能の披露を含む年間最大の行事であり、多くの観光客でにぎわう。日本の三つの中華街において、ほぼ同じ時期に「観光」という文脈で春節の祭りが始められたことは興味深い。

（髙橋晋一）

おめでたい年画の一つ「連年有余」（毎年ゆとりある生活が送れるように）。「連」は「蓮」に通じ、蓮がデザインされている。また、中国語の「余」と「魚」の発音が同じであるため、魚の絵が描かれる。

中秋節——南京町を楽しむ②

旧暦八月一五日の「中秋節」は、旧正月の「春節」と並び、中国の二大節句とされる。春節、元宵節、端午節と合わせ「中国の四大節句」と呼ばれることもある。中秋節は古来、月を祀り愛でる日とされてきた。また土地の神を祀り、秋の豊作を祈る日でもある。中国人はこの日家族揃って円いテーブルを囲み、満月のように円い「月餅」を食べる習慣がある。円い形は一家団欒を象徴しており、家族一同、円い月餅を食べて円満な生活を祈るのである。ゆえに中秋節は「団円節」とも呼ばれる。現在の中国では、中秋節が近づく頃、月餅を親しい人やお世話になっている人に贈ることが盛んに行なわれている。

南京町の中秋節の前身は、一九八八年に神戸市のKOBEグルメフェスタに合わせて開催された「南京町ニュートンサーカス」である。九〇年に「南京町好吃《ハオチー》広場」と名称を変えたが、以後、毎年秋（一一月）の食の恒例イベントとして根を下ろした。九八年、旧正月の春節祭と並ぶ秋の節句のイベントにしようと名称を「中秋節」に改め、旧暦八月一五日の十五夜に合わせて開催するようになった。

二〇一三年の中秋節は、九月中旬の四日間にわたって開かれ、南京町広場では連日、龍舞や獅子舞、中国舞踊、音楽などのイベントが行なわれ、飲食店も特別フェアを催すなどしてにぎわいを見せた。イベント自体は春節祭と共通する部分も少なくないが、中秋節ならではの伝統的要素も随所に取り入れられている。南京町広場のあずまやには期間中祭壇が設けられ、中国の土地（家）の守り神、商売の神である「地主財神」が祀られた。ちなみに「地主財神」は主に広東省や香港で信仰されている神で、現地では家や店舗の屋内に「五方五土龍神　前後土地財神」と書かれた赤い紙を貼って祀っているケースが多い。日本（神戸）の華僑社会に広東地方出身者が多いことと考え合わせると興味深い。広場での獅子舞披露の際には、獅子が月餅をくわえ、客席に向かって投げるという演出がみられた。「福を分ける」という意味もあり、行事にちなんだおめでたいパフォーマンスである。また「南京町」の文字の入った特製月餅（クルミ入り黒あん五〇〇円、塩玉子入り六〇〇円）が、南京町広場のブースで販売された。南京町広場では中秋湯圓《タンユエン》（白玉団子）の手作り体験が行なわれ、夜には「中秋品茶会」と題して、中秋の名月を愛でながら中国茶を味わうイベントが開かれた。このように、中秋節は春節祭とは少しカラーが異なった南京町の秋の祭りとして定着している。

なお、長崎新地中華街でも二〇〇五年より「中秋節」のイベントを始めている。月に見立てた約一〇〇〇個のランタンをつるし、獅子舞や龍舞、二胡演奏などで中国イメージを演出している。横浜中華街では中秋節の日、各店から期間限定品を含めさまざまな月餅が売り出され、買い物客でにぎわう。

（髙橋晋一）

中秋節の月餅販売

ランターンフェア――南京町を楽しむ③

阪神・淡路大震災が発生した一九九五年の一二月、犠牲者の鎮魂とともに、都市の復興・再生への夢と希望を託して旧外国人居留地をメイン会場に「神戸ルミナリエ」が開催された。通りや広場を壮大なスケールのイルミネーションで飾り立てるルミナリエは好評を博し、その後も毎年開催され、期間中四〇〇万人もの来訪者を集めている。

ランターンフェアは一九九六年、西洋の光の芸術＝ルミナリエとはひと味違う東洋の光の美を楽しんでもらいたい、また街の復興が進む中、自分たちなりの形で感謝の気持ちを伝えたいという思いから、南京町商店街振興組合がルミナリエの時期に合わせて始めたものである。開催時期は神戸ルミナリエの前日からクリスマスまでとなっており、二〇一四年は一二月三日から二五日まで行なわれた。ランターンフェアは、南京町の冬のイベントとしてすっかり定着している。

毎年、ランターンフェアの時期になると、南京町広場とメインストリートを中心に四〇〇個ほどのランタン（中国提灯）が吊り下げられ、中国情緒を醸し出す。中国の提灯は赤や黄色を基調とし、暖かい雰囲気を作りだす。南京町広場のあずまやは赤、青、白などの派手な電球で飾られ、西遊記の孫悟空、三蔵法師など四体の手作り人形が置かれるなど中国色に包まれる。

ランタンと言えば、中国の「元宵節」や長崎の「ランタンフェスティバル」を思い浮かべる人も少なくないだろう。元宵節は旧暦一月一五日の最初の満月を祝う日であり、中国や台湾、香港では町中にランタンを飾り、「湯圓」「元宵」などと呼ばれる白玉団子を食べる習慣がある。「湯圓《タンユエン》」は「団円《トゥアンユエン》」に通じることから、家族円満を象徴する縁起のよい食べ物とされる。長崎の「ランタンフェスティバル」は、長崎新地中華街の春節（旧正月）・元宵節にちなむイベント「灯篭祭」として一九八七年に始められたが、九四年から名称を現在の形に変更し、長崎市の祭りとして規模を拡大して実施するようになった。中華街をはじめ市内中心部の各所にランタンが飾られ、湊公園などの会場には中国的な意匠の大型オブジェ（干支、歴史上の人物など）が陳列される。獅子舞や龍踊り、胡弓演奏などの中国的な催しも行なわれる。横浜中華街では、春節（旧正月）の最終日（旧暦一月一五日）に「元旦灯篭祭」を開催している。媽祖《まそ》廟に願い事を書いたメッセージ灯篭を奉納、境内にハート型に並べ灯を点す。あわせて中国舞踊などのイベントも行なわれる。

先に触れたように、神戸のランターンフェアは元宵節とは直接関係はない。しかし、震災という神戸の歴史的経験にちなむ行事として誕生した点で、単なる観光イベントという以上に深い意義を持つものと言える。中国では、ランタンの灯り（火）は災厄を祓い平安を祈る象徴とされる。ほのかなランタンの灯りは、阪神・淡路大震災という神戸市民の共通の記憶を語り継ぎ、訪れる人々に希望と勇気を与えるシンボルとして輝き続けていると言えよう。

（髙橋晋一）

あずまやのディスプレイ

獅子舞——南京町を楽しむ④

龍舞と並ぶ南京町のイベントの華が獅子舞である（中国では「舞獅《ウーシー》」と呼ばれる）。獅子舞は世界各地の中国人社会で演じられてきたもので、地域の寺廟の祭りや春節（旧正月）などの年中行事に登場し邪をはらうという宗教的な意味合いを持ち、また近年の都市社会ではクラブによる競技・スポーツといった意味合いを持ちながら発展してきた。日本では横浜・神戸・長崎にそれぞれ獅子舞のグループが存在する。現在、神戸には神戸華僑総会舞獅隊（幼獅班を含む）、南京町龍獅団、神戸市立兵庫商業高等学校龍獅團、神戸中華同文学校舞獅隊の四チームがある。

神戸の獅子舞は、戦前は華僑により華僑の集まりや行事などの折に舞われていた。戦後になると香港方面から来た中国人船員とともに、娯楽として獅子舞をやっていたという。しかし六七年のコンテナ船就航以降は香港からの船員の足が途絶え、獅子舞も廃れていった。

戦後も一九七〇年代に入ると、華僑も二世・三世の時代となる。日本生まれ・日本育ちの彼らは日本文化を生活の基盤とし、交際範囲も日本人社会に広がり、次第に中国人としてのアイデンティティは薄れていくことになった。そうした中、若い華僑の中国離れを食い止め、中国人アイデンティティを喚起するために、一九七九年の神戸華僑総会理事会の席上で獅子舞を再開してはどうかという話が持ち上がり、全会一致で獅子舞の復興が進められることになった。同年、神戸華僑総会の若手メンバーを中心として「神戸華僑総会舞獅隊」が結成された。獅子舞は、世代の変化とともに失われゆく神戸華僑の中国人アイデンティティの復活・強化の象徴としての意味を持っていたのである。

八〇年代末には、舞獅隊の活動に刺激を受け、神戸市立兵庫商業高等学校龍獅團（一九八八年結成）、神戸南京町吼獅堂（一九九〇年結成）といった日本人による獅子舞チームが相次いで誕生する。前者は国際都市・神戸にふさわしい学校活動の一環として、後者は南京町の活性化を目指して結成されたものである。吼獅堂は二〇〇一年に解散、翌年には新しい獅子舞グループ「獅誠館」が結成された。獅誠館は二〇〇八年に「南京町舞龍隊」（一九八七年結成）と合体して「南京町龍獅団」となり、獅子舞・龍舞の両方を演じるグループとして南京町を中心に活動している。各チームとも、神戸をはじめ全国各地の祭り・イベントなどにも積極的に出演している。

華僑学校では、学校教育（民族教育）の一環として獅子舞を取り入れている。神戸中華同文学校舞獅隊は、一九九八年、同校の創立百周年を記念して結成された。現在、小学部・中学部の生徒たちが伝承にあたり、校内の文化祭で披露するほか、南京町や神戸市内のイベントに出演している。また、神戸華僑総会舞獅隊には「幼獅班」という子どものチームがあり、着実に華僑の若い世代にも獅子舞が伝承されてきている。

獅子舞は今も華僑社会に基盤を持ちつつ、南京町の特色ある文化、神戸の特色ある文化など多様な形で意味づけられ、今に生きる文化として受け継がれているのである。

（髙橋晋一）

神戸中華同文学校生徒による獅子舞の演技

龍舞——南京町を楽しむ⑤

龍舞は獅子舞と並び中国色豊かな芸能であり、南京町では春節祭や中秋節などのイベントには欠かせない存在である。なお神戸では「獅子舞」に合わせ「龍舞《りゅうまい》」と呼んでいるが、中国では「舞龍《ウーロン》」と呼ぶ。龍舞は中国人の移民とともに各地に広がった。中国、台湾、香港、また東南アジアをはじめとする世界の華僑社会で、中国文化のシンボルとして伝承され、春節や中秋節、元宵節といった伝統的な年中行事や、さまざまなイベントで披露されている。近年は獅子舞同様、龍舞も競技化され、アジア各地の龍舞のチームが参加して技を競い合う世界大会も毎年開かれている。

現在神戸で龍舞を伝承しているのは、南京町龍獅団と神戸市立兵庫商業高等学校龍獅團の二チームである。一九八六年に第一回神戸南京町春節祭に向けて、南京町商店街振興組合青年部が中心となって「龍踊り愛好会」を結成、翌年の春節祭開催後に名称を「南京町舞龍隊」と改めた。二〇〇八年の春節祭からは獅子舞団体の「獅誠館」と合併、その後は「南京町龍獅団」として活動している。メンバーは、南京町関係者や華僑だけでなく一般から参加している者や日本人も多く、子どもから会社員まで約三〇名が在籍している。

南京町龍獅団では「龍龍《ロンロン》」と「美龍《メイロン》」、そして夜光龍の「焔龍《イエンロン》」の三体の龍を有している。金龍（金色の龍）の龍龍は一九八七年の第一回春節祭の前に香港から購入したもので、長さ四〇メートルと、当時日本一の長さの龍であった。翌年、紅龍（赤い龍）の「美龍」（長さ二五メートル）を龍龍の結婚相手として香港から購入、第二回春節祭で結婚式を挙げた。「焔龍」は長さ二〇メートル。二〇〇一年の「南京町二一世紀　花と光の復興祭　夏の部」で初めて登場した。夜光龍は全体に蛍光塗料が施されており、照明が消された暗闇で妖しく光を放つ龍が美しく浮かび上がる。

神戸市立兵庫商業高等学校龍獅團は、顧問の阪口智敬教諭が神戸の土地柄を生かしたクラブ活動ができないかと考え、龍舞・獅子舞を学ぶクラブとして一九八八年に有志八名で発足した。現在の部員は四二名。一九八七年より神戸華僑総会舞獅隊の指導を受け、技術を磨いた。二〇〇一年に香港で開かれた夜光龍の龍舞の世界大会（世界香港夜光龍醒獅錦標賽）で三位に入賞、その後も数多くの入賞を果たしている。

春節祭前日にはプレイベントとして、長さ四七メートルの龍龍が南京町を出て、三宮センター街、大丸北側道路、元町商店街、南京町大丸北側の順にパレードする。これを「南龍游行」と称している。大きな龍を支えるには二〇人あまりの人が必要である。

国内で伝統ある龍舞といえば、長崎の龍《じゃ》踊りを挙げることができる。江戸時代に唐人屋敷（中国人居留地）から町民に伝わり、現在は長崎くんちで四つの踊り町によって奉納されている。新たな踊り会の結成も進み、二〇一三年二月のランタンフェスティバルでは、十善寺龍踊会、観光龍踊り会、長崎女子高校龍踊り部が龍踊りを披露した。

（髙橋晋一）

南京町龍獅団による龍舞の演技
［写真撮影：横島克己］

中華料理――南京町を食べる①

「南京町」と言えば、多くの人はメインストリート沿いに並ぶ中華料理店を思い起こすであろう。一言で「中華料理」と言っても、広東料理、北京料理、四川料理、上海料理など、地方によって多彩な系統の料理が展開しているが、神戸の中華料理の主流を占めるのは、広東料理、次いで北京料理である。これは、神戸華僑に広東地方の出身者が多いことと関連している。ちなみに大阪では中国北方（山東省など）の出身者が多いため、北京料理が優勢となっている。

神戸の中華料理の歴史は開港とともに始まる。明治・大正～昭和戦前までの華僑は貿易商を除くと多くは雑業（料理業、洋服業、理髪業）に従事した。これらの職業は、それぞれ菜刀（包丁）、剪刀（はさみ）、剃刀（かみそり）を使うことから「三刀業」と呼ばれたが、広東、山東出身者は料理店を経営する者が多かった。他省の出身者は料理業以外の職に就いていたが、戦後になると料理業に転ずる者が増えた。

確認できる範囲で神戸最古の中華料理店は、一八九二年頃に栄町通一丁目に開業した「杏香楼」である。一八九七年頃には、大阪から神戸に移ってきた劉学増が海岸通に北京料理店「神海楼」を開く。明治末には神戸の中華料理店の数は十数軒にまで増加した。

大正時代初めまでの中華料理店の主な顧客は、在留華僑や港を出入りする船員（多くは中国人）で、日本人の客は主に貿易会社や官公庁関係者などに限られていた。日本人が中華料理を食べるようになったのは、一九一五、六年頃以降のことである。

大正時代に入ると、徐々に中華料理が日本人の間にも広がりはじめた。新開地に大衆向けの中華料理店

「紅葉亭」が開店。昭和に入ると、南京町だけでも広東料理店が五軒、三宮には日本人の店も現れた。南京町の中華料理店としては、大正時代末に開業した広東料理の「第一楼」（栄町一丁目二四）、「大東楼」（栄町一丁目一九）が老舗で、いずれも大きな構えの料理店であった。

その後、満州事変（日中戦争）をきっかけに中華料理は大衆化した。大陸からの引き揚げ者が、餃子をはじめとする中国の食文化を持ち帰るということもあった。南京町の中華料理店の数も次第に増えていった。女性客が中華料理店に足を運ぶようになったのもこの頃からである。

昭和に入ると、元町一丁目に大衆向けの香港スタイルの店「博愛」がオープンし人気を呼んだ。この店の経営者は初代神戸華僑歴史博物館館長・陳徳仁氏の父であり、商社・銀行・船会社など港関係の日本人社員もよく訪れた。

戦後焼け跡のバラックから出発した南京町は近代化から取り残され、路地には怪しげな外人バーが立ち並び、治安のよくない下町の商店街という様相が強くなった。

戦前からの経営者も出ていき、一時期、南京町の中華料理店は「民生」一軒だけになった。しかし一九七〇年代末から南京町の整備計画が始動し「中国イメージ」を前面に出した街作りがすすめられ、それとともに中華料理店の数もまた増えていった。中華料理店は、今や地元客も観光客も楽しめるグルメタウンの核、南京町の風景の中心的要素となっている。

（高橋晋一）

老舗の広東料理店「民生」

豚まん――南京町を食べる②

関西では、「肉まん」のことを「豚まん」と呼ぶことが多い。今ではコンビニなどでも普通に売られている豚まんであるが、日本で初めて豚まんを売り出したのは、南京町広場に面した豚まん専門店「老祥記」であるとされる。店の前にはいつも豚まんを買い求める人の行列が絶えず、豚まんはもちろんのこと、この長い行列も南京町の名物になっている。豚まんは一日一万三〇〇〇から一万五〇〇〇個作るという。

中国浙江省寧波出身の曹松琪氏（現店主・曹英生氏の祖父）が一九一五年、南京町に店を開き、中国天津《てんしん》地方の「天津包子《パオズ》」を日本風に「豚饅頭」と名付けて売り出したところから、「豚まん」の名称が広まったという。味も日本人に合わせ、豚バラ肉のミンチとにおい消しのネギを醤油で味付けしたものを具としている。なお、一般的に皮はイースト菌で発酵させるが、老祥記では麹菌を使っており、皮にはもちっとした独特の弾力がある。古川緑波の随筆「神戸」によれば、昭和初期には豚饅頭四個一〇銭、戦後は三個二〇円で売られていたが、これは破格の安値で、それでいてとんでもなくおいしく、店はたいへんな繁盛だったという。中身の肉もおいしいが、とくに「皮がうまい。何か秘訣があるのだろう」と書いている（古川緑波『ロッパの悲食記』ちくま文庫、一九九五年）。谷崎潤一郎もこの店の豚まんをひいきにしていた（森田たま『ふるさとの味』講談社、一九五六年）。

開店当時の老祥記には、華僑や中国の船員たちが故郷の味を求めて集まってきた。七〇年代以前の店は、今よりもっと狭く古かったという。お客さんが絶えることがなかったため、入口の引き戸の引き手がすり切れて穴が開いてしまったというが、この話が新聞に取り上げられて以降さらにお客さんが増えたといい、店を改装した現在も、店内に当時の引き戸が飾られている。

豚まんは従来大きな店では扱わず、戦前はもっぱら華僑の店で作られていたが、戦後は日本人も「豚まん市場」に参入するようになった。豚まんを売りにしている老舗中華料理店には、専門店の「老祥記」のほか、新開地の「春陽軒」（一九二五年開業）、三宮の「太平閣」（一九四六年開業）、元町の「四興樓」（一九五〇年開業）、三宮の「三宮一貫樓」（一九六四年開業）などがある。四興樓の歴史は戦後のバラック時代にさかのぼる。三宮駅前付近のバラックではヤミ物資や当時貴重品の砂糖などが売買されていたが、初代店主がこの砂糖を使って何かできないかと考え、砂糖、豚ミンチ、玉ねぎを入れて作り始めたのが豚まんであった。その後も豚まんを扱う店は増え続け、今では「豚まん文化」はすっかり神戸に根付いている。

二〇一一年には豚まん発祥の地・神戸をＰＲするために、第一回ＫＯＢＥ豚饅サミットが開かれた。一一月一一日を「豚まんの日」として南京町で創作豚まん四種類を限定販売、約一万人の人が集まった。翌年には参加店舗が一二店に拡大、長崎・横浜の中華街に加え、東日本大震災で被災した仙台市からも有名店が参加した。南京町から生まれた豚まん文化は、時代とともにさらに広がりつつある。

（髙橋晋一）

KOBE 豚饅サミット 2013

屋台——南京町を食べる③

南京町を訪れてまず印象に残るのは、メインストリート（南京東路・南京西路）の両側にずらりとならぶ屋台の存在である。屋台での食べ歩きグルメを楽しみに訪れる観光客も多く、昼時には長い行列のできている人気の屋台もある。横浜中華街にも屋台は見られるが、南京町ほど多くはない。長崎新地中華街も、道が狭いこともあり屋台はあまり見られない。多くの屋台が軒を連ねる南京町の景観は、国内の中華街の中でも独特のものと言える。

こうした点心の屋台（小吃攤《シャオチータン》）は、香港の街中などでもよく目にする。都市社会・香港の生活は忙しく、食事にしても注文してすぐに出てきて食べられるもの（即買即食）が好まれる。店にはテーブルなどはなく、完全テイクアウトのファーストフードである。南京町の屋台は香港人の生活スタイルに合わせて生み出されたもので、一九世紀にはすでに見られたという。南京町の屋台は、香港のような生活者向けではなく観光客向けではあるが、気ままに歩いて気軽に買い食いできる仕掛けは、「香港スタイル」を踏襲している。

南京町に現在見るような屋台が増えたのは、「I 南京町の歴史」で述べたように、一九九五年の阪神・淡路大震災後のことである。その後屋台の数は次第に増えていき、今では五〇軒あまりに及んでいる。商品としては、さまざまな点心、デザート類を販売する店が多い。しかし店構えは小さくても、取り扱い商品の多さには驚かされる。値段は一品三〇〇円~五〇〇円程度が中心で、一品一品の分量はさほど多くないことから、さまざまな食べ物（点心）の食べ歩きを楽しむのが一つのスタイルとなっている。

以下はある屋台のメニューの例である。水餃子、激辛水餃子、焼き餃子、ひすい餃子、星包み餃子、焼き小籠包、蒸し小籠包、蒸しシュウマイ、豚まん、ちまき、北京ダッククレープ包み、餅米肉団子、ココナツ団子、飲茶点心セット、トンポーローバーガー、黒ごまタンユアン、ワンタンスープ、ふかひれ麺、チャーシュー麺、ジャージャー麺、担々麺、北京ダック麺、ぼっかけ麺、冷やし中華麺、トンポーロー麺、トンポーロー丼、たまご炒飯、タピオカドリンク（オレンジ、ミルクティー、ココナッツミルク、マンゴー、ピンクグレープフルーツ）、いちご雪恋、ブルーベリー雪恋、とろとろマンゴー雪恋、杏仁豆腐……。

各店で売られているのは、餃子や小籠包、チャーシュー麺など日本人にもおなじみのスタンダードな点心や揚げ物、麺類が中心である。「中国的」でありながら「日本的」な点心が扱われていると言える。しかし中には、刀削麺、豚足・豚耳、大根餅など、少し変わったものが売られている屋台もある。豆花《トウホア》（豆腐プリン）、刈包《クワパオ》（トンポーローを饅頭にはさんだ台湾風ハンバーガー）、雪花氷《シュエホアピン》（台湾風かき氷）など、台湾や香港で流行っていて日本人の口にも合いそうな点心やデザートはすぐに導入される。ブラック豚まん、ぼっかけ麺のようなオリジナル商品も創り出され、それがまた店の個性を生み出す。南京町の屋台は中華点心の実験場のような様相もあり、専門店が提供する伝統的・本格的な中華料理と補い合いながら、南京町独自の食文化の風景を作っていると言えよう。

（髙橋晋一）

メニュー豊富な屋台

南京町の「外国」料理店――南京町を食べる④

「南京町」というと中国一色のようなイメージがあるが、街を歩いてみると、和食、洋食の店、韓国料理店、インド料理店、ベトナム料理店、洋菓子店、トルコアイスの店など、さまざまな国の食べ物を取り扱う店があるのに気づく。

うなぎ専門店の「うなぎ横丁」（元町通一―六―一七）は、一九四七年開業の老舗。南京町のメインストリートから北に細い路地を入ったところにあるが、この小路はかつて「うなぎ横丁」と呼ばれ、付近には外人バーが林立していた。秘伝のタレは、神戸港に停泊する船乗りたちが食べ飽きないよう、甘さを抑えて作られたという。

「伊藤グリル」（元町通一―六―六）は一九二三年の創業。神戸の洋食店のさきがけである。日本郵船のヨーロッパ航路のコックとして活躍していた伊藤寛氏が開業、最初はわずか三席の小さな店であったが、ヨーロッパスタイルの高級洋食店はまだほとんどなかった時代で、神戸在住外国人や船員、貿易関係者でにぎわっていたという。

老舗があれば新顔もある。ベトナム・アジア料理の「ロクツボヤ」（栄町通一―三―一四）。六坪しか土地がないのが店名の由来というが、二〇〇四年の開店で、店主は中国系ベトナム人である。中越戦争（一九七九年）によりベトナムでの華僑への迫害が強まったため、一九八二年、一三歳の時にベトナムのハイフォンから小型船で国を離れ、香港を経て来日したという。

韓国創作料理・韓国家庭料理「マッちゃん」（栄町通一―二―一四）は、二〇一一年の開店。釜山出身の姉弟が経営している。最初はテイクアウトでキムパ（巻き寿司）を売っていたが、現在はレストランを経営する。韓流ファンや在日コリアンの来訪も多く、韓国文化を発信する店を目指しており、今後は韓国語教室も開きたいと思っているという。「チャガルチ」（元町通一―六―二〇）も韓国創作料理・家庭料理のレストランで、女性経営者は釜山出身。二〇一一年の開店である。

インド料理では、カレー専門店の「シャミアナ元町店」（元町通二―三―七）がある。本店は北野町にあり、一九八〇年から営業しているが、南京町に開店したのは二〇〇四年のことである。初代店主はムンバイ出身のインド人であるが、現在は日本人が経営を引き継いでいる。一九八四年開業のラジャ（栄町通二―七―四）も、本格的な北インド料理を提供している。なお港町・神戸には明治時代以降多くのインド人が定住しコミュニティを作っている。

こうして見ると、神戸という国際的な港町、多文化共生の町の歴史が、南京町の料理店の姿にも反映されていることがわかる。多数を占める中華料理を含め、南京町を食べるということは、神戸を食べるということにもつながるのである。

（髙橋晋一）

神戸洋食店のさきがけ・伊藤グリル

南京町のことば——南京町を感じる①

南京町を歩いていると、屋台や中華料理店の店頭での呼び込みの声、商品の売り買いのやりとりの声などがあちこちから響いてくる。こうした音（声）も、南京町の活気を生み出す要素の一つと言える。

観光客の多くは日本人であるため、聞こえてくることばはほとんど日本語であるが、ときに流暢な中国語の会話を耳にすることもある。先ほどまで日本語でやりとりをしていた屋台の店員が、中国語で中国人らしきお客さんの質問や注文に答えている。近年、中国や香港、台湾、シンガポールなど東・東南アジアの各地からツアーの一環として南京町を訪れる観光客は多い。日本語には日本語、中国語には中国語で返すという、多言語状況がここにはある。

また、若い店員（新華僑）同士が中国語で会話している風景も見かける。同国人が互いに母語で話すのは当たり前のことではあるが、時折耳にするこうした中国語は、南京町の「中国らしさ」と結びついている。時には北京語（普通話、標準中国語）以外の中国語を耳にすることもあるが、これは中国語の方言である。台湾語、広東語（香港）、上海語、山東語……中国語には標準語のほかに、それぞれの出身地のことばがある。同郷人同士の会話では、こうした方言が使われることもあるのである。ただ、日本生まれ・日本育ちの老華僑（二世以降）の世代は日本語での生活が中心で、中国語も「生活語」というよりは後から学習したものであり、元の出身地の中国語方言については話せないという人も少なくない。

戦前の南京町は中国人の雑貨店、豚肉店、中華料理店、漢方薬店などの中に日本人の八百屋、魚屋、鳥屋などが混ざる雑然とした市場であった。鴻山俊雄によれば、当時は日本人に混じって中国服を着た買い物客が多く、中国人の豚肉店、漢薬店、雑貨店などの店先では、かん高い声で何かを話しているので、一層異様な雰囲気がただよっていたという（鴻山俊雄『神戸の外国人』華僑問題研究所、一九八四年、一二一頁）。かつての南京町では、今以上に中国語が広く聞かれたのである。

南京町の店の看板や商品には「漢字」があふれている。こうした「漢字の洪水」も、南京町の中国色を強める役割を果たしている。中国語の漢字には「簡体字」と「繁体字」の二種類があり、文字が異なっている。「簡体字」は、一九五〇年代の中国の「文字改革」運動の中で作られた簡略化された漢字である。たとえば日本語の「経験」は簡体字では「经验」、繁体字では「經驗」と書く。繁体字の中には、日本語の旧漢字に似ているものもある。中国や海外の華僑社会などでは簡体字、台湾、香港などでは「繁体字」を用いている。

南京町の店の看板や商品名などは、日本人にわかりやすいように基本的に日本の漢字を用いているが、店によっては、たとえば「青年华人工厂（青年華人工場）」のように、あえて店名に簡体字を使い、「中国らしさ」を前面に出しているところもある。雑貨店や中国食材店に並ぶ商品を手に取ってみると、漢字（中国語）が並んでいる。こうした文字を見ているだけでも、日常とは異なった「中国気分」に浸ることができる。このように、耳で、目で触れる中国語も、南京町の中国らしさを演出する要素の一つと言えるだろう。

（髙橋晋一）

立ち並ぶ漢字の看板

南京町のにおい――南京町を感じる②

南京町の「中国らしさ」は、目に見える部分だけに表れているわけではない。南京町の楼門を入って少し進むと、「街のにおいが変わった」ことに気づく。街路全体に中華料理のよいにおいが漂っており、食欲をそそる。なぜこれだけ空間ににおいが広がるかというと、それは多くの料理屋台（点心類が中心）が露天で営業していることにもよる。

「南京町特有のにおい」については、これまで少なからぬ人が注目してきた。戦前の南京町は、華僑経営・日本人経営の商店が相半ばしていたが、独特のにおいを発していたのは主に華僑の店であった。戦前の南京町のにおいについて、鴻山俊雄は「にら、にんにくの強いにおい、魚肉の生臭いにおい、油、漢薬、線香のにおいが混じり合っていた」と書いている（鴻山俊雄『神戸の外国人』華僑問題研究所、一九八四年、一二一頁）。岸百艸は、南京町のにおいを「酸えた、脂っこい、一種独特の嗅覚」と表現している（岸百艸「南京街の半世紀（補遺）」『歴史と神戸』八、一九六三年、一五頁）。陳舜臣は、「南京町特有のにおいというものが、たしかにあった。――往来にもれてくる湯気でさえ、なんとなく油っこいかんじがしたし、漢方薬のにおいに、薄荷のにおいがまじっていたようだ」と書いている（陳舜臣『神戸ものがたり』平凡社、一九九八年、一七一頁）。「薄荷のにおい」は戦前の南京町で商われていた香油のにおいだろうか。

南京町のにおいは、今も昔も周囲の街のにおいとは異なっており、それは南京町という街のイメージを形成する重要な要素の一つになっている。しかし、戦前・戦後と現在の南京町のにおいは、少し違っているように思える。たとえば、現在の南京町を歩いていても、戦前にあったような漢方薬のにおい、線香のにおいは感じられない。漢方薬や線香は中国人の生活に密着した商品であるが、そうしたものは戦後、南京町の姿が変貌（下町の商店街化、そして観光化）する中で消えていったのである。また、かつての「市場」としての性格も薄れ、野菜や魚、肉などの生鮮食料品のにおいも現在は強く感じない。そんな中、「油っこいにおい」は、中華料理の基本的なにおいとして今も受け継がれている。このにおいは東南アジア、香港や台湾の屋台街を歩いているときも感じるにおいであるが、南京町では鼻をつくような強い香辛料（八角など）のにおいはあまり感じない。これは、料理の味付けが全体的に日本風になっていることも関係していると思われる。これは、横浜や長崎の中華街の場合も同様である。

中国物産店の前を通るときは乾物の、洋菓子店の前を通るときはクリームの甘い香りが一瞬感じられ、南京町全体にひろがる基本的なにおいにアクセントを添えている。こうしたさまざまなにおいを感じることも、街歩きの楽しみの一つと言えるだろう。

（髙橋晋一）

湯気を上げる点心

南京町商店街振興組合と楊貴妃会——南京町・神戸華僑を知る①

南京町の街づくりやイベント企画・運営の立役者が南京町商店街振興組合（以下「振興組合」と略す）である。振興組合の歴史は、南京町の再開発と発展の歴史と軌を一にしている。前身は一九七七年二月に発足した「南京町を考える会」で、同年七月に南京町の商店主約六〇人により法人組織「南京町商店街振興組合」が結成された。振興組合の主な活動は、南京町の景観づくりと、各種イベントの企画・実行である。組合員は華僑と日本人がおよそ半分ずつを占めており、華僑の組合員は大陸系と台湾系の両方の出身者が含まれている。二〇一二年三月現在の組合加入店舗は九六、内訳は料理店三六、軽食・食材店三七、趣味・雑貨九、その他一四となっている。

振興組合は七七年の結成後、「中国的景観を生かした街づくり」を積極的に進め、八〇年代後半には南京町の風景はほぼ現在見るような形になった。八七年には中国の旧正月「春節」にちなんだ春節祭を創始、来場者は二九万人に及び、南京町の知名度は上昇、神戸の代表的な観光地の位置を獲得するに至った。その後も振興組合では春風興隆祭（三月）、端午節（旧暦五月）、中秋節（旧暦八月）、ランターンフェア（一二月）など中国色豊かなイベントを次々と創り出していった。

南京町は、神戸という地域とともに歩んできた。阪神・淡路大震災発生直後の九五年の旧正月（一月三一日）には、振興組合は南京町広場で一般市民に紹興酒と水餃子、ラーメンなどの温かい食べ物を無料で提供、集められた義援金は神戸市に寄付された。振興組合はその後も地元神戸への地域貢献を続けるとともに、東日本大震災の被災地の支援活動にも積極的に取り組んでいる。また、横浜や長崎の中華街とも、中華街サミットやKOBE豚饅サミットなどさまざまな形で交流を続けている。このように活動の場を外に広げるとともに、近年は南京町の美化運動や完全分煙運動を積極的に推し進めるなど、よりよい地域づくりを目指した活動を進めている。

振興組合とともに、南京町の活動を陰で支えてきたのが「楊貴妃会」である。楊貴妃会は振興組合の婦人部とでも言える組織で、現在のメンバーは約一五人。結成のきっかけは九五年の震災で、それまで交流が少なかった南京町の女性たちが、被災地を助けるために何かできることはないかと考え、餃子を作り無料で配った。その後次第に集まる機会が増え、九八年六月に正式に会が発足した。同年の中秋節で縁起の良い「開運竹」を台湾から仕入れて販売したところ好評で、九九年の中秋節、神戸まつりでも人気を集めた。二〇〇〇年の中秋節では、お茶の温度を測る中国製の陶器人形を売り出した。その後も南京町の清掃活動、太極拳教室の開催などさまざまな取り組みを進め、最近は春節祭のパレード「中国史人游行」のメイクを一手に引き受けている。

街をつくるのは「人」である。南京町を楽しんでいるときはまったく意識に上らないが、振興組合や楊貴妃会など、南京町を支える人々の絶え間ない努力と創意工夫によって街の風景が創られ、発展してきたことを忘れてはならないであろう。

（髙橋晋一）

南京町まちかど壁画プロジェクト（2012 年）

南京町の隣町——南京町・神戸華僑を知る②

歴史的にも現在の南京町だけが神戸華僑の舞台ではなかった。南京町を取り囲む元町通、乙仲通、海岸通は南京町を生み出した原動力のありかであり、また華僑の活躍する「チャイナタウン」の一部であった。隣町とのかかわりあいから、南京町を浮き彫りにしてみよう。

元町通——開港以前からの街道

元町通の地域には江戸時代の一八世紀前半に神戸村、二ツ茶屋村、走水村の三つの村があり、村内には九州と近畿地方とを結ぶ西国街道が通っていた。神戸元町商店街は、この西国街道に当たると考えられている。神戸華僑の歴史を考察した『落地生根』（中華会館、二〇〇〇年）によると、神戸開港とともに華僑が長崎から来たが、彼らは外国人居留地に住むことを拒否され、居留地西側の雑居地、すなわち元町通の東側の海側に集住するようになり、現在の南京町が形成された。元町通の東南に南京町が隣接しているゆえんはここにある。

元町通は江戸時代から街道沿いの商業地として繁栄していたが、開港にともない外国人居留地が建設されると、舶来物の洋服店、写真館、洋食店、大丸や三越などの百貨店も立ち並ぶハイカラな町と

元町商店街のアーケード

してのイメージが定着し、庶民的な市場であった南京町と対照的な街となっていった。

乙仲通——貿易商の拠点

「乙仲」という名は、一九三九年の海運組合法の改正で通関など輸出入手続きなどをする仲介業者を、定期船貨物を扱う乙種仲立業の「乙仲」、不定期船貨物を扱う甲種仲立業の「甲仲」に分けたことに由来する。戦後この法律が廃止になった後も一般的な船貨物仲介業者の通称として「乙仲さん」という呼び名は残り、「乙仲」の事務所が多くあったことから、乙仲通と呼ばれるようになった。

乙仲通がもっとも貿易の街として栄えたのは、第二次大戦前の一九三五年頃だった。当時乙仲通近辺には、海運業や海産物問屋に加えて、華僑系の貿易商の事務所が二〇軒以上あり、乙仲はこれら貿易商との取引も多かった。乙仲の仕事は輸出入の手続きや、荷物の取次ぎで、明治から昭和にかけては日本語があまりできない華僑のための輸出入手続きの手助けも行なっていた。乙仲通は華僑のビジネス拠点として栄えていたのである。

戦後の乙仲通は焼け野原からの再スタートだった。また、阪神・淡路大震災によって多くのビルは倒壊し、震災後も港の復興が進まず、隣接する栄町の大手銀行は次々と閉店した。港の機能も移転したので海運業者は少なくなり、小規模で古いオフィスビルが並ぶ乙仲通は、一見ここに何があるのだろうと思うほどの地味な通りとなっ

しゃれた雑貨店などが点在する乙仲通

た。しかし近年、レトロな建物を活かしたカフェ、アトリエ、雑貨店等が立ち並び、個性的なショッピングストリートへと姿を変えて、南京町とともに神戸に賑わいをもたらしている。

海岸通――居留地に近い居住の町

一八七一年に日清修好条規が締結されるまでは、中国人は無条約国人であったので居留地内に住むことができず、多くの華僑が居留地の西側の雑居地であった栄町や元町付近とともに海岸通にも住居を構えた。開港当初の華僑は居留地の外国人に雇用された者も多く、居留地に近い海岸通は職住に好都合な土地であった。その後も清国理事府（領事館）が海岸通に置かれ、海岸通近辺に住居を構える者が増加していった。

海岸通と華僑のつながりが見えるものとして、かつて香港上海銀行があったが、海岸通には神戸在勤海軍武官府も置かれていたため戦時中に周辺一帯が空爆を受け、残念ながら現存していない。現在の海岸通には、広東出身者の華商団体である広業公所の跡地に神戸中華総商会ビルが建てられ、このビルの二階に神戸華僑歴史博物館が開設されている。この地域と中国人の歴史と文化の関わりを知るうえで貴重な施設となっている。

海岸通や乙仲通、栄町通の地域には中国人の海運会社、貿易会社が集中していたことから、南京町が買い物のできる市場として栄えたのである。また、華僑が住んでいた地域は、南京町を中心として、西が現在のJR神戸駅と元町駅の中間に流れる宇治川、東が鯉川筋、北が元町駅の日田川、そして南が海岸通であった。元町通、乙仲通、海岸通は、南京町とともに神戸のチャイナタウンの中心として神戸華僑の活躍の舞台となった。

（呉宏明）

1892年 8月、台風の被害を受けた海岸通。中央に弁髪の男性の姿が見える。
［写真提供：神戸華僑歴史博物館］

現在の海岸通。画面中央の三棟のレトロなビルは、手前から神戸郵船ビル（1918 年建設）、海岸ビル（旧三井物産神戸支店、1918 年建設）、商船三井ビル（1922 年建設）。

神戸華僑歴史博物館——南京町・神戸華僑を知る③

南京町西端の西安門から南（海側）に二〇〇メートルほど下ると、国道二号線（海岸通）のすぐ手前のところで、オリーブグリーンの外壁の「KCCビル（神戸中華総商会ビル）」に行き当たる（神戸市中央区海岸通三丁目一—二）。このビルの二階フロアに、開港から現在に至る神戸華僑の歴史資料などを展示した「神戸華僑歴史博物館」がある。海岸通は開港期の華僑居住域（チャイナタウン）の南端にあたり、華僑ともゆかりの深いエリアである。

現在KCCビルの建っている場所には、戦前には「広業公所」があった。「公所」とは商工業などの同業者や同郷者の団体が親睦・互助のために建てた建物（および組織）で、広業公所は広東省出身の貿易業者のセンターであった。戦前、神戸には三つの公所（広業公所、福建公所、三江公所）があったが、一九三九年に解散、「神戸中華総商会」が組織され、事務所・会議室を元広業公所に置いた。

総商会の建物は一九四五年の神戸大空襲で焼失、戦後長い間空き地になっていたが、一九七〇年代に総商会会員の間で、会員のみならず社会にも貢献できる施設を備えたビルを建設しようという意見が出された。当初ビルの二階フロアを会議室にあてるという案が出ていたが、当時の総商会会長の陳徳仁氏は、会議は常時開くものではないので、会議室内の全周に神戸華僑史を物語る写真や資料を展示して「華僑資料館」にしてはどうか、展示する写真や資料は自分が二〇年来個人的に収集したものをあてる、という考えを明らかにした。こうした「華僑資料館」構想はさらに進み、新築ビル二階の全フロアを神戸華僑関係の資料や書画・骨董などを展示する博物館にすることが決まった。KCCビルは一九七九年一〇月に竣工し、同時に博物館も開館した。

博物館の初代館長には神戸中華総商会会長の陳徳仁氏が就任。長年にわたる個人コレクションに加え、華僑や市民の寄贈品を含めた多数の資料が収蔵・出展された。一九七九年のオープン時には「神戸と華僑」展が開かれ、神戸市歴代市長、兵庫県歴代知事、著名な神戸華僑などの顔写真を展示した。一九八一年には「孫文と辛亥革命七十周年展」を開催、陳徳仁氏が収集した貴重な資料を一堂に展示した。陳徳仁コレクションには、華僑史関連資料のみならず、神戸における孫文の歴史に関するものも数多く含まれていたが、一九八四年に呉錦堂ゆかりの舞子の移情閣が「孫中山記念館」として生まれ変わったのを機に、孫文に関するものは、一部を除きすべて孫中山記念館に移された。

博物館は二〇〇二年一月から二〇〇三月まで一時休館したが、その間、収蔵物の集中的な調査・整理作業を進め、二〇〇三年四月、一般の人にもわかりやすいように展示を一新してリニューアルオープンした。展示室には、神戸華僑来日の経緯や華僑社会の発展の様子などが豊富な資料とパネル、写真によって紹介されている。神戸華僑の歴史を知れば、南京町に対する理解がより深まることは間違いない。展示室では、南京町の歴史と現在についても、戦前から八〇年代の「再開発」前の時期の貴重な写真を交えながら具体的に紹介している。

神戸華僑歴史博物館は、神戸における華僑研究・情報のセンターとしての役割も果たしている。二〇〇三年のリニューアルオープン

神戸華僑歴史博物館の展示室

以来、館の活動などを紹介するニューズレター『神戸華僑歴史博物館通信』を年二回発行。また、華僑に関するさまざまな学術講演やシンポジウムも年数回のペースで開催されている。二〇〇七年四月には、関西在住華僑のライフヒストリーの聞き取り調査を進める「神阪京華僑口述記録研究会」を発足、毎月一回会議室で研究例会を開くとともに、年一回公開シンポジウムを開いている。会員の聞き取り調査の記録は、報告集『聞き書き・関西華僑のライフヒストリー』として継続的に刊行している。また、二〇一五年五月現在では華僑および中国に関する「古本市」を開催している。

展示室では年数回特別展を開催、旧正月の時期には南京町商店街振興組合と連携して春節祭特別展（春節祭の変遷や行事をパネル写真で紹介）を開いており、南京町観光と合わせて足を伸ばす人も多い。

二〇一五年現在の館長は呉宏明氏（京都精華大学教授）、副館長には陳來幸氏（兵庫県立大学教授）、資料室・研究室室長には安井三吉氏（神戸大学名誉教授）が就任、園田節子氏、蔣海波氏、久保純太郎氏など多くの華僑研究者が役員として館の運営に携わっている。このような華僑の歴史・文化を主題とした博物館は日本では当館だけであるが、海外ではオーストラリア（シドニー）、アメリカ（ニューヨーク）、中国広東省、福建省、北京などにある。将来的にはこうした世界の華僑歴史博物館との交流も期待されるところである。（髙橋晋一）

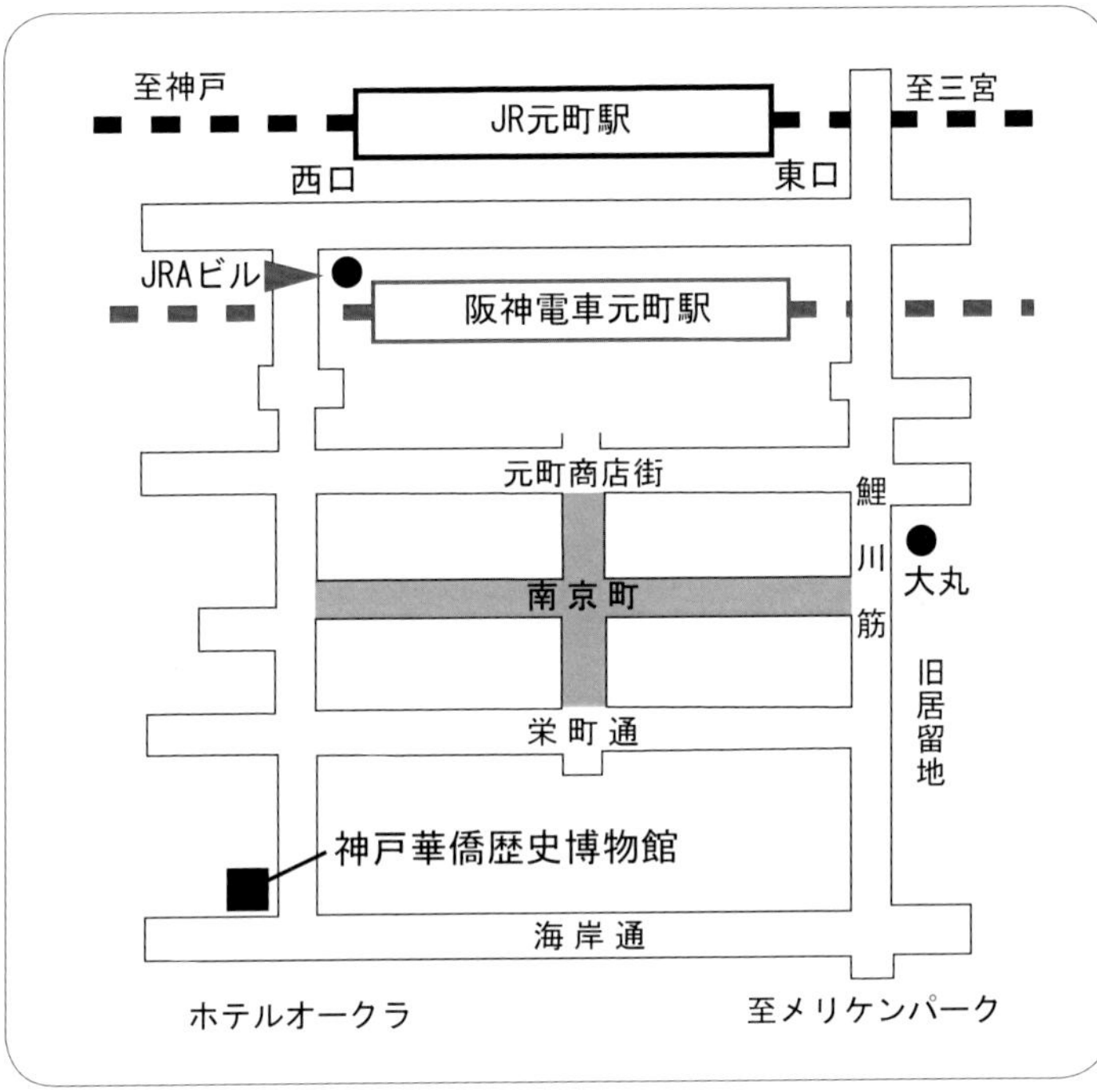

神戸市中央区海岸通 3-1-1 神戸中華総商会（KCC）ビル 2F

開館時間：水曜日、木曜日、金曜日、土曜日の 10:00 ～ 17:00
（最終入館受付 16:30）

休館日：月曜日、火曜日、日曜日及び祝日並びに年末・年始

地元の電器店から観光地の土産物店へ

ミズ倶楽部センター（お土産雑貨）
高橋喜久二（たかはし・きくじ）さん

青森県で生まれ育ちました。一九四〇年生まれです。一六歳のとき都会に憧れ、神戸にやって来ました。現在の店舗の場所でガラス屋を経営していた叔母を頼って出てきたのです。自宅は店舗の二階で、南京町に住んでいます。

一九九一年、神戸南京町で電器販売店「Ms倶楽部高橋」として営業を始めました。Ms（ミズ）倶楽部の名称は、「若い奥さん」「素敵な女性」を感じるMiss（ミス）とMrs.（ミセス）にかわるMs（ミズ）の名称を松下電器が提唱したので、この名称を店名に入れて神戸で一〇軒ほどで組織化したものです。現在でもこの名称を付けた店があります。

この界隈が観光地になるにつれ車の出入りができなくなりましたし、南京町の電器屋で買わなくても家電製品が手に入るようになってきたので、お土産雑貨と家電製品の並売をしました。それから徐々にお土産雑貨を主に売るようになりました。店名は雑貨を売るのに支障はないし、二〇年来慣れ親しんだ名前のままにしました。

お土産雑貨は、日本で企画して、中国で製造させています。中国には毎年、市場調査に行っています。幕張メッセで行なわれる商品の見本市にも社員の研修を兼ねて商品調査に毎年行きます。店の後継者は親族に任せることになると思います。

南京町は西側より東側のほうが盛んだったので、西側も盛んにしようと思い「南京町西通り」を作ろうとしましたが、県に却下されました。その後、みんなでがんばっていき、西も東も一つで南京町となりました。平日にも観光バスでお客さんがやって来てくれて、自分が描いていた街になったと思っていますが、ここまで注目される街になるとは思いませんでした。シャッターに南京町をPRする絵を描いてもらうなど、いろいろな形で南京町を盛り上げようとしています。

今は、行政側の街並み整備振興の会議に出ています。会議のレベルが高くてたいへんですが、街の発展のためにがんばって出席しています。居留地・メリケンパーク・南京町を一体として発展させる計画です。電灯をLEDに変えたり、大丸前を歩行者天国に変えたりできたらと思っています。他の都市にないものをつくっていきたいですね。一〇年計画です。

老華僑の方々とは、みんなが顔なじみで、小さなことでも助け合う絆があります。日本人も華僑の方々も共存共栄です。叔母からは「華僑から信頼されると永遠に続いていく」と教えられたことを覚えています。新華僑の方は、言葉の違いでまだまだコミュニケーションがとれていませんが、もっとお互いを分かり合い仲良くしていきたいと思っています。今後、新華僑の人とも一緒にイベントや催しに取り組んでいければと思っています。「非難より同化」をモットーに、みんな協力して神戸から新しいことを発信していきたいです。

南京町と楽器店の関係

アルチザンハウス（弦楽器の修理・販売）
北村ミツ（きたむら・みつ）さん

南京町でバイオリンの修理と販売の店を経営しています。アルチザンとは、フランス語で芸術家・職人の意味です。そこから店名をつけました。現在の住まいは王子公園近くで、南京町の店に通っています。一九五〇年生まれで、一九八八年に東京から神戸に来ました。当時バイオリン職人が求められていたからです。夫が大阪生まれなので、神戸に来ることに抵抗はありませんでした。夫はサラリーマンでしたが、札幌に転勤した時に楽器修理の仕事に出会い、脱サラをして一〇年間札幌で楽器造りの修行をしました。

修理の場合、楽器をしばらく預かりますので、時間をつぶしてもらうのに便利なところがいいと、店を出すところは元町界隈を考えていました。南京町にあるというのは、来店者にすぐわかる目印となります。また、私の店は食堂のように路面店でなくても良いので二階に店を構えました。異業種なので他店との競合もなく、すんなり街の人に受け入れてもらえました。

楽器の仕入れはヨーロッパからです。ドイツ製は工房の作製になりますが、イタリア・フランスは個人の作家の作製になります。販売している楽器は、ほとんどがヨーロッパのものです。子ども用などは国産もあります。以前は、ロンドンのオークションやフランクフルト、パリの見本市に研修と買付を目的に行っていました。最近は、ヨーロッパの業者や作家との個人的な信頼関係ができて、あちらから情報をメールで送ってくれるようになりました。

南京町に店を出していて、商店街の人々が非常に精力的・積極的に働き、南京町のために活動しているところが見ていて楽しいと感じます。南京町の華僑の人たちと、「中国の人」といった特別な意識で付き合ったことはありません。国籍などはあまり関係なく、他人を受け入れれば、自分も受け入れられます。

南京町に店を開いた最初から商店街として助け合うのは当たり前のことだと思って南京町商店街振興組合に参加しています。振興組合に入って一〇年間は、夫婦だけで店をしていましたので、組合費を納めるだけの組合員でしたが、従業員が増えてゆとりができたので、南京町のために恩返しをしたいと活動しています。組合では現在、端午節のイベントを企画しています。組合青年部が中心で、わたしたちはそのバックアップです。

阪神・淡路大震災の後は不安が多かったです。電車が通っていなかったので、お客さんはしばらく来られなかったのですが、華僑の人はすぐに露店を出店して、休むことなく、震災直後から次の行動に移っていました。そこに華僑の強さを感じました。私たちもそれを見習って、自動車で岡山や広島に楽器を売りに行きました。

近頃は南京町に住む人が少なくなってきたことが気がかりです。店と住居が離れているのです。若者が少なくなってきて、春節祭や中秋祭などの催しものが継続しにくくなってきていると感じます。祭りは三世代いないと続きませんからね。

Ⅳ　神戸華僑の歴史と文化

神戸の華僑社会

安井　三吉

●神戸の中の中国

今、日本には七〇万人近い中国人（中国籍・台湾籍双方を含む）が暮らしている。外国人の中で最多となった。兵庫県に住む中国人は二万五〇〇〇人で、これは全国で七番目の数字である。その内神戸市在住の中国人は一万四〇〇〇人で、長崎の一〇倍だが、横浜と比べると半分以下である（表1、表2）。それぞれの中華街の大きさも、横浜・神戸・長崎の順となっている。

さて、華僑社会を代表するものといえば関帝廟や中華義荘があげられるが、この二つの施設は、南京町から遠く離れたところにある。中華義荘（長田区）は墓地だから街の中心から離れたところにあるのは自然であるが、関帝廟（中山手通）が同じように南京町から離れているのは神戸の特徴の一つだろう。中華会館はトアロードに、神戸中華同文学校は中山手通にある。華僑の人々の多くは中央区に住んでいるが（表3）、大体はＪＲから山側だ。南京町は神戸の中国的な顔の一面を代表するものだが、中国的なものが南京町に集中

表3　在留中国・台湾籍人数（神戸市区別）
（2013 年末）

区	人数（人）		
	中国	台湾	合計
中央	5,817	381	6,198
兵庫	1,874	56	1,930
東灘	1,334	83	1,417
灘	1,242	76	1,318
垂水	823	30	853
西	736	24	760
長田	697	37	734
須磨	422	33	455
北	390	50	440
合計	13,335	770	14,105

法務省入国管理局
http://www.immi-moj.go.jp/tokei/

表1　在留中国・台湾籍人数（都道府県別）
（2013 年末）

都道府県	人数（人）		
	中国	台湾	合計
東京	155,975	11,306	167,281
神奈川	53,675	3,342	57,017
大阪	50,328	3,546	53,874
埼玉	49,261	1,981	51,242
愛知	46,683	1,371	48,054
千葉	41,265	2,233	43,498
兵庫	23,712	1,105	24,817
福岡	20,775	514	21,289
長崎	3,138	86	3,224
全国	649,078	33,324	682,402

法務省入国管理局
http://www.immi-moj.go.jp/tokei/

表2　在留中国・台湾籍人数（都市別）
（2013 年末）

都市	人数（人）		
	中国	台湾	合計
東京	132,780	9,686	142,466
横浜	31,931	1,965	33.896
大阪	26,502	2,427	28,929
名古屋	22,457	756	23,213
神戸	13,335	770	14,105
福岡	12,198	313	12,511
京都	9,521	789	10,310
千葉	9,628	308	9,936
さいたま	7,657	235	7,892
長崎	1,394	56	1,450
函館	365	17	382

法務省入国管理局
http://www.immi-moj.go.jp/tokei/

していというわけではない。

南京町を支え、運営しているのは、南京町商店街振興組合である。臥龍殿の三階に事務所を置いて活動しているが、そのメンバーは、華僑と日本人とが半々である。また、華僑の内も、戦前から日本に来ていた人々の子孫（老華僑）が主だが、一九七八年、中国で鄧小平の改革開放政策が始まってから神戸にやってきた中国人、いわゆる新華僑もしだいに増えてきている。日本人と華僑、老華僑と新華僑とが渾然となって動いているのが今日の南京町である。

●同郷

神戸華僑の歩みは、一八六八年、神戸開港とともに始まった。華僑は故郷とのつながりを大切にする。戦前から神戸では、広東、福建そして長江中下流の浙江、江蘇、安徽一帯の三江など三つの地域から来た人々が中心だった。地域性に加えて、神戸の華僑社会のもう一つの特色は貿易商の人々が華僑社会の中核を占め、リードしてきたという点にある。出身地と貿易業を基礎に、広東系の広業公所、福建系の福建公所（福建商業会議所）、そして三江系の三江公所（三江商業会）の三つの団体が作られた。南京町の西門を真直ぐ南に歩いて五分、海岸通りにKCCビル（神戸中華総商会ビル）があるが、その入り口の海側に広業公所の記念碑がひっそりと建てられている。残念ながら広業公所はすでに歴史的役割を終えて解散し、今は存在しない。福建公所はJR元町駅西口を出て、山側を少し下って兵庫県公館に向かう角のところにあった。現在も同じ場所で新たに福建会館として活動している。主に、閩《びん》南（福建の南部）の人々が中心で、戦前は台湾出身の人々も出入りしていた。三江公所も昔は福建公所に隣接してあったが、現在は三江会館といい、多聞通の神戸地方裁判所近くに移転している。

戦後は、三つの地域の人々が新たに神戸華僑社会の柱として登場した。第一は、台湾出身の人々である。日清戦争の結果台湾が日本の領土に編入されると台湾の人々も国籍は日本となり、したがって神戸在住者であっても華僑ではなくなった。しかし、戦後、台湾が中国に戻り、日本在住の台湾出身者も中国籍を回復するとともに華僑社会の有力なメンバーとなった。戦後しばらくは大陸出身者（その子孫）を老華僑といい、台湾出身者（その子孫）を新華僑といっていた。第二は、山東、北京などの人々であり、まとめて北幇《ほくばん》ともいう。第三は、閩《びん》北（福建の北部）の福清と福州地方出身の人々のグループである。彼らは、一九六〇年代前半から全国的な結集を始め、神戸では七一年に福建同郷会を結成した。関帝廟の前に会館があり、毎年お盆の時に普度《ふど》勝会《しょうえ》（盂蘭盆会《うらぼんえ》）の行事を執り行なっている。

この福建同郷会の誕生をはじめとして、一九七〇年代から八〇年代には地域毎の団体、同郷会が次々と生まれた（表4）。それぞれ誕生のいきさつがあるが、七二年九月、日中国交樹立による交流の活性化が大きな刺激になった。ただ、近年遼寧、吉林、黒龍江といった東北三省の人々の増加が目立つが、彼らが同郷会を作ったという話は神戸ではまだ伝わってこない。

表4　兵庫県内の華僑同郷会の設立年月

1971年 5月	神戸福建同郷会
1972年 4月	兵庫県江蘇省同郷会
1973年 1月	兵庫県台湾同郷会
1982年 6月	兵庫県広東同郷会
1983年 8月	兵庫県山東省同郷会
1989年 6月	兵庫県浙江省同郷会

●中華会館と華僑総会

トアロードを少し北に上がると右側に七階建ての大きなビルがある。中華会館である。中華会館は空襲で焼け落ちるまでは現在の神戸中華同文学校のある中山手通にあった。一八九三年に創建、神戸・大阪の華僑をまとめ、総領事館との窓口となったり、華僑を代表して県などと交渉したりする華僑社会を代表する団体だった。出身地を越えて華僑全体の利益を護り、福利を保障する役割を果たした。しかし、今日では、中華会館の維持と運営、関帝廟や中華義荘の管理が主たる活動となっている。神戸華僑の五つの帮《ばん》(広東、福建、三江、台湾、北)が協力して運営するという点で華僑社会をまとめる役割の一端を担っている。

華僑総会は戦後間もなく、全国に誕生した組織で、同郷、同業を越えた華僑社会を代表する団体である。総領事館や県市に対する華僑側の窓口としての役割を担っており、戦前の中華会館と似た機能を果たしている。現在は、大陸系の神戸華僑総会(下山手通)と台湾系の留日神戸華僑総会(北野町)の二つが活動している。

●中華義荘と関帝廟

中華義荘は、一八七〇年、華僑たちが県から宇治野村(現在の中山手通七丁目)の六〇〇坪の土地を借りて墓地を造成したのが始まりで、現在の場所(長田区)に移転したのは一九四一年のことである。戦前は遺体を一旦中華義荘に安置し、その後船で故郷に送る「回葬」という風習があった。今は、毎年四月の清明節(伝統的な墓参日)のとき、家族連れで賑わっている。

関帝廟は、一八八八年、大阪の布施村にあった黄檗宗万福寺の末寺長楽寺を現在地に移転させたのが始まりで、関羽を主神とし、観音菩薩と天后聖母（媽祖）を祀る。空襲、火災そして地震と度重なる災害に見舞われたが、その都度華僑の手によって再建されてきた。華僑の葬儀の多くはここで行なわれ、旧暦のお盆には普度勝会の祭事が盛大に行なわれる。関帝廟はいまや神戸の観光名所の一つになっているが、本来は中華義荘とともに華僑の人々の信仰や心のより所である。なお、関帝廟には、中華会館創建に関する大きな碑が立っている。

● 神戸中華同文学校

一八九九年五月、改革派の代表梁啓超が来神、中華会館で演説を行ない、これからは中国の未来を担う子どもたちの教育が重要であり、学校を建設するようにと訴えた。すでに華僑の間には学校建設の構想があったので、話は一挙に進み、同年九月、念願の神戸華僑同文学校の開設にいたった。一九三九年、神戸中華同文学校と改称、今、一〇〇年を超える歴史を誇っている。七二年、日中国交正常化交渉の際、周恩来の通訳を務めた林麗韞女史は同文学校の卒業生である。大陸、台湾の別なく、数千の卒業生を世に送り出し、神戸華僑社会の核の位置を占めている。現在は、中国・台湾籍以外の子どもも迎え入れ、国際学校の役割も果たすようになっている。

●神戸の街のなかで

神戸華僑の生活と仕事の場は市全域に広がっている。南京町は、同文学校、関帝廟、中華義荘などとならんで神戸の街に中国の伝統と文化の鮮やかな彩りを加えながら、同時に神戸の街の風景のなかにしっかりと溶け込んでいる。それは明治開港以来の長い過程のなかで形づくられてきた伝統の生きいきとした姿である。

華僑と外国文化（居留地）

洲脇一郎

●外国文化の流入の窓口

一八六八年一月一日の神戸開港にともない神戸外国人居留地が建設された。外国人居留地とは、外国人が居住し、通商することができる地域であった。しかし、居留地の建設は開港には間に合わなかった。そのため一八六八年三月三〇日、兵庫県知事伊藤博文は一定の地域内での外国人の雑居を承認した。これが雑居地であった。神戸では居留地とその周りの雑居地に外国人が居住できたのである。

外国人居留地の競売は、一八六八年九月一日から一八七二年二月一七日まで四回にわたって実施され、約四万坪（約一三万二〇〇〇平方メートル）の土地が競売された。居留地の行財政を担当する居留地会議が設置され、居留地会議の決議を執行する機関として居留地行事局が設けられた。居留地会議のメンバーは、各国の領事、兵庫県知事、住民代表三名であった。住民代表は選挙権を有する者が投票した。居留地会議のもとで、居留地の建設が行なわれ、道路、下水道、街灯、公園などの都市施設の整備が実施されたのである。神戸外国人居留地は小規模ながらもよく整備された、極東における模範的な居留地となったのである。一方雑居地では、外国人は日本人から土地・建物を借用することができた。

居留地・雑居地は、外国のヒト・モノ・文化・情報が流入する空間であった。西洋人は居留地や山側の雑居地に居住した。華僑は居留地の土地の取得はしないで、主に居留地の西側の雑居地で土地や倉庫を借りた。こうして山手は西洋人、居留地の西側（栄町通や海岸通）は華僑が居住することになり、北野町や山本通の異人館街、南京町の原型が形成されることになったのである。

ここでは主として居留地時代の華僑がもたらした文化について紹介してみよう。

●華僑の職業と居留地文化

一八七一年に長谷川小信が描いた錦絵「摂州神戸海岸繁栄之図」は、新開港場である神戸の開化の風俗を描いている。神戸の海岸には外国商館が立ち並び、港には蒸気船も停泊している。自転車や人力車もある。多数の人物が描かれているが、日本人や西洋人に混じって華僑もいる。日本人と商談中の人物やこうもり傘を持った人物、蒸気船の船員である。もちろんこの錦絵は実景そのままでなく神戸の繁栄ぶりを象徴的に描いたものであるが、開港場には華僑の存在があったのであり、開港場を描くには華僑を描き込むことが必要だったのであろう。

居留地時代の神戸の華僑人口の推移を見ても、一八七八年からは華僑人口は西洋人の人口を上回るようになる（甲午中日戦争（日清戦争）で華僑が帰国した一八九四年を除く）。はじめは単身の男子が多く出稼ぎ型の社会であったが、次第に女子や子どもが増えてきて、定住型の華僑社会に移行していった。

華僑が神戸に与えた文化的な影響は何だったのだろうか。華僑は生活のために神戸に進出したのであり、様々な職業に就いた。その営みから現代の神戸にまで影響を及ぼし、神戸のまちの特色となるような文化が形成されたとみることができる。

明治前期の華僑の職業をみると、貿易商、金融、買弁、洋服、理髪、印刷・製本、製靴、塗装、港湾荷役、船員、養豚、飲食店など様々なものが見られる。また西洋人に雇われている華僑と西洋人から独立して営業を行なっている華僑とがあった。

洋服仕立　華僑は洋服仕立、理髪、製靴、印刷など西洋人の日用的なサービスや物品を提供する分野に広範に進出した。まず洋服仕立については、一八六九年にはすでに洋服・製靴の店が香港から来て神戸で開店している。一八八八年の婦人服店カベルデューは熟練の中国人を雇っており、技術は他の店より優れていると新聞広告で宣伝している。開港当初から華僑の洋服仕立職人が広く存在していたことが知られる。洋服仕立には、紳士服のテーラーと婦人服のドレス・メーカーがあった。華僑の洋服商は、一九〇五年には生記号、友康号、春記号、金益号（以上栄町通二丁目）、華彰号（南京町及び北長狭通二丁目）、其昌号（旧居留地）、瑞記号（中山手通五丁目）があった（田中、一九〇五年）。

理髪　理髪の最初の新聞広告は一八七〇年五月一四日の『ヒョーゴ・ニュース』の Laou-Ti-Kee の洗髪の広告である。リィウェリィシュ商会のものだが、この商会は上海にも店を持っていた。後に怡生（E.Sang）が居留地一七番に店を開いた。

印刷　印刷・製本では、一八七〇年の『ヒョーゴ・アンド・オーサカ・ヘラルド』に製本の広告が掲載されており、また一八七六年の籍牌にも印刷職工と見られる人物がある。その職工の住所は居留地八三番とされており、西洋人雇だったと見られる。おそらく英字新聞などを印刷していたのであろう。

食文化　食について見ると、まず白鳳という人物（福建出身で同順泰店主）が小野浜で屠豚を行なっていたことが記録に残っている。外国人居留地の形成が肉の需要を高めたことはいうまでもない。白鳳は一八七七年に土地を借り業務を始めたが、小野浜が市街化してきたために衛生上問題となった。白鳳は一八九四年頃まで営業を行なっていたようである。ついでに述べると、関東では牛の飼育が少ないため神戸港から牛を横浜港に積送していた。夏は腐敗するので生きたままで送り、冬には屠殺し解体して送っていたのである。コーベ・ビーフは神戸から牛を横浜に積み出したために付いた名称であろう。牛や豚の屠殺も肉食がもたらした文化であったのである。

中華料理の店舗は一八九四年頃に品芳楼が開業されたことが知られている。一九〇一年の品芳楼の新装開店広告によると、「弊店は従来中華料理の営業を行ってきたが、日増しに盛大になり、これまでの家屋では手狭になったため家屋を新築していたが、このたび落成したため移転した。時節柄調理品には充分注意を加えすべて新鮮な料理を提供するので、引き続き御愛顧御引き立てのほどお願いしたい」（『神戸又新日報』一九〇一年七月六日）というもので、メニューは即席料理と会席料理があり、それぞれ一等から三等があった。そのほか麵類、饅頭、菓子、酒類が提供された。店は栄町通一丁目五七番にあった。一八九八年中華会館で日本人の有力者多数を招いた懇親会が催され広東料理、広東の酒が振舞われている。一九〇五年の中華料理店には、喜雨亭（海岸通一丁目、福建料理）、杏香楼（海岸通一丁目）、福源昌酒樓（栄町通一丁目）、品芳楼（栄町一丁目）、宴變林（栄町通二丁目）があった（田中前掲書）。

画家　画家では胡鉄梅が知られる。安徽省の出身で一八七九年頃から中日間を往復し、多くの優れた作品を残した。一八八九年頃神戸に来て新聞発行にも携わったという。永井荷風の父で日本郵船上海支店長だった永井久一郎とも親交があった。神戸市中央区の追谷墓地に埋葬されている。画家であるとともに、文人でもあったのであろう。

塗装・靴　このほか、一八七七年の籍牌には華僑の生業として塗装、製靴がそれぞれ「塗物」「靴匠」として記載されている。華僑が伝統的に携わっていた職業である。

●爆竹の許可

一八八八年、清国理事は兵庫県知事に旧暦五月一二日から一五日まで関帝祭で爆竹を鳴らしたいので警察署に制止しないように指示してほしいと申し入れている。兵庫県知事は「爆竹を鳴らしたり、銅鑼《どら》など打ち鳴らすと通行人や子どもが驚くので昼夜ともなるべくやめてほしい。もっとも関帝廟はやや市街地から離れているので、夜一二時までは差し支えない」と回答している。

同じ一八八八年三江公所は、清国理事に歳暮と正月（旧暦一二月二三日から正月一八日まで）に清国商人の門前において「敬神」のため爆竹を鳴らしても巡査が制止しないよう兵庫県知事に掛け合ってほしいと求めた。爆竹は毎年行なっているが、巡査が交代すると慣例を知らず差し止める恐れがあったためである。この件の決着は明らかでないが、一八八八年には旧正月を祝うために爆竹等を鳴らすことがすでに定着していたのである。

華僑がもたらした技術・技能や生活文化などは、神戸に広範な影響を及ぼしたといえる。洋服、理髪、印刷などは本来西洋の文化であっても、それらは華僑を通して神戸にもたらされたものが多いのである。また食については、日本人向けの中華料理店が開設されるようになった。さらに伝統的な祭祀についても、かなり早い時期から中国での祭りを神戸に持ち込んでいるのが分かる。

当初は神戸にとって異文化であったものが、今日ではすでに神戸の文化となっているのである。

参考文献

田中鎮彦『神戸港』神戸港編纂事務所、一九〇五年

老華僑と新華僑

陳 於華

●老華僑と新華僑の概観

二〇〇七年以降、在日中国人（中国籍）の登録者数は六〇万人を超え（二〇一四年現在約六五万人）、在日外国人の最大グループとなっているが、来日の時期や特徴の違いから、その内部構成を大きく二つのグループに分けることができる。一つは一九七〇年代以前に来日した「老華僑」であり、もう一つは一九七〇年代末中国の改革開放以降に来日した「新華僑」である。老華僑と新華僑は歴史的背景や価値観の違いなどにより、これまでほとんど互いに関わりなく日本での生活を展開してきた★1。

老華僑は幕末における長崎、横浜、箱館、神戸、大坂の開港を契機に来日し、それぞれの開港場に集住しつつ、貿易や「三把刀（料理業、洋裁業、理髪業）」などのサービス業に従事し、同郷・同業組織をもとに、何世代にもわたりコミュニティを形成してきた。各地の中華街、中華会館、中華学校の存在がその端的な現れである。老華僑の人口は日中関係の変動に伴い増減はあったものの、戦後から一九七〇年代までは四～五万人を維持していた（図1参照）。中でも台湾出身の人々がその約半数を占め、次いで福建、広東、江蘇の順となっている。老華僑は一九四九年新中国の成立から一九七〇年代末の改革開放までの三〇年間祖国との交流が少なく、中国古来の伝統を否定した「文化大革命」などの影響をほとんど受けていなかったため、中国の伝統的な価値観を持ち続けることができ、関帝廟での参拝、普度勝会《ふどしょうえ》の開催、龍舞・獅子舞の伝承など伝統文化を維持してきた。

一方、一九八〇年代以降、中国の改革開放や日本の「留学生受け入れ一〇万人計画」を背景に、多くの中国人が留学生や就学生[★2]として来日し、大学や大学院で専門知識を身につけた後日本で就職・定住するようになった。特に一九九〇年代前半までに来日した留学生や就学生は、来日前にすでに大学を卒業し社会人の経験を持つ人が多く、日本の大学院で修士以上の学位を取得した彼らは高学歴と高い専門性をもって教育・研究、ハイテク産業、日中ビジネスなどの分野で活躍している。[★3]彼らは新華僑の主体をなしており、中国籍の永住者が近年急速に増加している要因の一つとなっている（二〇一四年現在約二一万一〇〇〇人）。そして、その予備軍とも言える現役の留学生は二〇一

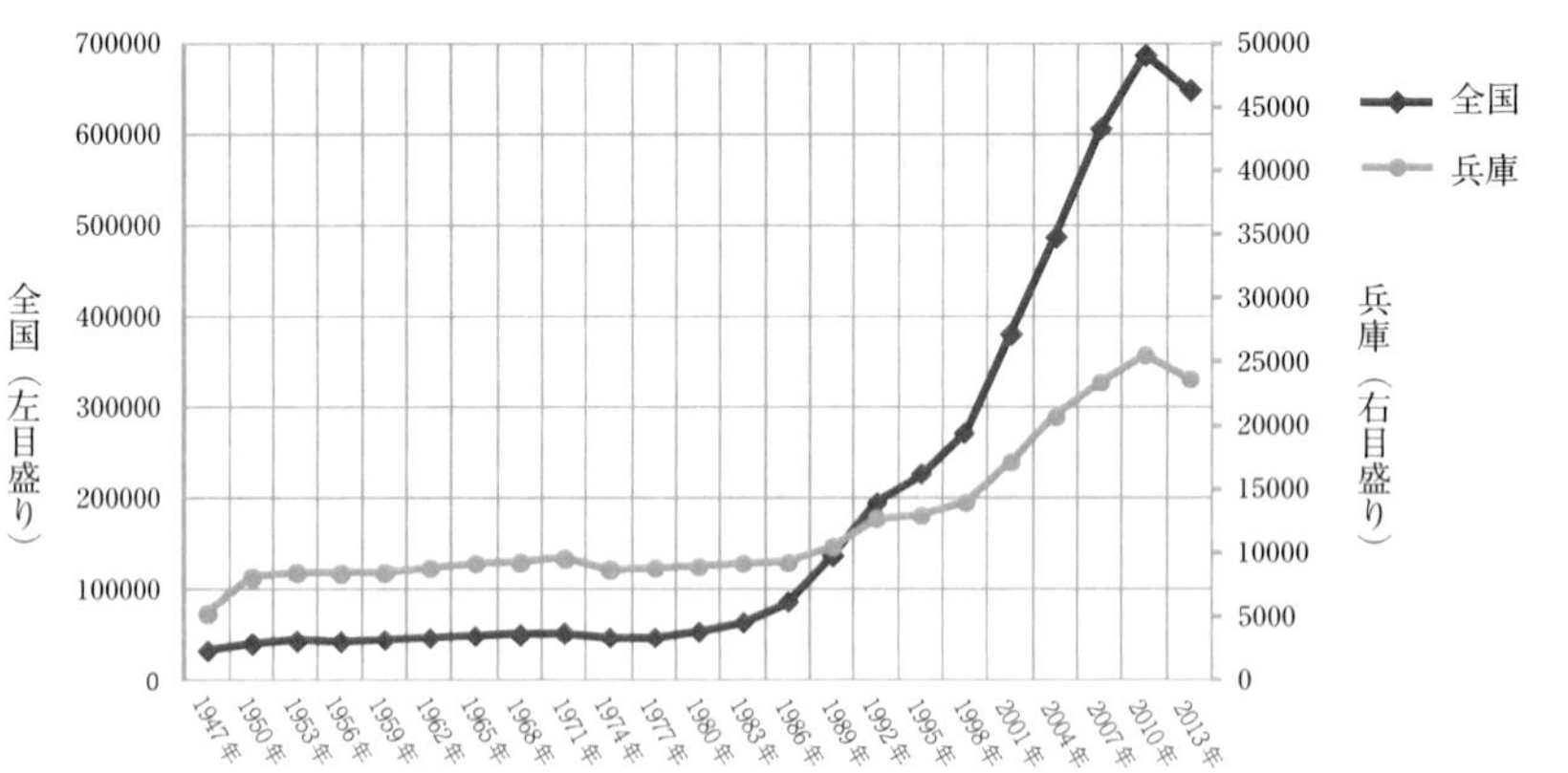

図1　戦後在日中国人の人口推移（全国・兵庫）

〇年（約一三万四〇〇〇人）をピークに毎年一〇万人以上が在籍している。このような事情を反映して、新華僑は都市部を中心に全国各地に分散して居住しており、同郷会などの地縁組織よりも同学会などの学縁組織や学術的組織の活動が活発である。

また、日中両国の実質的な経済格差や日本人男性の結婚難を背景に、日本人と結婚して来日した中国人も少なくない。来日後に日本人と結婚して日本人の配偶者になった人を含め、二〇一四年現在、在留資格が「日本人の配偶者等」の人は約三万八〇〇〇人である。彼らが日常生活において、言葉や文化の壁を最も痛感する人々であろう。

さらに、中国残留日本人の帰国に伴い、その家族や親族が日本に渡り、中国籍を保留したまま日本に定住するようになった人も新華僑の構成員になる。彼らのほとんどが「定住者」の在留資格を取得しているが（二〇一四年現在約二万六〇〇〇人）、工場で働く人が多く、日本語の習得が不十分のため、日本で生まれ育った彼らの子どもとのコミュニケーションが問題となっている。

その他、日本には定住しないが、技能実習制度を利用して来日した人も多数いる。彼らは人手不足の中小企業で働き、最長三年で帰国しなければならないが、入れ替わりで近年毎年一〇万人以上の人が在留している。

このように、新華僑は来日の目的や母国における職業・階層などにより来日後の展開が異なるため、彼らの多様性を理解するには主な在留資格の割合（図２）を知っておく必要がある。永住者（在留資格「永住者」と「特別永住者」を含む）の割合が三二・五パーセントと最も高いのは、老華僑のみならず、新華僑も滞日の年数が長くなるにつれ、定住傾向が強くなるからである。「技能実習」と「留学」がそれぞれ二位と三位を占めているのは、新華僑の来日の主要ルートを示していると同時に、日本の高齢少子化をも反映しているのである。また、図1と図2を併せて見ると、兵庫県の永住者の割合（四三・二パーセント）が全国のそれ（三二・五パーセント）に比べ断然高いのは、兵庫県における新華僑の増加が漸進的であり、老華僑（ほとんど永住者）の占める割合が比較的に高いからであるということが分かる。

●「落地生根[★4]」の老華僑

神戸の老華僑は一八六八年一月神戸港の開港とともに歴史の幕を開け、これまで何世代もの人々が神戸に住みつき、華僑社会を形成してきた。初期の神戸華僑は貿易港神戸の特徴を反映して貿易商や買弁として活躍していたが、一八九九年の居留地撤廃・内地雑居令の職業制限により、技術を必要とする「三把刀業」に集中するようになり、塗装技術者と行商人なども登場した。彼らの出身地は広東、福建、浙江、江蘇など広範囲にわたり、相互扶助を目的とする同郷・同業組織も広業公所、福建公所、三江公所と分かれていたが、これらの組織を統括する上位組織として中華会館が設立され、華僑社会のかなめとして大きな役割を果たしてきた。一八九九年、神戸最初の民族学校「神戸華僑同文学校」が創建され、一九二八年「神阪中華公学」との統合を経て現在の「神戸中華同文学校」となった。そこは

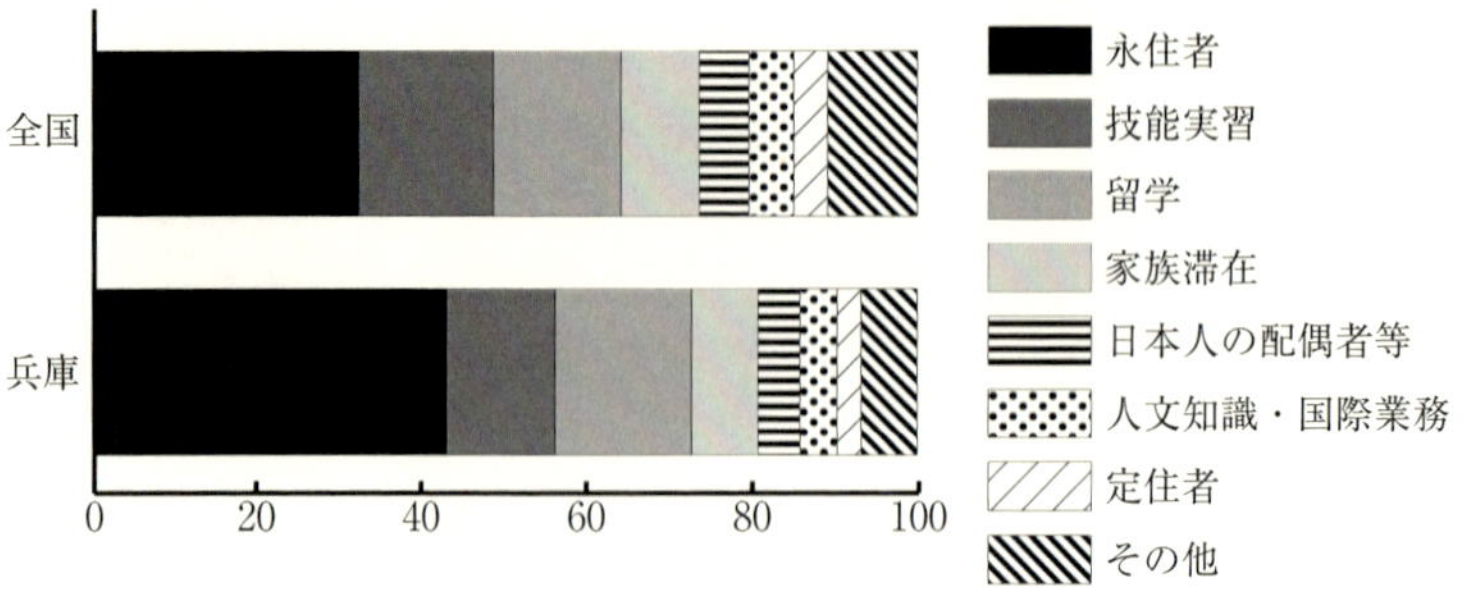

図2　在日中国人の主要在留資格の割合（2014 年現在）

老華僑子弟の民族教育の場だけでなく、老華僑の精神的拠り所、また大陸系と台湾系が共生する神戸の華僑社会のシンボルともなっている。さらに、一九七九年神戸華僑歴史博物館が設立され、華僑社会のルーツの再確認や存在のアピールに一役買っている。こういった共有財産の存在が「神戸華僑」と自認し得る大きな要因ではなかろうか。

神戸の老華僑が他よりもまとまりのよい華僑社会を維持し得たのは、内部の結束力によるだけでなく、ホスト社会とも良好な関係を築き、地域社会に受け入れられたからである。一九八〇年、神戸華僑歴史博物館は「ひょうご文化一〇〇選」に選定され、さらに一九八七年、関帝廟が神戸市観光名所に指定され、一九九〇年、南京町は神戸市の景観形成指定地域となり、一九九七年、普度勝会（関帝廟の盂蘭盆）が地域無形民俗文化財として認定された。今や華僑社会はすっかり地域社会に根ざし、神戸の特色をなす不可欠の存在となっているのである。しかし一方では、日本社会の国際化や共生意識の浸透に伴い、若い世代のサラリーマン志向、日本人との結婚、日本国籍の取得、日本語の母語化など、老華僑の現地化が進んでいる。華僑社会の後継者の不足が憂慮されるようになったのも現実である。

●「落葉帰根」[★5]と「落地生根」の間をさまよう新華僑

前述したように、新華僑来日の主要ルートは留学や就学であるが、その後の進学、就職、転職などにより一つの地域に留まらず、マイホームを購入するまで何度も引っ越しを繰り返す人が多い。故に、ある特定した地域への帰属意識が希薄であり、「神戸の新華僑」、「大阪の新華僑」などと名乗る人はほとんどいない。

彼らの組織も「日本関西在職中国人交流協会」、「西日本新華僑華人連合会」などのように広域的なものが多い。また、新華僑は親や兄弟、同窓などネットワークの多くが中国にあり、仕事も中国と関連するため、祖国とのつながりが強い。共働きの多い新華僑では、小さい子どもを親に預け、小学校低学年まで中国の学校に通わせるケースも少なくない。こうして、彼らは日中両国の間を行き来し、日本に馴染みつつも中国色を鮮明に留めている。集団で宗教的活動を行なうことがほとんどないのも特徴の一つである。

一九八〇年代から九〇年代前半までに来日した留学生や就学生は、来日前にすでに大学を卒業し社会人の経験を持つ人が多いため、留学を経て日本で就職した時点ですでに三〇歳代になっているケースが多い。彼らは現在中年になり、日本でマイホームを購入する人が増えている。このままずっと日本に住み続ける可能性が高いが、国民年金の加入年数が短い彼らにとって、将来老後をどこで過ごすか、つまり、「落葉帰根」になるか「落地生根」になるかは悩ましい問題である。

一方、日本の適応に苦労してきた親の意思で小さい頃から日本の学校に通い、日本の企業に就職し始めた子どもたちは、これから結婚適齢期を迎える。分散して居住し、同胞の知り合いが少ない彼らの結婚相手は日本人になる可能性が高い。親の努力で辛うじて中国語を理解できる彼らが、次世代に中国語を勉強させるかどうかは疑問である。いずれにせよ、グローバル化が進む時代においては、母国語の習得は単にアイデンティティの確立のためだけでなく、コミュニケーションや情報獲得のツール、就職の武器ともなり得るため、それは生活の方略の一つになるのである。彼らが目指すのはもはや中国人でも日本人でもなく、どこへ行っても適応できるような「国際人」とも呼べるグローバル人材なのである。この点においては、新華僑の子どもも老華僑の子どもも共通しており、近年老華僑が運営する中華学校に入学する新華僑の子どもが増加しているゆえんである。今後、よりまとまりのある新しい華僑社会を構築するために、老華僑と新華僑の更なる協力が不可欠であろう。

★1　ただし、老華僑と新華僑共同参入の日本中華総商会の結成（一九九九年）や世界華商大会の日本開催（二〇〇七年）などを経て、老華僑と新華僑の協力体制は整っている。
★2　二〇一〇年七月一日より、在留資格「留学」と「就学」は「留学」に一本化されている。
★3　一九九〇年代後半以降来日した留学生や就学生はそれ以前に比べ、低学歴・若年化の傾向が見られる。
★4　「落地生根」という言葉はセイロンベンケイという植物の中国語名であり、異郷に住みつく喩えである。
★5　「落葉帰根」は葉が落ちて根に帰るという意味であり、異郷をさすらう人もいずれは故郷に帰る喩えである。

参考文献

浅野慎一「中国人留学生・就学生の実態と受け入れ政策の転換」『労働法律旬報』一五七六、二〇〇四年
神戸華僑華人研究会編『神戸と華僑――この一五〇年の歩み』神戸新聞総合出版センター、二〇〇四年
中華会館編『落地生根――神戸華僑と神阪中華会館の百年』研文出版、二〇〇〇年
陳於華「新来中国人のコミュニティーの成長と日本社会への関わり」『アジア遊学』一〇四、二〇〇七年
陳於華「中国系コミュニティ」『多言語社会日本』三元社、二〇一三年
山下清海編著『華人社会がわかる本』明石書店、二〇〇五年
廖赤陽「在日中国人の社会組織とそのネットワーク――地方化、地球化と国家」『日本における華僑華人研究』風響社、二〇〇三年

華僑の経済

陳　來幸

●銀と神戸港

開港とともに神戸に華僑がやってきたことと、神戸港が世界経済と深く結びついたことは同義である。かつて、一六世紀半ば、ガレオン船によってメキシコ銀が持ち込まれたアジアの海では、平戸に継いで長崎、マカオ、マニラなどの港がほぼ同時期に整備された。日本の銀山も大々的に開発され、銀を希求する中国へと持ち込まれた。明国は海禁政策をとっていたにもかかわらず、「後期倭寇」と称された人々によって盛んに海上密貿易が行なわれたのである。その後満洲族による清王朝が成立すると、一時期再び厳しい海禁政策が敷かれた。ほぼ同じころに、日本は長崎一港に限った幕府の管理貿易体制の時代へと突入した。いわゆる「鎖国」の時代である。幕府は銀や銅の輸出を制限しながら、それに代わる俵物（海産物）とその産出地である蝦夷地の開発を進めるとともに、生糸や茶などのアジアの物産の輸入代替化（国内生産）を進めていった（川勝、一九九七年）。そして、生糸などは、明治の開港の頃には中国産を質的に凌駕するだけの技術を身につけるに至った。日本が次に直面するのは、一六世紀の開港とは異なる不平等条約下の制度的開港であった。

アヘン戦争敗北の結果、一八四二年の南京条約によって清朝はイギリスの要求に従い、上海以南の主要五港を開港した。その一一年後のペリーの黒船来航をきっかけに、日本も開港に同意した。世にいう安政の五カ国条約である。いずれも、外国人に居留地（租界）での居住と営業を許すとともに、関税自主権を放棄し、領事裁判権、最恵国待遇を与える、片務的不平等条約であった。神奈川、長崎、箱館の三港は翌一八五九年から、兵庫と新潟は一八六八年に開港することとなった。結果的に二大消費地に近い良港の横浜と神戸の居留地に最も多くの人が集まった。当初、清国は日本と条約を結んでいなかったため、公式に来住できた清国人の身分は欧米商社の雇用人であった。そのため、最初期のチャイナタウンは広東人によって横浜に形成された。広東人は、太平洋を横断する新しい範疇の「近代的文脈でのひとの国際移動」の主流であった（園田、二〇〇九年）。一八六七年にはアメリカのパシフィック・メイルがサンフランシスコ―横浜―香港線を開設している。一八八三年における在日中国人総数四九八三人のうち、六七・五パーセントが横浜居留地に在住していた。

一八八〇年代から九〇年代にかけての世界的な銀安傾向は、アジア各地に形成された居留地のインフラ整備を促進させ、銀本位国であった中国や日本への金本位の欧米諸国の投資が進むと同時に、アジア間の交易規模が拡大し、神戸港の地位が急速に高まった。居留地への欧米諸国の進出と銀行や保険、航路の整備は、中国人商人の進出を促した。松方デフレ下にあった日本の物価水準の低下は日本製品の買付機会を華僑商人に提供したとも指摘されている。欧米の銀行や汽船会社は、共通の漢字で日本人と意思疎通ができる中国人を買弁として雇用した。さらに、才覚ある華商は長崎や横浜などを経由して続々と神戸にやってきて、自ら経営手腕を発揮した。横浜に一足遅れて居留地が成立した神戸には、上海、寧波、福州、厦門、広州など沿岸各地の中国人商人が進出し、横浜とは異なる多元方言構造の華僑社会が形成された。そして、三江（長江流域）、福建、広東出身の貿易業者からなる三つの公所が強力な指導力を発揮する商人型コミュニティを成立させた。開港五年後の一八七三年には二〇七人が確認される神戸の清国人人口は、一八九〇年には一四三二人にまで増加し、統合組織としての中華会館が一八九三年に成立した（中華会館、二〇〇〇年）。

●神戸華商の絶頂期

日清戦争の勝利によって、賠償金を金本位制移行のための準備金とすることができた日本は、進行する産業革命のための輸入原料確保に不利がないよう、一八九七年には金本位制を導入し、金銀両本位制を採用するようになる。その成果の一つが大阪を中心とする綿紡織工業や洋傘など半洋式製造業等の急速な勃興であった。この時期、再度東アジアの海に「アジア間貿易」のブームが到来した（杉原、一九九六年）。一九〇〇年における日本の対中国輸出入貿易の総額の六〇パーセントまでもが神戸港経由となる[★1]（農商務省商務局、一九一〇年、三～六頁）。

日露戦争直後の一九〇六年には、輸出に関して大阪の躍進が顕著となり、日本の中国向け輸出総額のうち、三二・三パーセントが大阪経由、三二・一パーセントが神戸経由となった。次いで朝鮮半島を併合した日本は、鉄道の整備を進め、朝鮮鉄道から南満州鉄道を経由して、大陸への北方進出を展開する。この新たな進出に伴って台頭するのが、朝鮮の開港場居留地の華商と同郷の、営口、青島、天津、大連、奉天、哈爾浜《ハルビン》に本店がある（山東省や河北省出身の）大阪北幇華商であった（陳、二〇〇三年）。また、下関条約による日本の台湾領有により、台湾人商人の一部も日本国籍を持つ華商として来日し、貿易業に従事するようになっていた。ここに、一九八〇年代までの阪神地区の華僑社会の体制、つまり、広東、福建、三江、北幇、台湾の五つの地縁グループが相互に対峙・協力する体制の原型が整ったのである。

一八九七年当時、中国と香港への最も重要な日本からの輸出品であった綿糸とマッチに占める神戸港の割合は八八・六パーセントと九八パーセントであり、輸入の主力品である棉花、米、豆も、神戸港はそれぞれの全体の八二パーセント、六九・八パーセント、七七・三パーセントの割合を占めていた。神戸港はアジア向け最主要港として不動の地位を確立したのである。一九〇一年に納付した営業税が一〇〇円を超えた日本の主な華商は、横浜には七名（最高一九〇円）、神戸には一〇名いたが、麦少彭（怡和号）の五四〇円を筆頭に、三〇〇円を超えるものが神戸から五名も出現するほどにビジネスチャンスが到来した（籠谷、二〇〇〇年）。まさにこのような神戸華商の絶頂期に中華会館や三江公所、広業公所、福建公所は、それぞれ雑居地に土地を購入し、建物を建て、日本政府に自分たちの組織を法人として登記し、現在に至るのである。

華商にとっての日本物産の魅力のひとつは近世以来の日本の海陸産物であり、ひとつは、「全国中本県の右で出づるものなし」とされ、海外市場を求めていたマッチであった。[★2] 一八九〇年の神戸港からの輸出品目を国籍別取り扱い率でみた場合、主要輸出品一二品目のうち、四位のマッチの九二パーセント、六位の乾魚類の九九パーセント、一〇位の椎茸の一〇〇パーセントは華商が扱っていたことがわかっている。栄町通と海岸通の間の、当時「海岸村」と呼ばれた内海岸通（栄町三丁目から六丁目あたり）に、輸出用海陸産物の塩乾品を扱う問屋七七社が集まり、一九〇二年に神戸海陸産物貿易同業者組合が設立された。日本籍となった台湾人も福建公所に加入して華商として扱われる者が少なくなかったという。[★3]

●日本人商人の台頭

しかしながら、このような華商の一人勝ち状態は長くは続かなかった。日本の産業を有利に確立するため、原料棉花の確保等にはじまり、三井物産などによる独自通商網の構築が目指され、輸出においても、華僑に頼らない「直輸出」が日本人商人及びそれを支援する日本政府の課題となったのである。一八九〇年から一七年を経た一九〇七年の貿易統計を見ると、スルメ（九九・五パーセント）や干しエビ（九八・六パーセント）こそ華商の独占状態が維持できていたとはいえ、マッチは二九・六パーセントが日本商人による扱いへと比率を着実に高めたことがわかる（神戸税関、一九〇八年、五三三〜五三五頁）。華商の勢力は「復不如前（今は昔）」、目に見えて衰退の方向へと向かっていた（商務官報局、一九〇八年）。一九〇八年に発生した第二辰丸号事件は、さらに華商を悩ませた。その後頻発する日貨ボイコットの先鞭を切る史上初の大規模な反日運動であった。清朝打倒を目論む革命派への武器の積載の容疑で清朝が辰丸号を拿捕したことに対して、日本政府が主権侵害としてこれに抗議し、清朝政府が謝罪したことがきっかけとなり、中国のナショナリズムが矛先を日本に向け、華南を中心に日本製品と日本商人に対するボイコットが行なわれた事件である。神戸の汽船会社辰丸号を利用していた大口顧客は神戸の華商であり、この事件によって華商は積み荷の損失を含め、大きな損害を直接被った（陳、二〇〇五年）。おそらくはこのような政治的問題に巻き込まれることを回避したかったのであろう。広東商人を中心に、日本の資産を引き揚げるなどして故郷に戻り、マッチ工場への投資に着手し、民族資本家への転身を図った神戸華商も多い（陳、二〇〇二年）。

辛亥革命によって中華民国が成立すると、新しく派遣された神戸領事の商務報告は、日本が日露戦争の勝利の余勢を駆り、銀行や航路、郵便などのシステムを整備し、日本人貿易商を政府が支援した結果、華商の商圏が大いに狭まったことを嘆くに至る（中華全国商会聯合会、一九一三年）。神戸港の統計を見ると、一九〇七年に華商が九〇・八パーセントを扱った洋傘輸出は、一九一一年には実際に七〇・八パーセントに減り、日本商人の扱いが二六・一パーセントと急激に高まっている。一九一〇年のマッチ輸出は日本人扱いの割合が四三・六パーセントへと切迫するようになる（神戸税関、一九一二年、五三七〜五三八年）。

華商の商業活動が神戸経済を左右し得るほどの力量を持ち得たのは、日本政府の保護政策によって日本人商人の直輸出が伸長するまでの短い時期に限られていた。日中戦争の泥沼化は、民間貿易の存続を不可能にさえしたし、その後の華僑はいわゆる「ニッチ」な領域で生存を図った。華僑はいつの時代にあっても情勢の変化に機敏に対応し、海外と繋がるその人脈と情報網は、華僑自らの生存を保障する競争力となった。戦前には台湾人商人が欧米への帽子貿易で独自の製造と販売のシステムを確立し、戦後では、遊技業や不動産の領域で成功する華商や、唯一開放されていた自由貿易港香港との交易によって復活を果たした広東人貿易商や、海外のバイヤーにいち早く注目された神戸の台湾人真珠業者、製菓業や食品製造業などの新しい分野で成功した華僑などの活躍が指摘される。全体として、かつてのような経済の主流に影響を与えるほどの勢力にはならなかったかもしれないが、日本人とは異なる感性によるビジネスで活躍している。阪神地区からの特色ある華僑起業家としては日清食品の安藤（呉）百福や大阪有線の宇野（于）元忠が有名であろう。インドネシアやマレーシアの華僑とは違い、それなりの活躍をしているものの、華僑としての出自をことさらとりたてて強調しないところに日本社会の特色があることは押さえておくべきであろう。

★1　一九〇〇年の対清国輸出入貿易総額は六一八三万二三一六円であり、ここには香港経由の貿易額は含まない。同年日本の対香港輸出入の総額は四九八三万七三一〇円。そのうち神戸港からは四八・五パーセント、横浜港からの輸出額は三二・五パーセントを占める。

★2　「兵庫県下工業物産（五）」（『神戸又新日報』一九一二年六月二四日）によると、一九一〇年の全国産額一二六〇万円のうち八三〇万円は兵庫県産であった。

★3　船越勇二「神戸の華僑と日本の海陸産物」神戸海陸産物貿易同業組合・神戸海陸産物貿易保存会・神戸海栄会『神戸海陸産物一〇〇年の歩み』二〇〇六年、九頁、蔡東興氏手稿原稿による。

参考文献

籠谷直人『アジア国際通商秩序と近代日本』名古屋大学出版会、二〇〇〇年
川勝平太『文明の海洋史観』中央公論社、一九九七年
神戸海陸産物貿易同業組合・神戸海陸産物貿易保存会・神戸海栄会『神戸海陸産物一〇〇年の歩み』二〇〇六年
神戸税関『神戸港外国貿易概況　明治四〇年』一九〇八年
神戸税関『神戸港外国貿易概況　明治四四年』一九一二年
商務官報局「神戸華商商務」『商務官報』戊申第二四期、一九〇八年
杉原薫『アジア間貿易の形成と構造』ミネルヴァ書房、一九九六年
園田節子『南北アメリカ華民と近代中国――一九世紀トランスナショナル・マイグレーション』東京大学出版会、二〇〇

九年
中華会館『落地生根——神戸華僑と神阪中華会館の百年』研文出版、二〇〇〇年
陳來幸「僑郷における国産品製造工業への華商資本の転化について——二〇世紀初頭神戸広東系貿易商社同孚泰の系譜を中心に」張啓雄主編『東北亜僑社網絡與近代中国』中華民国海外華人研究学会、二〇〇二年
陳來幸「中華民国の成立と中華総商会秩序の再編」孫文研究会編『辛亥革命の多元構造——辛亥革命九〇周年国際学術討論会（神戸）』汲古書院、二〇〇三年
農商務省商務局『対清貿易ノ趨勢及取引事情』一九一〇年
中華全国商会聯合会「駐日本神戸領事商務報告（民国元年春季）」『中華全国商会聯合会会報』第一年第一号、一九一三年（北京）
陳來幸「二〇世紀初期的抵制美貨和抵制日貨運動與日本神阪地区的華僑」黄賢強主編『文明抗争——近代中國與海外華人論集』香港教育図書公司、二〇〇五年（香港）

華僑と職業

陳　來幸

●三把刀とは

華僑の職業を端的に表すことばに「三把刀《サンバータオ》」がある。三つの刃物という意味である。本来は、技術さえあればどこへ行っても身を立てられるということを示し、必ずしも華僑の職業の概要を説明した言葉ではない。実際のところ、中国国内では、外地の揚州人が「三把刀」に頼って移民先の上海で成功したという風に使われる（王鴻、二〇〇一年）。

とはいえ、戦前日本における華僑の職業を説明するとき、①料理庖丁《ほうちょう》、②洋服縫製（テーラー）の裁ち鋏《はさみ》、③理髪業の剃刀《かみそり》を、「三把刀」に見立てることで、おおかた納得がいく。典型的な職業三種を表しているからである。戦後民主国家となった日本では、憲法から民法・商法など大きく法制度が様変わりした。外国人としての華僑の発展領域も大きく変わり、華僑の職業は、戦前の三刀業から両刀業へとその変化が象徴的に説明されるようになる。つまり、テーラーや理髪人が後景に退き、残る「料理庖丁」と新たに外科医の「メス」がスポットライトを浴びるようになる。外国人に対する制度的差別が存在するなか、この時期の華僑の意識のなかで、親の家業を継ぐ以外で、社会的名声を得ることができる職業として医業が頂点に立ったことは間違いないであろう。外科医がとくに人気があったというわけではなく、あくまでも象徴的な刃物として、「メス」が頭角を現したのである。やがて、日本が高度成長を遂げ、経済がグローバル化し、日本社会が多文化共生構築への志向性を示すようになると、法曹界、大学教授、大企業の社員、地方公共団体の職員、公立小中学校の教員など、華僑華人の若者の職業選択肢は格段に広がった。このように振り返ってみると、華僑の職業を概観するにも、細かい時期区分とそれに応じた説明が必要であることがわかる。

●開港と華僑の活躍

さて、近代以降の華僑社会の形成は幕末安政の開国による居留地に求められる。横浜や長崎では一八五九年から、神戸と大阪では一八六八年から居留地やそれに隣接する雑居地に華僑社会の原初形態が認められる。四〇年後の一八九九年に至り、居留地の撤廃、換言すれば日本の主権回復が実現するまでが一つの区切りであろう。その間神戸では、日清修好条規が締結された一八七一年まで、無条約人であった清（中）国人は、上海や広州、香港などから西洋人の随伴者として来日し、「西洋人付属の中国人」という身分で、欧米商社マンや宣教師の通訳やコック、家事使用人としての滞在と活動が許された。同時に、商機を求めて中国沿岸の港や先に開港した長崎や横浜からも続々と華商が来神するようになった。この時期の華僑の職業としては貿易商、欧米商人と日本商人の取引に介在する買弁、港湾関連の専門職、欧米人の生活の質の向上に寄与するコック、洋服仕立て、印刷、ペンキ塗業、両替、加えて在留民の生活必需品を扱う雑貨、料理、肉屋などがあげられる。

これらのうち、代表的な華僑の職業のいくつかについて説明を加えておきたい。買弁は英語でコンプラドールといい、語源はポルトガル語の comprar（購入する）にある。買弁とは、中国に進出する外国商社（洋行）や外国銀行と契約し、保証人としてのリスクを負いつつ、外商と現地商人との取引に介在する中国人商人で、取引手数料を主たる収入とする。香港や上海租界における欧米商人の取引にはなくてはならない存在であった。欧米人はこの中国人買弁のシステムを日本進出に際しても採用した。漢字を通した日本人商人とのコミュニケーションが期待されてのことである。神戸では香港上海銀行（匯豊銀行：現在はＨＳＢＣの略称で知られる）の買弁を代々務めた藍卓峰・藍抜群父子一族やＰ＆Ｏ汽船の楊寿彭一族、チャータード銀行の曽茀臣一族などが有名である。多くが英語を操る広東人である。やがて、日本の銀行も内外の華商との取引に買弁を用いるようになる。横浜正金銀行は広東人買弁のほか、福建人王敬祥とその子王重山を介して華僑と外国為替取引を行なったことで知られている。信用をことさら重視する大規模商社や銀行業界では、買弁職は一族から代替要員を補充するのが習わしであった。

タリーマンは英語で tallyman と表記し、船舶上で荷物を点検する検数業者を意味する。開港当初、これも特徴的な華僑の仕事であった。タリーマンが検数担当であったとするならば、荷物の陸揚げと船積みに従事する港湾労働者（沖仲仕）を手配する職業も存在した。松記の梁鶴軒は初期華僑港湾労働者の最大の手配師として知られている（鴻山、一九七九年）。日本社会が外国貿易に十分慣れ親しむまでの短い間、言語を縦横に操るこれらのニッチビジネス空間に華僑活躍の場が存在したといえる。

●日本社会のあり方と華僑の盛衰

一八九九年の夏に、日本政府は領事裁判権と居留地の撤廃と引き換えに、外国人に対して内地雑居の権利を開放したが、八月に施行された勅令三五二号と施行細則省令四二号は、こと中国人労働者に対してのみ、内地で従事できる職種に制限を加えた。この瞬間から約半世紀にわたり、事実上中国人単純労働者の新たな入国と旧居留地および近接する旧制限的雑居地外での就業が禁止され、日本社会が必要とする限られた職種の従事者にのみ、許諾制のもとでの居住と就業が認められることとなった（許、一九九〇年）。現在に至る日本の入国管理政策の根幹をなす制度の確立である。これにより、華商と行商は入国と内地での就業が認められたが、家事労働を例外に、その他の労働者の居住と活動は申請の上許可を取ることが必要とされた。日中間の二〇世紀における人の移動の管理は、日本が中国人単純労働者を排除するこのような新たな制度の下でスタートした。

この時代には、神戸がアジア最大の港として頭角を現すと同時に、貿易に従事する華商や商店員、銀行員などが神戸港にいっそう集中した。これら中上層の華僑は家族を帯同して定住する者が大半であった。一九〇〇年の神戸華僑同文学校の成立が華僑社会の成熟度を示す一つのメルクマールとなる。教員や出版印刷業などの文化的職業に就く者も一定数現れている。それ以外の雑業層で、従事者の顕著な増加がみられるのはペンキ塗装職人と裁縫職人である。ペンキは一九世紀後半の開港場における文化接触時代の特徴を引き継ぐ、港湾関連業種の一つである。貿易船舶には船底塗装が不可欠であったために、華僑塗装人たちは、上海や香港から欧米人に随伴して来神した。開港後に居留地の造成が進み、制限的雑居地にも洋館の建設ラッシュが始まると、ペンキ職人の需要が高まった。日本にとってペンキは舶来品であり、それをもたらしたのは神戸・横浜に入港してきた華僑塗業職人であったと言われる。一棟の洋館を最初から最後まで同じ色で塗りあげるにはきわめて高いスキルが必要とされた。一九二〇年代の最盛期には神戸に二〇〇人の華僑ペンキ人がいたといわれ、華僑塗装業組合が結成された。満州事変を経た翌一九三一年一二月には華僑総数が六千人台から三千余人へと半減したにもかかわらず、ペンキ塗職は微減の一〇八人と健在であった（中華会館、二〇〇〇年）。そして、そのほとんどが広東省宝安県（現在の深圳市）出身であった。

一方、主として上海経由で来日したテーラーは江蘇・浙江出身者が活躍した領域である。これまた日本にとっては開港以降にもたらされた舶来技術である。鋏一本の手仕事で仕上げる洋服縫製には相当な職人技が必要であった。現在のトアロードや生田新道、栄町通一帯には数多くの華僑テーラーが軒を連ねていた（三江会館、二〇〇七年）。一九二六年には阪神華僑洋服商組合が結成された。テーラーの場合は、ハイカラ神戸の店舗集積にはそれなりの妙味があったといえそうであるが、ペンキ業は必ずしもそうではなかった。台頭してきた日本人ペンキ業者との激しい競争に晒された華僑塗装職人は、旧居留地周辺を離れての、内地での居住と自由な活動は基本的には認められなかった（陳、二〇〇七年）ので、生田区（現在の中央区）での集住を余儀なくされたのである。

料理職と理髪職は、内地への展開が許可された数少ない職業であった。つまり、一九一二年一一月に通達された内務省訓第一九二号は、理髪従業者と料理従業者の内地での就業に限り、内務大臣に伺いを立てる必要はなく、地方長官にその就業許認可権を一任することとした（内務省警保局、一九三一年）。要するに、日本社会の需要に合わせ、理髪と料理の二職種についてのみ特別扱いがなされたのである。日本人が中華料理を好んで食するようになったのは日露戦争以後、第一次大戦の頃であったといわれる。また、第一次大戦中から直後の好景気の下、入国取り締りが緩んだ一九一八～一九年頃には理髪業界にも中国からの労働力が流れ込んだ。一九世紀末には数名だった神戸の華僑理髪人が、一九三〇年には理髪業三九人、理髪従業員三一九人にまで増加している（中華会館、二〇〇〇年）。一九二六年には阪神華僑理髪業連合会が結成され、塗装職やテーラーと同様、同職の一致団結と共済が図られた。

戦前戦後の台湾人に特徴的な傾向について一言触れておきたい。日本統治時代に台湾の主要産業はほとんど日本資本に握られた。ほとんど唯一の例外が大甲地区を中心に発展した帽蓆（パナマ帽、敷物）業であった。戦前の神戸には台湾帽子関連商人が進出し、欧米商社との取引で繁栄を謳歌し、商工会を組織した。戦後に至り帽子貿易を継続した者はほとんどいないが、その多くが貿易業、不動産業、製造業などに進出して華僑社会で発言力を確保し続けている。いま一つ重要な業種は真珠業である。戦前神戸に進出した台湾人真珠商では、御木本幸吉の知遇を得た鄭旺が有名である。戦争で一旦衰退するも、戦後新たに発展の機会が訪れた。GHQの進駐以後、神戸を取引と加工の拠点としていた日本産真珠がアメリカ人の目に留まり、真珠取引がヒートアップした。これをきっかけに多くの台南人が神戸に参集し、この地に根を下ろしたのである（許、二〇一三年）。

●グローバル社会を迎えて

さて、戦後日本のペンキ製造業の発展により、華僑塗装人は転職を余儀なくされた。戦後も引き続き営業を続けた塗業店は数軒にすぎない。テーラーもまた誰の目にも明らかなように衰退を余儀なくされた。昨今では中国など海外での工場生産が一般化している。理髪業は、高度経済成長を経験するなか、流行の先端を行く日本人同業者との競争が熾烈となった。耳掃除や剃りの技術で好まれた華僑理髪師の優位は、いまや競争力ではなくなった。

冒頭で説明したとおり、中華料理の普及で生き残った料理庖丁に加え、戦後は外国人にも国家資格の取得が可能であった医師や薬剤師を目指す風潮が華僑社会に醸成された。国籍条項による制約を受けた様々な領域での就職差別が長期にわたり日本社会に存在したため、普通の日本人の若者が目指す一般企業での就職や公務員、弁護士などは華僑の選択肢には入らなかった。一匹狼でもがき苦しむ奮闘型華僑像が登場する。家業を継ぐか、さもなければ新しい分野で人並みならぬ努力を積むかしかない。巨人軍の王貞治や宝塚の鳳蘭の成功は多くの華僑のあこがれとなった。日清食品や大阪有線など、華僑華人の創業者による企業の成功も立ち現れるようになった。

日本社会がグローバルな競争に晒されると、華僑華人のマルチカルチャー性が企業にとっても「買い」の対象となった。一九八〇年代頃から華僑華人の就職活動における可動領域が年々広がってきた。数代にもわたって日本社会に根を下ろし、日本国籍を取得する華人も増加し、日本の制度も開かれてきた。ことさら老華僑との違いが強調される、いわゆる新華僑の流入と増加も一九八〇年代半ば以降の現象である。そして、その新華僑も二世の時代を迎えている。現地生まれの華僑華人にはもはや「老」も「新」もない。今後の華僑華人は、国籍の如何にかかわらず、「老」「新」にかかわらず、その「らしさ」を活かして活躍の場を広げて欲しいものである。

参考文献

許淑真「日本における労働移民禁止法の成立」『東アジアの法と社会』汲古書院、一九九〇年
許淑真「労働移民禁止法の施行をめぐって」『社会学雑誌』七、一九九〇年
許瓊丰「神戸の台湾人真珠商」『兵庫県台湾同郷会会報』一七三、二〇一三年
鴻山俊雄『神戸大阪の華僑』華僑問題研究所、一九七九年
姜成生・財団法人三江会館編『神戸三江会館簡史』三江会館、二〇〇七年
高橋強「昭和初期兵庫における華僑団体」「両大戦間日本華僑社会の変容」長崎華僑研究会『長崎華僑と日中文化交流（年報第五集）』一九八九年
中華会館編『落地生根――神戸華僑と神阪中華会館の百年』研文出版、二〇〇〇年
陳來幸「阪神地区における技術者層華僑ネットワーク一考――理髪業者の定着とビジネスの展開を中心に」山田敬三先生古稀記念論集刊行会編『南腔北調論集――中国文化の伝統と現代』東方書店、二〇〇七年
内務省警保局編『外事警察関係例規集　昭和六年』龍渓書舎、一九三二年
王鴻『老揚州　烟花名月』江蘇美術出版社、二〇〇一年（南京）

中華料理業から見る華僑

岡野　翔太

●華僑は商売上手

「華僑といえば商売上手」。華僑がそのようなイメージを持たれている要因とはなんだろうか？　かつて、タイ王国のラーマ六世（一八八一年～一九二五年）が、華僑のことを「東洋のユダヤ人」と評したことがある。これは当時タイに定住した華人批判の意味合いを持っていたのだが、華僑の経済的影響力の大きさを示している。ユダヤ人も華僑も共に世界中に点在し、裸一貫から財をなして大きくなるということから、現地の人々をしのぐ存在になっていたのであろう。

日本の華僑は開国とともにやってきた。当時の彼らの代表的な職業は、主に欧米商人と日本人との間に立って取引契約を仲介する「買弁」や、「三把刀」と呼ばれる理髪・調理・裁縫業であった。神戸華僑にも中国から風呂敷包みひとつで来日し、老華僑の下で骨身を惜しまず働いて洋裁を学び、後に独立して開店し、さらに飲食業、不動産業を興して実業家となった人物もいる。中華料理業でも同様に、裸一貫で来日して修行を積み、有名料理店へと成長させた華僑も多く、華僑の商売上手は神戸でも共通のようだ。

●職業の盛衰

一八九九年に創立された神戸中華同文学校（以下、同文学校）は、創立から節目となる年に記念誌を刊行している。同文学校の出身者がマジョリティである神戸の華僑社会では、卒業後も自身の子弟を通わせる卒業生も多く、記念誌を紐解くと神戸華僑の貴重な歴史をうかがい知る事が出来る。一九八四年に発行された『学校法人神戸中華同文学校八十周年紀念刊』には、戦後、同文学校の復興に尽力し同校の理事長や神戸中華総商会会長、そして神戸華僑歴史博物館の初代館長も務めた陳徳仁氏が編纂した「神戸華僑編年史」が掲載されており、それを基に表1と表2を作成した。表1は三把刀を中心とした戦前・戦中の神戸華僑の職業状況、表2は神戸華僑経営の店の開業年をまとめたものである。

表1を見ると、一九〇四年では、貿易商八〇人、貨物検数員（タリーマン）一二四人と貿易関連職が多くを占めていたほか、裁縫業も八九人と多い。それが一九四二年になると、貿易、裁縫業ともに従事者の数を減らしている（貿易業、裁縫業の盛衰は本書二一三頁の「華僑と職業」に詳しい）。

表1　戦前の神戸華僑の主な職業従事者数

調査年	職業	人数	調査年	職業	人 数
1904年	貿易商	80人	1942年	貿易商	58人
	貨物検数員	124人		理髪業従業員	145人
	飲食業	13人		飲食業	17人
	理髪業	26人		理髪業	42人
	裁縫業	89人		裁縫業	29人
	裁縫業従業員	資料なし		裁縫業従業員	142人
	飲食店従業員	資料なし		飲食店従業員	259人

陳徳仁編『学校法人神戸中華同文学校 80周年紀念刊』、1984年より作成

反対に、華僑の職業として数を増やしてきたのが中華料理業である。

神戸に最初の中華料理店と呼べる店が登場したのは一八九二年頃で、南京町の栄町通にあった「杏香楼」という広東料理店であった。一八九七年頃には山東省出身の劉学増が北京料理を提供する「神海楼」を開店し、明治末頃になると神戸には「第一楼」(一九一二年創業)を始め一〇軒を超える中華料理店が登場した。大正時代に入ると、当時は神戸の中心的な市街地であった新開地にも中華料理店が開業し、昭和初期には日本人経営の中華料理店も増えた。

こうして少しずつ神戸に根を張った中華料理業が、神戸華僑の「顔」とも呼べる職業へと大きく発展するのは戦後のことである。一九四四年には神戸市内に一九軒しかなかった中華料理店は、五四年には六七軒、六四年には一七〇軒、七四年には五五

表2　神戸華僑の老舗企業と創業年

企業・店名	創業年	主な所在地	創立者(出身地)	業種
老祥記	1915年	元町通(南京町)	曹　松琪(浙江)	料理業
大信実業　※1	1931年	中山手通	黄　萬居(台湾)	貿易業
炳昌洋装店　※2	1933年	元町通	盧　徳財(浙江)	洋裁業
泰安公司	1935年	北長狭通	陳　　通(台湾)	貿易業
南泰有限公司	1935年	三宮町	鄭　達財(福建)	貿易業・不動産
神仙閣	1936年	下山手通	梁　信昌(山東)	料理業
東天閣	1941年	山本通	李　孝先(山東)	料理業
惠記商行	1945年	元町通(南京町)	譚　恵彭(広東)	中華料理材料
神戸博愛病院	1947年	栄町通	鄭　義雄(台湾)	病院
神栄信用金庫　※3	1947年	中山手通	王　昭徳(台湾)	金融機関
益生號	1951年	栄町通(南京町)	雷　振徳(広東)	食品加工
神戸元町別館牡丹園	1951年	元町通	王　熾炳(広東)	料理業
廣記商行	1953年	元町通(南京町)	鮑　日明(広東)	中華料理材料

※1　2001年、本社を東京に移転

※2　現在は炳昌ビルとして継続

※3　1947年10月華僑福利合作社として設立、1950年11月信用組合華僑福利合作社に改組、1952年6月華僑信用金庫に改組、1978年9月神栄信用金庫に改称、2002年5月、日新信用金庫へ事業譲渡

世界華商貿易会議聯絡処編『華商名録』正中書局、1968年(台北):陳徳仁編『学校法人神戸中華同文学校80周年紀念刊』、1984年:神戸新聞社編『素顔の華僑——逆境に耐える力』人文書院、1987年を参考に筆者作成。

八軒に増加した（神戸新聞社編、六三頁）。終戦から高度成長期へと日本が経済的に豊かになるのにともなって娯楽としての外食文化も広まり、中華料理業が隆盛する時代を迎えた。ちなみに、兵庫県下の中華料理店が加盟する兵庫県中華料理業生活衛生同業組合の組合員は、華僑と日本人とがおよそ半々でしめられており、神戸の中華料理業における華僑と日本人との共存共栄の表れと言えるだろう。

●「広東村」と北野

店主のウェスリー・リョウ氏が亡くなり今はもう閉店してしまった「金宝酒家」も、多くの有名人を魅了した広東料理の名店のひとつであった。「金宝酒家」はトアロード近くの中山手通三丁目にあり、この地域はかつて広東省から来た華僑が多く居住していたので「広東村」とも呼ばれ、今でも界隈には「良友酒家」や「悠園」といった広東料理を提供する店が多く、「群愛飯店」の本店も、トアロード西隣の大通りである鯉川筋にある。広東料理ではないが、他にも「神仙閣」、「天竺園」、「長江」といった中華料理店が付近で店を構え、知る人ぞ知る中華料理の名店が多く集まるエリアとなっている。

トアロード付近には戦前、中華民国駐神戸総領事館や神戸中華同文学校の校舎（現在は中山手六丁目に移転）があり、また三江と呼ばれる江蘇省、浙江省出身の華僑が営む洋裁店が立ち並んでいた。南京町と共に華僑が密集していたこの地区には、今でも大陸系の神戸華僑総会や中華会館といった華僑施設がある。

「広東村」と呼ばれていたところから少し北に上がると、異人館の建ち並ぶエリア（北野町・山本通）があり、ここにも沢山の華僑が住んでいる。山東省出身華僑が創業した中華料理店「東天閣」は異人館をそのまま利用した店構えで人気を呼び、台湾系の中華民国留日神戸華僑総会も旧ゲンセン邸の異人館を会館施設に利用している。現在、神戸市が所有している風見鶏の館は、一時期、神戸中華同文学校の学生寮として使用され、うろこの家（旧ハイヤー邸）もかつては華僑によって所有されていた。今日でも華僑が異人館を所有し、実際に居住もしている。華僑が異人館を保存、維持してきた意味は大きい。

ちなみに、この北野エリアは、六甲山に反射した柔らかな北光線を安定して得られることから真珠の加工に最適で、こうした真珠は神戸港から世界へと輸出された。今も多くの台湾出身者が真珠加工・輸出業に携わっている。彼らの活躍もあって神戸は「パールシティー」という愛称を持つようになり、特に北野町界隈はその中心となっている（台湾真珠商人の成り立ちは本書二一三頁の「華僑と職業」に詳しい）。

南京町が華僑の商売の場であれば、これらの地域も商売の場であり、また生活の場であったと言える。この構図は今も大まかな流れを汲んで残っている。

●日本社会との関係

このように、神戸華僑を華やかに象徴する中華料理業だが、家業や華僑の就職先として見ると、華僑に対する日本社会の姿勢の一面が浮き彫りになる。

まだ「三把刀」を営む華僑が多く、第一世代の子弟が学齢期を終え、就職の時期にかかっていた一九八〇年代以前まで、日本には根強い就職差別が残っていた。応募者の情報を取り寄せて、企業側が「不都合」と思えば不採用にしていた事例もある。

外国人であった華僑の就職も当然厳しく、一流の大学を卒業しても容易に就職できた人は少なく、たとえ就職出来たとしても、他の日本人とは様々に待遇が異なる差別もあった。そこで華僑の子弟は家業を継ぐか、華僑が営む料理店などへの就職によって華僑社会で生きていくことを選択せざるを得なかった。

今では、能力主義が日本企業にも浸透したことに加えて、地方によっては公務員試験での国籍条項の撤廃、華僑の大学進学者の増加、母が日本人でも日本国籍を取得できるといった国籍法の改正など在日外国人をとりまく環境の変化もあり、こうした就職差別はかつてほどのものでなくなった。華僑であっても、中国姓であっても、ほぼ問題なく就職でき、過去に就職差別を受けた二世・三世の子どもたちは日本社会で日本人と大差なく過ごせている。一方で、日本社会への進出は非常に大きな一歩であるが、華僑同士でまとまる必要性も薄れ、若い世代の「華僑離れ」が見受けられる。

●新たな時代を迎えて

神戸の中華料理業の象徴とも言える南京町でも、老舗の中華料理店が多くある一方で、新華僑による出店が増加している。南京町商店街振興組合は、新華僑の店に対し協力して南京町を盛り上げ、しつこい客引きを繰り返すといったトラブルの是正のために組合への加入を呼びかけているのだが、なかなか参加が進まないことが課題となっている。

老華僑と新華僑の協力を難しくしている一因が、言葉の壁である。会議の主要言語は日本語だ。老華僑は現地に溶け込み、二世・三世と世代交代も進んだ結果、言葉も居住国の言語が自身の得意とする言葉となる。

一方で新華僑は必ずしも日本語が得意ではなく、老華僑と新華僑がコミュニケーションを取ろうとすると、同じチャイニーズであっても、言葉の面での不安が出てくる。言葉の壁はコミュニケーションの壁となり、協力体制を築き難くしている。

老華僑と新華僑の間のもうひとつの壁となっているのが、育った環境が異なることなどから起因する価値観の相違だ。現地社会との関係や老華僑と新華僑のすれ違いは、南京町に限らず横浜中華街でも、ひいては世界中の華僑社会でも浮上している。

華僑と日本人と他の国々の人びとが共に働く南京町も、変化のただ中で共存共栄の模索を続けている。

参考文献

姜成生主編・三江会館編『神戸三江会館簡史――一九一二―二〇〇七』三江会館、二〇〇七年
神戸真珠物語制作委員会編『神戸真珠物語――「真珠の街」の18人』ジュンク堂書店、二〇〇九年
神戸新聞社編『素顔の神戸華僑――逆境に耐える力』人文書院、一九八七年
神戸中華同文学校百年校慶慶祝委員会編『学校法人神戸中華同文学校建校百周年紀念冊――一八九九〜一九九九』神戸中華同文学校百年校慶慶祝委員会、二〇〇〇年
呉宏明編『こうべ異国文化ものしり事典』神戸新聞総合出版センター、二〇〇六年
呉宏明「華僑と関わりのある異人館」『兵庫県台湾同郷会会報』第一五八号、二〇〇八年
神阪京華僑口述記録研究会編『聞き書き・関西華僑のライフヒストリー』第一号、神戸華僑歴史博物館、二〇〇八年
須山卓・日比野丈夫・蔵居良造『華僑』改訂版、NHKブックス、一九七四年
中華会館編『落地生根――神戸華僑と神阪中華会館の百年』研文出版、二〇〇〇年
陳徳仁編『学校法人神戸中華同文学校八十周年紀念刊』学校法人神戸中華同文学校理事会、一九八四年
永野武『在日中国人――歴史とアイデンティティ』明石書店、一九九四年
任希文・李楽邦編『兵庫県山東省同郷会十周年記念刊』兵庫県山東省同郷会、一九九三年
兵庫県広東同郷会十周年紀念刊編輯委員会編『兵庫県広東同郷会十周年紀念紀念刊』兵庫県広東同郷会、一九九二年
世界華商貿易会議聯絡処編『華商名録』正中書局、一九六八年（台北）
陳鵬仁『日本華僑概論』水牛図書出版、一九八九年（台北）

華僑の伝統文化

王　維

神戸華僑の伝統文化は、神戸の開港による、華僑社会の形成と発展とともに定着してきた。しかし、華僑が日常生活において日本に同化するにつれて、伝統文化の内容、形式及び担い手などは大きく変容した。中には廃れたものもあれば、今日まで継承され、特に地元社会と共生関係を築きながら、新しく再編及び作り上げられたものもある。伝統文化を演じる場としては、中華会館、関帝廟と中華義荘、南京町と神戸中華同文学校を挙げることができる。

●中華会館の役割の変遷

神戸の中華会館は出身地を異にする華僑の包括的な団体として一八九三年に設立された。当時の中華会館の最も重要な機能は祭祀的・友誼的集会、墓地の管理などであった。[★1] 中華会館に関帝像や天后聖母〔媽祖〕像などの神仏が安置され、各同郷組織の合同祭祀を行なうことによって中華会館の祭祀的な役割が果たされていた。中華会館の中には演劇ができる舞台も設置されており、祭祀の際に演劇も行なわれた。

中華会館で催されていた祭祀について、内田直作は次のように述べている。旧暦の「三月二十三日の天后生誕日、旧正月元旦、清明節、端午節、中元節、仲秋節、冬至節などがその主たる祭日であって、それぞれ祭神に香燭、元宝〔紙銭・あの世で使う金銭〕、三牲〔牛、羊、豚〕、酒菓（中略）元旦には年糕、端午節には檀香粽子〔ちまき〕、中元節には紙帛銀錠、仲秋節には檀香月餅が供えられる。清明節と中元節にはとくに義荘において祭祀が営まれる。（中略）民国年間（中略）一般に孔聖生誕日、国慶日にも茶会が開催されるにいたった。これ等の祭祀挙行に際しては、会館の神殿客廳に衣服を正して齊集し、爼豆〔祭祀用器具〕を整え、鼓楽喧ましく、歓声四方に溢れて各志を合して郷情を厚くした。ことに、五月十三日の関帝祭には夜を撤して戯劇が演ぜられるのが常であった。これ等の祭日のほか、本国大官連の往来に際しては常に歓迎送会を催し、その他ことある毎に会館の客廳に若干の卓子を列べて酒席を張り、会堂の中央に舞台を設けて東西の劇を唱わしめ、杯酒を啣んで家山を語り、梓里の情を連ねるの機会を逸しなかった。さらに、会堂は個人の慶事、その他の集会等に際しても貸興された」（内田、一九四九年、二三七〜二三八頁）。つまり、中華会館は華僑の伝統文化を演じる重要な場であり、華僑文化活動の拠点であった。しかし、戦後の情勢の変化に伴って、中華会館のこのような役割は変容を余儀なくされ、特に対外的な機能の多くは華僑総会に移っていった。現在の中華会館の役割のうち伝統文化と関連するのが、華僑の墓地である中華義荘、関帝廟、中華会館ビルの管理運営であるが、それによって得られた利益は中華同文学校、華僑総会などにも寄付されている。一九九八年に再建された中華会館ビルは従来のような伝統文化を演じる場とまではなっていないが、中国画や書道の教室を設けるなど、伝統文化を伝承する活動場所としての展開があり、地域社会と共生関係を築くための文化的な施設でもある。

●祭祀の場としての関帝廟と中華義荘

神戸の関帝廟は一八八八年に華僑の有力者により、もと河内国布施村（現在の東大阪市）にあった黄檗宗の末寺で廃寺になっていた長楽寺を神戸に移して建立されたものである。長崎の中国寺院と同様に、境内に関聖帝君、天后聖母、観音大士など仏教と道教の神仏が祀られており、「南京寺」とも呼ばれていた。以来、関帝廟は戦争などで三回ほど被災したにもかかわらず、華僑の信仰や祭祀の場として今日まで利用されてきた。

関帝廟のもう一つの役割は、華僑の祭儀や告別式を行なう葬祭行事の場である。華僑の家族や親族が亡くなった場合、その葬儀は中華会館に申し込み、関帝廟の礼堂を借りて行なわれるが、最近は華僑の日本社会への同化によって、日本人の僧侶に依頼して葬儀を執行することがほとんどである。しかし、華僑の葬儀において通夜や告別式、火葬場までの手配や世話など、同郷会の役割は依然として極めて重要である。特に葬儀の一部は、例えば金紙、銀紙と呼ばれる紙銭を燃やすなど、中国の風習に従って行なうことから、葬儀を通して同郷会が伝統文化を自然に次の世代に伝えていくことも考えられる。

中華義荘も祭祀の場として考えられる。中国人の伝統的な考え方から、従来の華僑は異国の土に骨を埋めることを望まず、金銭の余裕があれば、死後にその遺体はやはり故国の地で埋葬されることを願った。中華義荘は当初客死した華僑で、外地にある棺を故郷に帰すことができない者のために、資金を集めて一時的に仮埋葬するために開かれたものだとされる。一時仮埋葬されたものが、後に出身地別に組織された各同郷会によって清明節の前後に故郷へ持ち帰られ、故地で本埋葬される。それは中国の伝統的な習わしでもあった。しかし、華僑の定住化につれて、現在ほとんどのものが中華義荘に本埋葬することになっている。

●伝統祭祀及び行事

現在の神戸華僑の年間行事は表1の通りであるが、関帝廟で行なわれている祭祀行事のうち、媽祖祭や関帝祭、普度（盂蘭盆会《うらぼんえ》）は福建同郷会によって運営されている。ほかの行事は、寺の日常的行事のようなものとして、その日に祀りたい人がいれば寺院へ行き、供物を供えるだけとなっている。墓参りは主に清明節とお盆の時期になるが、中華義荘で行なわれる。現在も集団的に行なわれる主な行事は以下の通りである。

清明節

清明は二十四節気の一つ。冬至より数えて一〇五日、旧暦三月初めにあたるが、現在は新暦の四月五日に行なわれている。清明節は祖先祭祀の一形式として、中国各地において重要視されている祭祀である。清明節は、唐代に盛んになった寒食節がその起源とされる。寒食節の主たる風習は焚火を禁ずることであるが、それと同時に墓参も行なわれた。唐代から元代まで、清明節の墓参の際に紙銭は燃やさず、墓に供えていたが、明清時代になると、次第に寒食の禁火が廃絶し、紙銭が燃やされるようになった。

古くから重要視されてきた清明節は今日まで華僑社会に受け継がれ、ほとんどの華僑が墓参りをする。神戸では清明節は主に中華義荘で行なわれる。個人で墓参りをすることもあれば、各同郷組織によってそれぞれ施餓鬼供養が行なわれることもある。福建出身者の場合では、福建同郷会の会長らがまず自家歴代の墓所に線香をあげてから、他家（福建省出身者）の墓所を一巡する。その後親類縁者が集い、供物を広げて会食する。この春の墓参りは先祖と一緒に一日を過ごし現世の繁栄・幸福を感謝する意味を持っている。

お盆の時にも墓参りをするのは中国の昔からの習慣であるが、神戸の中華義荘でも一年のうち墓参りの人出が清明節に次いで多いのはお盆の時期である。

媽祖誕生日（媽祖祭）、関帝祭

媽祖は天上聖母、天后とも呼ばれる。中国の東南沿岸で信仰される苦難を救済する海の神である。元、明の時代に、福建省泉州が国際的な港として貿易の盛んな時期を迎え、航海安全の守護神とされる媽祖の信仰はさらに普及した。媽祖祭は旧暦三月二三日に行なわれ、★3 老若男女を問わず廟に集まり、線香を上げ、奉納劇などを上演する。

表1 神戸華僑の年間行事

行事名称	開催場所	旧暦月日
春節祭	南京町	1月1日より
関帝成道日	関帝廟	1月12日
福徳正神聖誕	関帝廟	2月1日
観音菩薩聖誕	関帝廟	2月18日
清明節	中華墓地	(新暦) 4月5日
媽祖祭	関帝廟	5月4日
関帝祭	関帝廟	5月12日
観音祭	関帝廟	6月18日
普度	関帝廟	7月14-16日
中秋節	南京町	8月14日
観音祭	関帝廟	9月18日
国慶節 (建国記念日)	華僑総会他	(新暦) 10月1日

中国南部沿岸を中心に、多くの媽祖廟が建てられた。台湾の媽祖廟は全部で二二一あり、中でも北港の「朝天宮」は最も規模が大きい。中国における媽祖廟は一時破壊されたが、一九八〇年以後徐々に復興され、とくに海外からの資金で建て直されたものが目立つ。現在、媽祖信仰は、台湾と大陸との民間交流の一つの媒介となっている。

近代中国において保護神として最も広く祀られているのが関帝である。関帝祭祀はさまざまな目的で行なわれるが、次の三つに大別できる。第一は武神、第二は寺院の保護にあたる伽藍神、そして第三は財神としての祭祀である。なお、関帝像は仏教寺院にも置かれるが、関帝廟は道教の代表的祠廟であり、歴史的には国家的祭祀と民間信仰の結びつきを持っている。華僑はその移住先に寺院とともに関帝廟を建て、祭祀を行なってきた。神戸の関帝廟もその一つであり、華僑の信仰を集めている。

媽祖祭や関帝祭は神戸では福建同郷会によって集団的に行なわれる。その際に読経をし、線香をあげ、紙銭を燃やし、五牲[★4]や果物、飲み物などを供え、下げた供物で直会《なおらい》を行なうのがその主な内容である。それ以外に観音祭が行なわれることもあるが、普度以外の行事は最近簡略化されることが多い。

普度

普度は、仏教と道教の二教、すなわち仏教の盂蘭盆会と道教の中元節が混合して形成されたものである。古来より、中国人の間でたいへん重視されている行事で、非業の死を遂げ、後嗣が途絶えた幽魂や鬼などを祀ることを目的としている。祭壇を作り、仏僧、道士を招いて読経してもらう。昔は演劇を奉献するのが普通だったが、現在ではない。

神戸の普度は一九三四年に始められたが、一回目は神戸の華僑墓地である中華義荘で行なわれた。その際、各地から同郷会の人が集まり、盆踊りに組むような舞台を建て、道士による読経の中、提灯を吊るし、踊りまわったという。二回目は神戸大水害のあった一九三八年に関帝廟で簡単な儀礼が行なわれた。その後、戦争で普度はしばらく中止となり、終戦後の一九四七年に復興された。普度期間中は供物や読経以外にも舞台を作り、盆踊りやのど自慢、打楽器演奏などもあった。

現在普度は、華僑の最大の祭祀として、毎年旧暦七月一五日から三日間にわたり挙行される。福建の出身者だけではなく、他地域の出身者、そして、関西の華僑をはじめ、全国各地の華僑が参拝に訪れる。この際

写真１　普度の際に設けられた祭壇及び冥宅（2003年）

写真２　普度期間中の神戸関帝廟の講堂での読経（2003年）

に廟の中庭などに豪華な冥宅（あの世で住む家のこと）、地獄・極楽実相図を並べ、各神位、霊位に供物や、霊界で使うお金として金紙・銀紙の束が山のように供えられる。そして黄檗宗の僧侶により、期間中は昼間の「拝懺」、夜間の「大施餓鬼」を中心に、儀礼が繰り返される。芸能として華僑総会による獅子舞が演じられる。

このような行事以外にも、華僑社会の伝統行事はほとんど廃れたが、その他の行事として一九八〇年代後半に神戸南京町で復活した旧正月の行事である春節祭、そして中秋節がある。中華街の振興や観光開発などの目的で作られたイベントであるが、新世代華僑のアイデンティティの確認や伝統文化への復興、継承に重要な意義を持っている。神戸華僑の学校である中華同文学校はもう一つの伝統文化の伝承の場である。学校では華僑の子弟は中国語だけではなく、中国語の演劇、中国舞踊、民族楽器、獅子舞や龍舞などの文化活動を通して、中国伝統文化に関する知識や実践も身に付けることができる。その実践の場として、南京町のイベントをはじめ、中国に関連する行事などがある。現在様々な場所で活躍している神戸華僑総会の獅子舞や中国舞踊隊、そして同文学校家長会合唱団、中国民族楽器の演奏隊などの芸能組織のメンバーは中華同文学校の卒業生が多く、神戸華僑の伝統文化の担い手としての役割を果たしている。

★1 内田によると、その機能には、①祭祀的・友誼的集会、②中華義荘の管理、③社会公共事業の経営、④出捐、⑤商事、公共事宜、その他政治上の諸問題に関する会議、⑥各公所において解決しえない民商事に関する紛争の公断、並びに調解、⑦外部官民側諸機関との連絡折衝がある（内田、一九四九年、二三六頁）。

★2 檀香は白檀のことであるが、ここでは独特の香りという意味であろう。

★3 歴史上、長崎では旧暦の三、七、九月の二三日に、華僑の各寺院（唐寺）において交代で行なわれていた。

★4 従来、五牲とはいけにえに用いる五種類の家畜つまり牛、豚、羊、犬、鶏を指すが、現在日本の華僑寺院ではおもに豚、鶏、魚、エビ、イカなどを代わりに用いることが多い。

参考文献

内田直作『日本華僑社会の研究』同文館、一九四九年

王維『日本華僑社会における伝統の再編とエスニシティ――祭祀と芸能を中心に』風響社、二〇〇一年

中華会館編『落地生根――神戸華僑と神阪中華会館の百年』研文出版、二〇〇〇年

教育とエスニシティ

張　玉玲

華僑は、一貫して教育を重要視してきた。それは、異郷の地で生きていくための知識や素養を身につけさせ、中国人としての民族意識を持たせることこそ、彼らにとって何より大切なことだからであった。そのため、華僑の教育機関である華僑学校も常に、華僑社会の中枢にあり、華僑たちの心の支えとして機能してきた。

一八六八年の神戸開港とともに始まった神戸華僑の歴史も、一五〇年ちかくになる。ほかの地域の華僑同様、華僑の帰属意識は複雑な日中関係や中国を巡る国際情勢に大きく左右されてきたが、戦後とりわけ日中国交回復の一九七二年を境に、母国中国から居住国の日本に移行した傾向がある。こうした華僑意識の変化を見守ってきたのは、民族教育を堅持してきた神戸中華同文学校である。この項目では、神戸中華同文学校を取り上げ、教育と華僑エスニシティの関連を見てみよう。

●神戸中華同文学校の歴史

現在の神戸中華同文学校の前身である神戸華僑同文学校は、一八九九年五月日本に亡命してきた梁啓超の提唱によって設立された。当時、清政権の統治下にあった中国は、内では清の腐敗政治に民衆が苦しみ、外からは欧米列強による領土分割と植民地支配が進んでおり、国家・民族が存亡の危機にさらされている最中だった。同じく列強によって門戸を開放させられたにもかかわらず、近代的改革を実施することによって「富国強兵」を果たし、欧米列強に仲間入りした日本から、大きな刺激を与えられ、孫文や梁啓超等当時の政治家たちは日本にいる華僑たちに日本のように近代的教育を実施することの重要性を訴えたのである。こうして、神戸華僑同文学校は、梁の提唱に応じ設立されることになり、一九〇〇年三月に一二一名の華僑子弟を迎え開校した。その前年横浜で開校された大同学校（のちの横浜中華学校、現在の横浜中華学院、横浜山手中華学校の前身）とともに、神戸華僑同文学校は世界の華僑社会で最も早く近代的教育システムを導入した華僑学校となった。

神戸華僑同文学校の設立後、一九一四年に神戸華強学校が、一九一九年に中華公学が設立された。一九二八年にこの二校が合併し、神阪中華公学と改名された。さらに一九三九年、神戸華僑同文学校と合併し、今日の神戸中華同文学校（以下、同文学校と略す）となった。当時の生徒数は四一一名で、教授言語も広東語から北京語に統一された。学校合併の背景には、一九三一年の満州事変、一九三七年の日中戦争があった。母国が侵略されるなか、神戸華僑は愛国心を高揚させ、出身地別、職業別に基づく幇の意識を越え、力を合わせたのであった。

一九四五年六月、神戸大空襲によって同文学校の全校舎が焼失した際は、一九四六年当時の神戸市長中井一夫氏の協力を得て、神戸市立大開小学校の校舎の一部を借りて暫時教育を行なった。一九五八年には新校舎の建設許可とともに、学校法人として認定され、一九五九年より同文学校は新校舎で授業を再開し、現在に至る。

設立以来一〇〇年余りの間、同文学校は多くの華僑子弟を受け入れ、民族教育を貫いてきた。しかし、一口に民族教育と言っても、その内容は華僑社会の変化や時代的要請に積極的に応えようとするものであり、時期によって大きな違いがある。

●民族教育へのこだわり

同文学校の民族教育は、日中国交回復の一九七二年を境に大きく二つの時期に分けられる。

設立当初は、明治日本の教育に刺激され、日本の教育システムに倣ったが、一九一二年以降、中華民国政府が華僑政策を制定し、海外中国人への管理を強化したため、ほかの華僑学校と同じように、同文学校も中国政府の管轄下に置かれた。また、中国国内の小中学校同様、「中国人」の育成が目標であり、学校の教育理念、方針そしてカリキュラムなどは中国政府の規定に従っていた。たとえば、同文学校で一九五〇年代半ばまで実施されたカリキュラムを見てみると、小中学校ともに、週数回の日本語の授業以外、すべて中国語、歴史、地理など中国の小中学校で教えられる科目となっており、教科書も中国のものを使っていた。一九四五年までの同文学校は、中国で生活することを前提とした民族教育を行なっていたのである。

これは、中国政府の華僑政策にも関係するが、中国の出身地こそ自分の帰るべき故郷であり、日本はあくまでも仮住まいの「異郷」だという、当時の華僑の帰属意識を如実に反映したものでもある。また、当時日本と中国は戦争状態にあり、華僑はしばしば敵国人として蔑視、排除されていたため、彼らの中国人としての民族意識は一層強固なものとなり、中国志向の教育が強く望まれていたと思われる。当時の教員は、中国国内から招聘するか中国人留学生が雇われていたため、中国国内事情や若き知識人の愛国思想なども深く華僑子弟に伝わり、彼らの民族的アイデンティティの形成に大きな影響を与えたと考えられる。一九五〇年代に七〇〇名弱の華僑青年が熱意をもって、見たことのない新中国の建設のために帰国したが、この時期の教育によるところが大きいだろう。★1

戦後、中国政府がすべての華僑を中国人として扱う政策から一転、華僑に「自主的に国籍を選択させる」という原則を打ち出したのをきっかけに、華僑の現地化が進んだ。神戸華僑も、新中国建設のために帰国した一部の若者を除いて、ほとんどが日本社会での定住を選んだ。同文学校も中国の華僑政策から自由になり、華僑が自主性をもって、独自に教育方針と内容を決めることになった。しかし、同文学校はあえてそれまでの民族教育を堅持してきた。その背景には、一九七二年日中国交が回復されるまで、日本社会における華僑の複雑な境遇があった。冷戦中、社会主義中国は国際社会で孤立しており、日本も、台北に拠点を置く国民党政権（中華民国）と国交を結び、中華人民共和国と敵対関係となっていた。これによって、中華人民共和国のパスポートを持つ華僑は政治的にも社会的にも不利な立場に置かれた。また、こうした中国大陸と台湾の政治的対立によって、華僑の中で思想信条の食い違いが現れ、華僑社会が分裂の危機にさらされることもあった。さらに、この時期の日本社会全体が外国人に開かれておらず、華僑も日本社会への進出がきわめて困難であり、教育を受けても家業を継ぐか、華僑関連の団体、組織に入るしか進路の選択がなかった。こうして華僑は、母国との隔離と日本社会からの差別の中、中国人としての意識を強めていったのである。そのため日本社会に進出するために、やむを得ず日本の学校に通った華僑も少なくはなかったが、華僑自らの教育機関では、中国語や中国文化を熟知し、中国人としての誇りを持つ人材を育てる方針が貫かれたのである。

一九七二年以降、日中国交回復に伴い、日中間の経済的・文化的交流が盛んになるなか、中国語を操ることができる人材の需要が高まり、華僑が日本の会社へ就職する機会が増えた。日本社会も、国際社会からの注目度が向上するにつれ、異文化、異民族に対して徐々に開かれるようになった。華僑の中には、中国名を名乗り、中国国籍のまま日本社会に認められた者や、日本国籍を取得し華人として生きる者が以前より増えた。彼らは、中国人として生きざるを得ないという状況から脱却し、生き方を自由に選べるようになったのである。また、一九八〇年代より増え続ける新華僑と接触する機会も増え、自分の中国的ではない部分も意識するようになり、華僑としてのアイデンティティがより柔軟で多元化していった。その華僑アイデンティティとは、中国や台湾と直結するような狭隘な中国人の概念ではなく、政治的・地理的概念に束縛されない、より広範な意味での「中国人」アイデンティティとともに、「在日中国人」や「神戸華僑」というような、日本での出身地域に根差したローカルなエスニック・アイデンティティを併せ持っているものである。

こうした華僑意識の変化を反映するかのように、同文学校は、これまでの「民族教育」を貫く方針を堅持しつつも、日本に根を下ろした華僑の利益を最優先としており、中国語、中国文化の教育に重点を置きながら、小中学部の九年間を通して日本の小中学校と同じ内容を学習できるようにカリキュラムを編成している（表1、2参照）。現在、同文学校は、中国、日本、韓国、インドなど一二カ国の国籍を持つ生徒が学ぶ場所となっている。中でも特に日本人の入学希望者が多いのは、中国語を道具として身につけさせる目的以外にも、同文学校のインターナショナルスクール的な特色が、国際社会に目を向けている日本人にも魅力的に映るからであろう[★2]。この意味においては、同文学校は、華僑が民族文化を学ぶ場所でありながら、地域社会に根差

表1　神戸中華同文学校カリキュラム（小学部）

学年	中国語	算術	自然	常識	社会	中国地理	中国歴史	音楽	体育	美術	日本語	英語	書法	班会	合計
6年	9	6	3				2	2	3	2	3	1	1	1	33
5年	9	6	3			2		2	3	2	3	1	1	1	33
4年	10	5	2.5		2.5			2	3	2	3	1	1		32
3年	10	5	3		3			2	2	2	3		1		31
2年	11	5		2				2	3	2	2				27
1年	12	4		2				2	3	2	1				26

表2　神戸中華同文学校カリキュラム（中学部）

学年	中国語	数学	英語	理科	中国歴史	中国地理	保健体育	美術	音楽	技術家庭	日本社会	日本語	徳育	クラス会	合計
3年	6	4	4	3		3	2	1	1	2	3	4		1	34
2年	6	4	4	3	3		2	1	1	2	3	4		1	34
1年	5	5	4	4			2	1	1	2	3	5	1	1	34

神戸中華同文学校公式ウェブサイト http://www.tongwen.ed.jp/ より筆者作成。

2014年10月28日最終閲覧

した国際的色彩のある教育機関となりつつある、といえるだろう。

こうして、一〇〇年以上の間、華僑たちは複雑な日中関係に翻弄されながら、同文学校を必死に守ってきた。彼らにとって、同文学校はたんなる教育の場だけではなく、自分たち、そして子孫たちが中国人であり続けるための証でもあるのである。現在、同文学校の設立とその教育に携わってきた華僑とその子孫は、三世、四世もしくはそれ以降の世代がほとんどである。彼らにとって、神戸はもはや異郷ではなく、故郷そのものである。今後、どのような教育を行なっていくべきかということは、華僑の最も重要な関心事ではないだろうか。あるいは、華僑社会の新たな変化と華僑の多重的アイデンティティに応えるための、新たな民族教育がすでに始まっているのかもしれない。

★1　なお、一九五三〜五九年の間、日本全土から帰国した華僑は三八四〇名だった（東京華僑総会資料）中華会館、二〇〇〇年、二五二頁）。

★2　入学希望者が増加する中、同文学校は卒業生の子女（華僑・華人）を優先して、その次に、華僑・華人や日本人の入学希望者を入学試験などを経て入学させるなどの対応をしている。

参考文献

神戸中華同文学校公式ウェブサイト　http://www.tongwen.ed.jp 二〇一四年一〇月二八日最終閲覧
中華会館編『落地生根――神戸華僑と神阪中華会館の百年』研文出版、二〇〇〇年
張玉玲『華僑文化の創出とアイデンティティ――中華学校・獅子舞・関帝廟・歴史博物館』ユニテ、二〇〇八年

横浜と神戸

関　廣佳

●二つの開港都市

今から一五〇年ほど前、共に幕末に開港した神戸と横浜に居留地が設けられ、西洋諸国の商人たちがこの地にやって来ると同時に華僑も押し寄せ、その数はまたたく間に全部の西洋人より多くなった。日本商人との間に立って貿易を行なったのは「買弁」と言われる西洋商人に雇用された華僑で、また、出身地である中国大陸沿岸との貿易で活躍した海産物、砂糖、茶葉、雑貨を扱う独立貿易商、彼らの周囲を両替、保険、タリーマン（検数人）の貿易関連業者が囲み、さらには「文明開化」の象徴である、印刷、船舶塗装、洋裁、クリーニング、家具製造、ピアノ製造、ビリヤード製造などの生業が繁盛した。これらはもちろんアヘン戦争の結果、先に香港、上海などの大陸沿岸都市を開港し、西洋人によってそこに持ちこまれた仕事であり、日本の開国後は貿易と居留地の生活を支えたのであった。横浜でも神戸でも商人集団である華僑はそれぞれ関帝廟を建て、墓地を造りそして学校も開設しコミュニティが成立していった。

日本の華僑は東南アジア諸国と違って第一次産業に従事する者が存在しない上、一八九九年の居留地撤廃に伴う「内地雑居令」の影響から日本国内での経済活動に大きな制約が加えられた。さらには華僑が優位を占めていた塗装、印刷、クリーニング分野に日本人が進出し、その技術を習得したことにより、華僑の優位性が後退していった。

●横浜と関東大震災

横浜の場合、この状況は関東大震災が襲った一九二三年まで続いたが、震災により街と港が同時にダメージを受け、五千数百人を数えた人口のうち一七〇〇人以上が死亡、横浜の華僑コミュニティは崩壊し、貿易商人が去ってしまった。震災発生で行き先が無くなり生き残った華僑四〇〇〇名は、海路で一旦神戸港に避難し、その上で上海行と香港行の二つのルートに分かれた。現地神戸華僑の各団体は早速救済団を結成、神戸の医師と看護婦も救助活動に着手した。横浜華僑の梁扶初はこの震災で一旦神戸に避難したが、すぐに神戸華僑の殉難華僑遺骸収容遺骨隊に加わり、先導役として横浜に戻り、一カ月で同胞九八二名の遺体を収容し火葬安置に従事した。

梁扶初は少年の頃より野球に魅せられ、創成期の明治大学野球部に入り投手として活躍、その後、横浜でノンプロ野球チーム「中華隊」の監督として活躍し、震災前後の横浜社会人野球大会に優勝した。帰国した彼は一九三九年上海で野球チームを結成、息子たちも野球を広め、祖国で「棒球」を伝えた彼は中国野球の父として尊敬を受けるにいたった。

関東大震災の際、神戸華僑が寄せた援助は、横浜華僑にとって忘れることができない記憶として長く後世に伝わり、一九九五年の阪神・淡路大震災の際には恩返しをする番として、今度は横浜から支援の輪が広がった。

また、戦後の一時期神戸と横浜の中華青年会が野球チームを結成して交歓試合を行なった事があったが、これは商売や親戚の付き合いを除いて唯一の交流であったともいえよう。

開港後六〇年にして震災によりコミュニティの人的な蓄積を失い、全てが一から出直しとなった横浜と、戦前の時点ですでに当地の高等教育を終えた華僑がコミュニティで活躍した神戸とのカラーの違いはその後の展開で顕著となった。

関東大震災ののち、昭和の初期に「貿易関連業」に代わって横浜にやって来たのは「三把刀」（コック、洋裁、理容）の職人集団であった。震災復興期の一九三〇年に中日協会は街の復興について大通りを中国様式の店舗が並ぶ観光名所にしようと呼び掛け、この年まず中華料理店「聘珍樓」が復興、中国様式のデザインを凝らした店舗は復興のシンボルとなった。一九三五年横浜復興博覧会（会場は中華街隣接の山下公園）開催を期に大通り入口に平安樓が開業、この店は横浜市議沼田安蔵が経営する店で、和服の女性でも料理に手を伸ばしやすいように回転式の中華テーブルなど当時の最新設備を整えてお客をもてなした。

ところで、日本人が中国人のことを南京人と呼んでいたのは、江戸時代の長崎において貿易に従事した中国人の多くが長江（揚子江）下流地域出身であったことによる。横浜では居留地内の一角、神戸では居留地西側の雑居地一部に中国人が集中して居住していて、そこは当時、日本人からは「南京町」と呼称されていたが、横浜の住人は広東人が圧倒的に多いこともあって戦前は「唐人街」と自称していて、広東料理が主流であった。戦後、横浜のチャイナタウンは「中華街」と名を改めたが、神戸では「南京町」を通したことを考えると、彼我のモチベーションが分かってくるのである。

神戸の場合、神戸港が対中国や香港向けの輸出入の最大拠点であった関係で、後背地で物流集散地である大阪とともに中国各地の商人をひき付け、他の華僑社会と異なって、広東・福建に限らない広範囲な出身地構造を持ち、各幇がバランスよく輪番で事に当たる伝統が培われた。横浜と違って華僑の職業における貿易および関連業種の割合が高く、加えて関東大震災に匹敵する大きな天災が発生しなかったため、年代を下っても横浜と違って中華料理業による「一極支配」とはならなかった。

●横浜の華僑学校

横浜には華僑子弟の教育を担う学校として震災後成立した「中華公立学校」があり、そこで広東語による授業が続けられた（震災当時、横浜には大同学校（康梁派）、華僑学校（孫文派）、中華学校（三江人）（以上いずれも小学校）、志成学校（中学課程）の四校があったが、全て震災で廃校となった）。

第二次世界大戦の終戦後、戦勝国民となった華僑は民族意識が高まり、標準語である国語（北京語・普通話）による教学を選択したのは自然の成り行きであった。その選択は間違いのないものであったが、横浜には国語を教える教師は皆無といってよいほどで、戦時中の一〇倍も押し寄せる生徒（八〇〇名、二部授業や夜間授業も行なわれた）に対処するため、学校側が頼ったのは北京語がわかる旧「満州国」や「汪兆銘政権」からの留学生であった。

日本に学ぶ中国からの留学生は清朝末期より始まり、ブームとなった日露戦争の後はその数八〇〇〇名から一万名をかぞえ大盛況を呈した。専攻する学科も法政や教員養成の師範が圧倒的に多く、そのせいか政治的関心も高かった。一九三七年の盧溝橋事件のあと、留学生は続々帰国し、来日が中断したとの記述が両国において目立つが、実際の所、戦時中でも留学生は日本にやって来たのであった。もっともその頃の留学生は日本軍が占領した地域——東北、華北、華中などの出身で毎年数百名が「満州国」、「中華民国臨時政府」、「汪兆銘政権」など傀儡政権の後押しで海を越えてきた。戦時下の日本全国に滞在する留学生は二〇〇〇名以上あり、日本としては学生達を親日的に感化する思惑があったのは言うまでもない。

戦後、余儀なく東京に残った留学生は当初より国民政府の代表団とはそりが合わず、生活保障を求めてたびたび対立していた。国民政府から見れば、戦時中にわざわざ日本に留学したものは信用ならないという事であろう。国共内戦で中華人民共和国が成立すると社会主義建設の呼びかけにこれら留学生は積極的に応じ、最終的に日本華僑人口の一割にあたる留学生と華僑三八〇〇~四〇〇〇名が帰国した。

傀儡政権のもと日本に留学した事実は新中国にとっても「売国的な」行為と見なされる恐れがあったので、知識分子である留学生は帰国にあたり身の証のためにも「実績づくり」が欠かせない状況であった。一九五二年対日講和条約のころには中華学校校長のなり手が無く、校内に残った留学生教師は学校を自主管理しはじめ緊張が高まった。そんな中、革命歌が留学生教師より教えられ、これを保護者が問題視、また生徒の壁新聞にあった「解放」の文言が保護者や代表団に知られる事となり、レッドパージが始まり中華学校は分裂し横浜のコミュニティは二つの学校から、二つの華僑総会、二つの婦女会と、親中国派と親台湾派の分裂が波及し長らく対立してきたが、九〇年代に入り双方が協力して「関帝廟」再建を果たしてから融和の機運が高まってきた。

神戸の華僑教育は、戦時中に神戸華僑同文学校（広東語授業）と神阪中華公学（北京語授業）が合弁され、最終的に一九三九年「中華同文学校」となって、国語（北京語・普通話）教育が実施され、教育者である李萬之校長（終戦前から四〇年以上に渡り校長として学校をまとめた）が迎えられ、陳徳仁氏（一九五九年から一九六九年まで同校理事長、陳氏は一九二〇年代に広東人ながら当時広東語教育の神戸華僑同文学校ではなく、北京語教育の神阪中華公学で学んだ）とともに神戸華僑教育の第一線にとどまりコミュニティの核心を形成してきた。先に述べたコミュニティ運営上、各幇輪番をとる知恵がはたらき、声高に「政治」や「民族」を強調しないやり方がおっとりとした神戸華僑のバランス感覚にマッチしていたと言える。

●横浜と神戸の未来

さて、これまで神戸と横浜の異同のうち異なる面をみてきたが、広く日本国内に視点を移すと近年両地域に同じ現象が見えてくる。すなわち一九七二年の日中国交回復をきっかけにまず華僑の大量帰化が始まった。戦後の在日華僑は五万人内外であったのが、二、三年で一万人に上る日本国籍取得者が現れたのである。統計によると七二年以降これまでの日本への帰化者数は一〇万人を超え、更には毎年五〇〇〇人以上増加している。華僑が長年の居住により日本社会に溶け込んだ結果とも言えるが、アイデンティティを失った訳ではなく、「共生」の意識が芽生えたともいえるケースもあれば、日本人化し「華裔」となった人々もいるだろう。一九八四年に日本の国籍法がこれまでの父系主義から父母両系主義に変更されたため、日本人と中国人との間に生まれた子どものほとんどは日本国籍を取得していることもコミュニティにとって大きな変動を起こした要因である。

さらには八〇年代から中国の開放政策の結果、今度は「在日中国人」が爆発的に増加、その数は全国で五〇万人を超え、神戸と横浜の両方のコミュニティにとって新しい次元に入ったのである。日本に住む中国人のことを長らく「華僑」と称してきたが、戦後台湾人が華僑に加わると「新華僑」が登場し、七〇年代以降「華人」（日本国籍の華僑）が現れた。では「在日中国人」は華僑ではないのか？　なかには高学歴のＩＴ技術者や学者・研究者も大勢いて、彼らから見て「三把刀」をイメージするらしい華僑の言葉の響きを避ける見方も有るという。老華僑およびその子弟が担っている華僑コミュニティと「在日中国人」との交流のチャンネルはほとんど存在していないという指摘もある。数の上で圧倒的なニューカマーを目の前にして、神戸と横浜の華僑コミュニティは今後どの方向に向かっていくのか？　模索している所であろう。

参考文献

譚璐美・劉傑『新華僑　老華僑――変容する日本の中国人社会』文藝春秋、二〇〇八年
中華会館編『落地生根――神戸華僑と神阪中華会館の百年』研文出版、二〇〇〇年
中華会館・横浜開港資料館『横浜華僑の記憶――横浜華僑口述歴史記録集』中華会館、二〇一〇年
横浜開港資料館・横浜開港資料普及協会編『横浜中華街　開港から震災まで――落地帰根から落地生根まで』横浜開港資料館・横浜開港資料普及協会、一九九四年

日本と世界のチャイナタウン

園田　節子

●世界各地の生活空間

チャイナタウンや中華街と聞いてまず思い浮かぶのは、中華料理店が軒を連ね、鮮やかな牌楼や看板で異国情緒あふれる観光地であろう。三大中華街と呼ばれる長崎新地中華街、神戸南京町、横浜中華街はいずれも集客力が高い観光地として、日本におけるチャイナタウンのイメージづくりを先導している。しかし、観光地として発展しはじめたのは一九七〇年代から八〇年代という比較的最近のことである。もともとチャイナタウンは、日本に生活・経済活動の拠点を構える華僑が集住してつくりあげた、独自の生活空間であった。

現在、中国域外に暮らす華僑・華人人口は約三五〇〇万人と試算される。現地における華人や華裔の自然増に限らず、中国からの公費・私費留学生の増加や、国内の経済発展に支えられた中国企業の世界進出、そして労働者の出国など、新たな流れによって、今後も中国人海外生活者は世界的な増加傾向にある。その総数の八割は東南アジアに集中しているが、居住地域の地理的な広がりには目をみはるものがある（図1）。ヨーロッパ、オーストラリア、南北アメリカに加えて、最近は経済発展の機会に恵まれたアフリカで労働者や自営業者、ビジネスマンなど、新来の中国人が活躍している。こうした国々の各地域には、規模の大小はあれども、「チャイナタウン」が存在している。観光旅行者も訪れる歴史地区としてのオールド・チャイナタウンから、郊外に新移民が築いた第二・第三のチャイナタウン、裕福な中間層区域での集住など、多様性を有している。

世界のオールド・チャイナタウンが歴史的にいかなる形成プロセスをたどったかを俯瞰すると、日本のチャイナタウンが持つ歴史的特徴も見えてくる。東南アジアや琉球、長崎といった古くから華僑が活動した地域を除けば、環太平洋地域にあって比較的規模が大きい歴史的なチャイナタウン——北米カナダのビクトリア、アメリカ合衆国のサンフランシスコ、中南米キューバのハバナやペルーの首都リマ、そしてオーストラリアのメルボルンのそれらは、一八五〇年代から形成されはじめた。つまり現在目にする世界規模での華僑分布の広がりは、近代に本格化した中国人の国際移動が基礎になっているのである。

●チャイナタウンの共通性

華僑史の推移を把握するモデルとして、王賡武は華僑の出国時期の順に「華商型」「華工型」「華僑型」「華裔型」の四類型を提出している（Wang, 1991）。環太平洋地域にチャイナタウンが生まれた時期は華工型であり、この時期に中国から出国する人々の大半は苦力《クーリー》や契約華工と呼ばれる無資本の中国人単純労働者で、そのほとんどが広東省を原籍としていた。一八四二年にアヘン戦争に敗れた清朝では、西洋列強との条約締結によって、一九世紀半ばより広東省や福建省などで、外国人斡旋業者が労働者募集活動を行なった。近代の東南アジアやアメリカ、カナダ、キューバ、トリニダード、ペルー、オーストラリアなど、環太平洋地域やカリブ海地域では労働需要が高く、これが毎年何百、千数百人もの華工が継続的に渡航するうごきを加速した。北アメリカとオーストラリアでは、ゴールドラッシュを契機に進む辺境開拓と鉱山開発、鉄道の建設、都市発展にともなう都市の雑業分野で労働需要が高かった。またラテンアメリカでは、黒人奴隷制度の廃止にともない砂糖や綿花プランテーションにおける代替労働力の調達が急務であった。さらに東南アジアでは、現地に植民地を獲得した欧米諸国の鉱山・プランテーション開発で労働力が求められた。このようにそれぞれの地域で共通して現れた一九世紀の資本主義と植民地主義の世界的展開こそが、外国人単純労働者を必要としていたのである（可児、一九七九年：Pan, 1998：パン、一九九五年）。日本の華僑社会は商人や技術移民、すなわち華商が多数の華商社会であり、神戸を拠点に豪商となった呉錦堂のような大規模資本の華商さえ存在するが、アメリカや中南米のそれは華工社会であった。

疑いなく現地における華工の増加がチャイナタウンの形成と発展を促したが、これらを単純に労働者が形成したコミュニティ、と捉えることはできない。労働者が移動した同時期から、華商も海外に商売の機会を求めて渡航した。華商は草創期の現地中国人人口のうちわずか二パーセントにすぎなかったが、資本と商売経験を持つがゆえに、現地ですぐに店を構えることができた。サンフランシスコの場合、こうした華商の店舗が都市中心部の一区画に複数集まると、それが核となり、人口の増加にともない中国人居住区が周辺に拡大した。さらに、鉱山や鉄道工事現場で契約満期を迎えた華工の中には、サンフランシスコの中国人集住区に移動して多様な雑業・都市労働に従事していくうちに、行商人や床屋、屋台など零細資本の華商に転身す

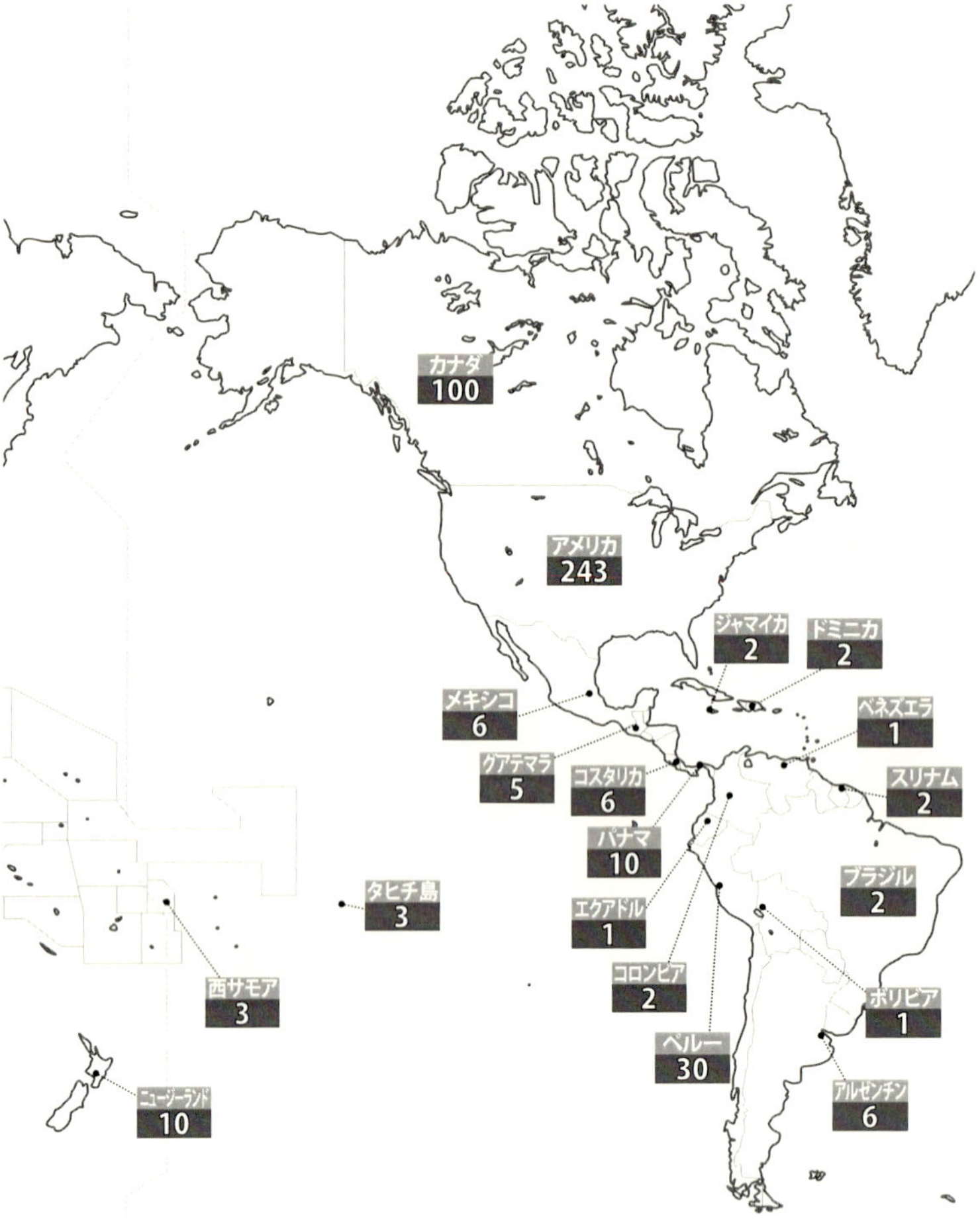
カナダ
100
アメリカ
243
ジャマイカ
2
ドミニカ
2
メキシコ
6
ベネズエラ
1
グアテマラ
5
コスタリカ
6
スリナム
2
パナマ
10
タヒチ島
3
ブラジル
2
エクアドル
1
コロンビア
2
西サモア
3
ボリビア
1
ペルー
30
ニュージーランド
10
アルゼンチン
6

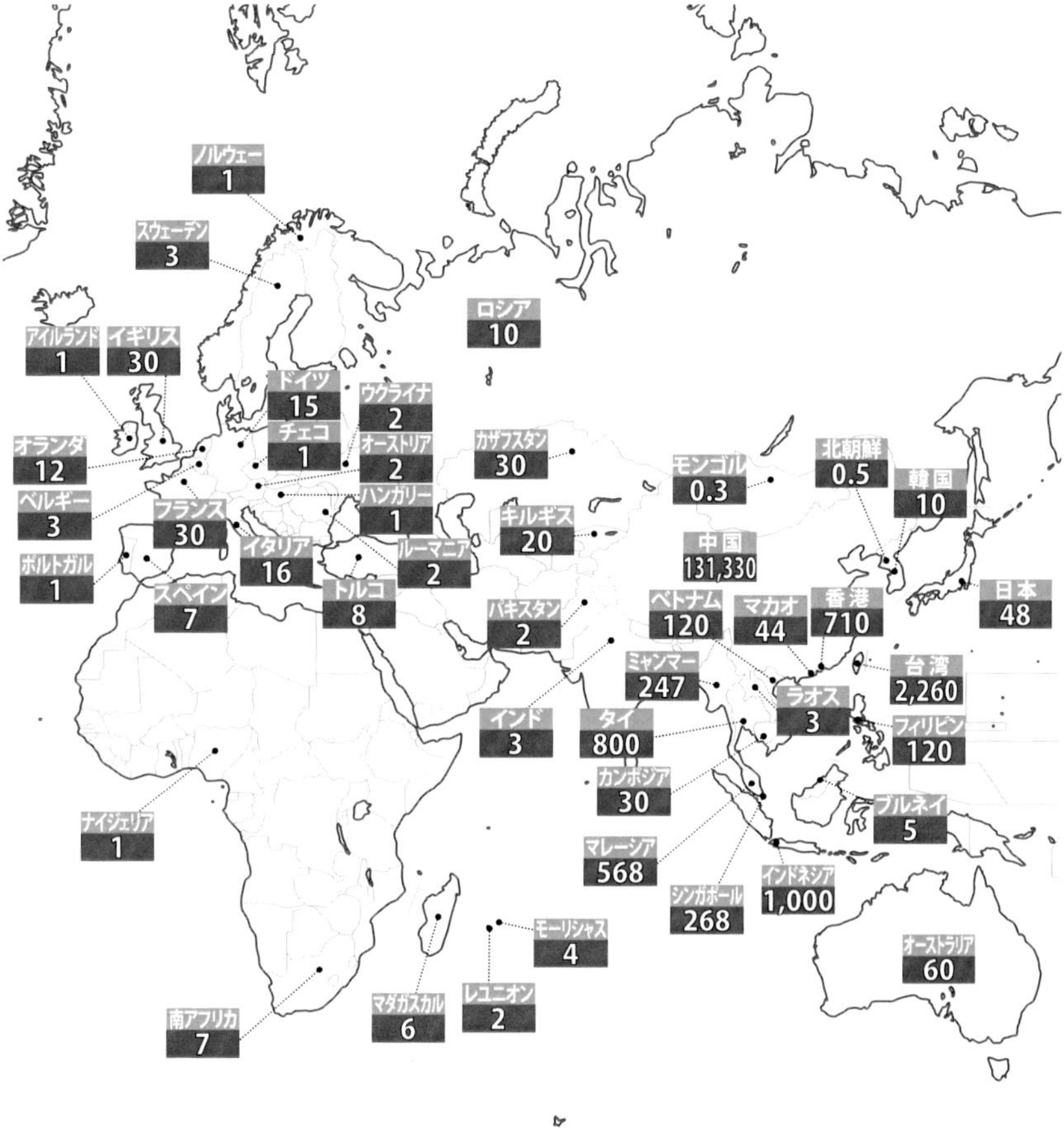

図1　世界の華僑華人分布
単位：万人（数字は一つの目安）
国務院僑弁僑務幹部学校編『華僑華人概述』九州出版社、2005年等を参考に作成した。

る者も多かった。同地の中国人集住区域は、一八八〇年までに現在の商業コミュニティの形態、いわゆる「サンフランシスコのチャイナタウン」に成長したのだが、その背後には、固定住所を有する中小資本規模の華商がコミュニティの核になり、華工から転身した零細資本規模の華商が、都市労働者となった華工とともに、南中国の言語と経済、文化による空間を形成したダイナミズムが存在しているのである（Chinn, 1984：Yung, 2006：園田、二〇〇九年）。

華商が核になるチャイナタウンの形成過程は、サンフランシスコのように数ブロックにわたる数万人規模の大きなチャイナタウンに限らない。都市の周辺の町や内陸の小コミュニティに形成されるものの場合も、類似の発展プロセスが認められる。例えばカナダのバンクーバー近郊にあるニュー・ウェストミンスターは農業・漁業・材木業が発展した小都市であり、二〇世紀半ばまで一ブロック程度のチャイナタウンが存在していた。ゴールドラッシュ時期のニュー・ウェストミンスターはフレイザー河を内陸へと遡上する移動のハブ地であったため、内陸で活動する中国人にとって日常品補給地となり得た。こうした広い後背地を商売上の好条件と考えた数人の華商が、一九世紀半ばに河沿いの通りに店舗を数軒建てたのだが、これこそ当地のチャイナタウンの核であり、やがて隣接ブロックに中国人住居区が拡大した（Wolf, 2008）。中国人人口が少ない地域に居住する華商は、サンフランシスコのように同郷人の中で完結するコミュニティとはやや異なり、カナダ人の生活空間ときわめて近かった（写真1）。

写真1　1899年、ニュー・ウェストミンスター野菜市場で買い付けする人々の中に認められる二人の華商
［写真所蔵：New Westminster Museum and Archives］

環太平洋地域のチャイナタウンには規模の大小にかかわらず、形成のメカニズムにいくつかの共通性が見出せる。それは形成期の華僑社会において、越境者の生活や文化には共通の要求や期待が生じており、それに応じる諸機能を備えた社会空間であったからにほかならない。チャイナタウンとは、出身地での生活文化を再現し、現地定住のみならず帰国を射程に入れて生活できる「飛び地《エスニック・エンクレイヴ》」である、主流社会や対抗関係にある移民集団の排斥から身体と財産の安全を守るための「避難所《シェルター》」である、現地生活を開始する最初の拠点であるなど、多くの解釈がなされているが、これらすべての性格を持っていた、ないしは今も持っている（可児他、二〇〇二年）。サンフランシスコでは、中国の食文化を支える食品や食材店・レストランのほか、一般生活雑貨を売る店舗、西洋医術と漢方を併用する中華病院、関帝廟や媽祖廟などの民間信仰と参拝施設、キリスト教改宗者の集う教会、広東語（第二次世界大戦後は普通語）を教授言語とする中華学校、地縁・血縁・業縁などの結合原理によって結成された多種多様な互助団体、粤劇《えつげき》を開演する劇場や後には中国映画を上映する映画館などの文化施設、旅行社、中国語新聞をはじめとするエスニック・メディアの発行所、これらすべての施設がオールド・チャイナタウン区画の内部にある。そして、やや離れた土地に中華義荘と称する中国人墓地が設けられる。

こうした一連の生活機能は、地理的には互いに離れたチャイナタウンの間で、同様に見られるのである。若干の差異を除けば、ニューヨーク、神戸、ハ

写真2　サンフランシスコのチャイナタウンの東華医院

バナ、ビクトリアなど、世界のどの中国人集住区画の歴史を紐解いても設置されていた／いることを確認できる。サンフランシスコのチャイナタウンにある中華医院「東華医院」はサンフランシスコ中華会館の事業の一環として一九世紀に設置され、両団体の間には人や資金の面で密接な関係が築かれた（写真2）。ハバナにも一九世紀に中華医院が設置されたが、こちらは中華会館の一室に開設されたささやかなものである。しかし東華医院同様に西洋医術と漢方いずれでも対応する。いずれのチャイナタウンにも、本来ここを生活・経済活動の拠点として来た華僑の歴史性が埋め込まれているのである。

●歴史を残す諸活動

現在、チャイナタウンは世界中どの地域でも事実上の観光資源であり、店舗が改装されたり、関帝廟や媽祖廟が新築されたりと整備が進む（写真3）。さらにチャイナタウンは、獅子舞や龍舞グループの活動など、華僑の伝統とエスニシティが再編され活性化する舞台にもなっている。

世界的にチャイナタウンの内部で見られるそうした傾向のひとつとして刮目すべきことに、個人史を通して「歴史」を残すこと、特に高齢者へのインタヴュー活動が盛んになっていることが挙げられる。神戸では華僑史に対する認識が比較的高く、三〇年前から華僑と研究者との協力関係が築かれてきた。日本で唯一、華僑を専門テーマとする博物館である「神戸華僑歴史博物館」は、常設展示のほか、二〇〇七年から研究者の協力を得て神阪京華僑口述記録研究会を発足させ、定期的に高齢者から個人のライフヒストリーを採取している。また二〇〇七年から神戸華僑総会の主催による「神戸華僑の歴史を語る会」が年に二回開催されており、同郷会など各団体の活動が持ち回りで証言され、老華僑自身の歴史保存活動の動きとして研究者も興味を持って出席している。こうした活動への参加者は中高年の老華僑が大半であり、華僑の高齢化にともなって「歴史」を残すことの意味がつきつめて考えられるようになった、最新動向と言える。

華僑へのインタヴュー活動は、北アメリカでも非常に盛んであるが、「歴史」を残すことの意味が異なる。例えばカナダのバンクーバー華僑社会は、常時、香港・台湾・中国から新移民が入ってくる入移民超過の状態にある。中国移民および中国系人口は一九六〇年代から急激な増加傾向をたどり、いまや中国系住民はカナダの総人口の三・五パーセントを占める最大の移民グループである。現地で最も影響力と発言力の強いマイノリティと言われ、カナダの公用語である英語・フランス語に次いで中国語が話されている。したがって、中国系住民も多様であり、オールド・チャイナタウンに存在する伝統的な華僑華人団体に所属する中国生まれの一世もいれば、多文化主義下のカナダ現地で育った中国系カナダ人二世や三世もいる。四〇歳代から七〇歳代の中国系の知識人や運動家が、主流社会で重要な役職に就いたり、積極的なコミュニティ活動を展開したりと活躍する一方で、ルーツを忘れがちな若い世代、そして中国大陸から投資家・資本家として流入した新華僑もいるのである。

バンクーバーの口述記録活動は、早くは一九六〇年

写真3　2004年、キューバでは外貨の国内吸収をねらう一種の開放政策がとられ、ハバナのオールド・チャイナタウンは国内外の観光客を呼ぶ観光地として発展傾向を見せた。写真は、四階建て同郷会館が三階までレストランに改造したところ、列をなすキューバ人。

代末からオールド・チャイナタウンを研究するカナダ人大学研究者がプロジェクトの枠内で行なっているが、現在はカナダの多文化主義政策下で育った中国系の若手研究者やカルチュラル・アクティヴィストと呼ばれる中国系の運動家が主導している。

その活動は神戸以上に盛んであり、社会運動化している。ウェブサイトを主要媒体に用いて活動を紹介したり、参加を呼びかけたり、口述を書き起こしたトランスクリプトや録音、写真をウェブサイトで公開したりと、資料を共有化する意識が極めて強い。口述記録の採取にあたり、中国系の高校生、大学生、大学院生を調査者《インタヴュアー》とし、のみならず被調査者《インタヴュイー》として自らを語らせ活動に幅広く巻き込むことで後継者を育成している。インタヴューもトランスクリプトを掲載するにとどまらず、被調査者自身に自らの経験とアイデンティティを記述する訓練をし、その原稿を書籍として出版し、更に高等教育機関における教材として使用している（Worrall, 2006）。

日本と異なるこうしたアプローチは、多文化主義をとるカナダの文化政策を追い風にして、口述記録活動を現地マイノリティである中国系住民の地位向上とアイデンティティの確立のツールとして認識しているためである（Li, 2007）。二〇一〇年にオールド・チャイナタウンにおいて、運動家の主催で経営難におちいったチャイナタウン最古の広東家庭料理店の救済運動が展開したケースをみると、そこでは店主から店舗の歴史を口述採取すると、それをカナダ人に広く読まれるタウン情報誌に掲載し、英語メニューを整え、ウェブサイトを開設した。また同年には、洗濯業を営む両親のもとで育った八〇歳代の高齢者を集め、談話式で記憶を語り合い、共有化することで、オールド・チャイナタウンにおける洗濯業史を口述から描き出す試みも行なわれた。以上を考慮に入れれば、バンクーバーの華僑口述記録活動は、運動化した活動の一環と言えよう。

歴史を残すことへの強い興味は、神戸の例でもバンクーバーの例でも、華僑意識を活性化することによってコミュニティの再生を試みる姿である。中国系は現地において弱者としてのマイノリティであるのみならず、マイノリティであることを前提に現地で確固とした立ち位置を確保できる資源を有することを示している。チャイナタウンの生活空間や華僑に関する資料を観光資源や保存に値する歴史史料とみなし、諸手続きを経て発展、再編、研究、保存、公開する行為は、現代社会における国家やエスニック集団、地域等全てのレベルの政治の中で行なわれる。チャイナタウンにかかわる不可視の活動には、世界的に共通するダイナミズムが過去でも、現在でも認められるのである。

参考文献

可児弘明『近代中国の苦力と「豬花」』岩波書店、一九七九年

可児弘明他編『華僑・華人事典』弘文堂、二〇〇二年

園田節子『南北アメリカ華民と近代中国――一九世紀トランスナショナル・マイグレーション』東京大学出版会、二〇〇九年

リン・パン『華人の歴史』片柳和子訳、みすず書房、一九九五年

麦礼謙『従華僑到華人――二十世紀美国華人社会発展史』三聯書店、一九九二年（香港）

李東海『加拿大華僑史』加拿大自由出版社、一九六七年（バンクーバー）

劉伯驥『美國華僑史』行政院僑務委員會、一九七六年（台北）

Chinn, Thomas W. eds., *A History of the Chinese in California: A Syllabus*, Chinese Historical Society of America, 1984.

Li, Xiaoping, *Voices Rising: Asian Canadian Cultural Activism*, UBC Press, 2007

Pan, Lynn (ed.). *The Encyclopedia of the Chinese Overseas*, Singapore: Archipelago Press and Landmark Books, 1998.

Wang Gungwu, *China and the Chinese Overseas*, Times Academic Press, 1991.

Wolf, Jim and Patricia Owen, Yi Fao, *Speaking Through Memory: A History of New Westminster's Chinese Community 1858-1980*, Heritage House Publishing Company, Limited, 2008.

Worrall, Brandy Lien, *Finding Memories, Tracing Routes: Chinese Canadian Family Stories*, Chinese Canadian Historical Society of British Columbia, 2006.

Yung, Judy and the Chinese Historical Society of America, *Images of America: San Francisco's Chinatown*, Arcadia Publishing, 2006.

注記　本稿は、平成二二～二四年度科学研究費補助金（挑戦的萌芽研究、No. 22651090、地域研究）「中国移民の移動ハブ地における史料の残存と蓄積の調査研究」による成果の一部である。

南京町の記憶

藍　璞

●戦前の記憶

太平洋戦争勃発（一九四一年）以前を「戦前」と呼ぶなら、戦前最後の年の私は、まだ七歳であり、華僑の集住地である南京町周辺に住んでいなかったこともあり、当時の南京町についての記憶は、無いに等しい。

現在の兵庫県農業会館敷地のほぼ東側半分に当たる部分に建っていた香港上海匯豊銀行（Hong Kong and Shanghai Banking Corporation, 中国人は「匯豊銀行」、日本人は「香港上海銀行」もしくは「ホンシャン」と呼んでいた）神戸支店の「買辦房《マイバンファン》（comprador office, 買弁事務所）」に勤めていた父を訪ねると、現在の乙仲通北側の東端近くにあった、木造二階建てで大きな中庭を囲む回廊式集合住宅の同支店職員住宅や、乙仲通を挟んで斜め向かいに建つ、大きな広東料理店「杏香樓」には、何度か連れて行ってくれたが、南京町に連れて行ってくれた記憶はほとんどない。しかし、かすかな記憶をたどると、南京町に一歩入れば、そのメインストリートに並行する、モダンな元町通商店街とは対照的に、どの店も造りが地味で、店内が薄暗かったことを思い出す。しかも、そこでは日本語と共に、私の聞き慣れない言葉が行き交い、喧騒と活気にあふれ、風向きによって漂ってくる漢方薬か香辛料の非日常的な匂いと共に、別世界に迷い込んだような、不思議な感覚が刺激的であったことは、わずかに印象に残っている。

籐製買い物かごの長い取っ手に片腕を通して買い物をする華僑婦人たちの多くは、黒っぽくて短い中国服の上着に同じ生地の幅広で短めのズボン姿で布製の短靴を履いていた。夏には、素足の足指を固定する、皮革かゴムのベルトを足形の木板に打ち付けただけの、シンプルなサンダルを履いていた。ストレートヘアのショートカットにしている年配婦人の髪型は、私には見慣れないものだったが、彼女たちのほとんどは華僑商社などのお手伝いさんだ、と父が教えてくれた。当時の日本婦人の市場行きスタイルは、長い髪を後頭部で丸めて髷《まげ》にし、和服の上に白い割烹着、手には植物繊維を編んだトートバッグ型の買物かごを持った下駄履き姿が一般的だったから、華僑婦人の市場行きスタイルは珍しく感じた。

以上は、私個人の乏しい体験に過ぎないので、資料を参考にしながら戦前の南京町を再現してみよう。

一九七〇年代末期から始まった、観光地としての街づくりの結果生まれ、発展してきた現在の南京町に対し、華僑の日常生活を支える「国際食材市場」であった南京町を「戦前の南京町」と定義すると、次のようになる。

●「南京市場」の誕生

神戸に華僑が来たのは、開港（一八六八年一月）直後の一八六八年春で、清朝政府が日本と開港関連の条約を結んでいなかったため、華僑は「無条約国民」として扱われ、外国人居留地における居住や営業が許可されなかった。居住が許されていたのは、居留地を囲む「雑居地」に限られていたが、条約国民である外国人（大雑把に言って「西洋人」）の被雇用者（企業の職員や家事使用人）として単身来神した者が多く、居留地に近い、海岸通周辺が彼らの集住地となった。

一八七一年、日清両国間で条約が締結され、一八七八年になって、海岸通に清国理事府（領事館に相当）が置かれると、中国から家族を呼び寄せる定住志向の華僑が増え、海岸通周辺での生活者が増加した。先に「単身赴任」の形で来神していた華僑の男性の呼び寄せに応じて、中国から渡ってきたばかりの彼らの夫人たちや、華僑商社の女性使用人たちは、来神当初、ほとんど日本語を解さず、彼女たちが食材を買い求めることができる市場が必要だった。このような需要に応じて誕生したのが「南京市場」であり、規模が大きくなると、「南京町」と呼ばれるようになった。一八八八年一一月、「南京町」の名称が初めて神戸の地元新聞『神戸又新日報』に掲載された。それによって、正式の町名ではない「南京町」という通称が市民権を得たのが、それ以前だったことが分かる。

ところで、なぜ「南京町」と呼ばれたのだろうか？　幕末以前、日本では中国人は「唐人」と呼ばれ、鎖国時代長崎に設けられた中国人（清国人）の指定居住区は「唐人屋敷」と呼ばれたが、「清国人屋敷」とは呼ばれなかった。それが幕末になると、中国からの日本向け輸出品に絹織物など繊維製品が増え、中国の輸出用繊維製品の主要生産地である江南地方（長江下流南側の地）、特に南京以東出身の長崎駐在商人が相対的に増加したことで、彼らが「南京人」と呼ばれるようになったのであろう。それ以来、日本人が中国伝来ないし、中国人と密接な関係があると考える物品には、「南京」が冠されるようになった。南京豆（ピーナツ）、南京錠、南京玉（ビーズ）や南京袋（麻製の穀物輸送袋）などがその例である。日本や中国の伝統的錠前とは構造の異なる、欧米から輸入したパドロックも、南京人（華僑）経営の雑貨店で売られていたので、「南京錠」の名がついたのであろう。したがって、南京人（華僑）が買い物に集まる町だから「南京町」と呼ばれるのは当然の成り行きであった。幕末から明治にかけて形成された、神戸、横浜、及び長崎のチャイナタウンは、いずれも「南京町」と呼ばれた。それに対し、海外各地のチャイナタウンは、今でもそこに住む華僑によって「唐《タン》人街《レンジェ》」と呼ばれている。南京町と呼ばれるチャイナタウンは、日本独自のものであった。

● 南京町の構成

戦前の南京町では、誰が何を売っていたのだろうか？　神戸華僑歴史博物館には、日中戦争勃発前の南京町の店舗位置図が展示されているが、その図を見ると、日本人の商店と華僑の商店が各々約半数を占め、軒を連ねて営業していた様子がよく分かる（二二頁、図4も参照）。野菜、魚介類、水産加工品、鶏肉、牛肉、乾物などは日本人商人が扱い、雑貨、漢方薬、豚肉などは華僑商人が扱っており、中国料理店はもちろん華僑が経営していた。このように、取り扱う商品が互いに異なり、競合しなかったことも共生型の町を生んだ一因であろう。

ちなみに江戸時代の長崎貿易において、椎茸、フカヒレ、干しナマコ、干し貝柱など中国料理の高級食材は日本製品の品質の高さが中国で人気を博していたので、南京町における乾物の小売りも日本人商店が独占的地位を占めていた。

●発展と衰退

「南京町へ行けば、世界中の食材が買える」と言われる時期のあった南京町。「世界中」は誇張だとしても、確かに中国料理、日本料理、西洋料理に用いるほとんどの食材が売られていたようだ。しかし、盧溝橋事件（一九三七年七月七日）に端を発する日中戦争により、日本では、翌一九三八年に国家総動員法が公布・施行され、統制経済の時代に入ると、全国で食料の配給制が始まり、商店では取扱商品の品目・数量共に大幅減少し、華僑の帰国が相継いで、南京町はさびれ始めた。一九四一年一二月八日、ハワイの真珠湾に対する奇襲攻撃に端を発する太平洋戦争が勃発すると、三国同盟（日本、ドイツ、イタリア）の盟邦ドイツとイタリアを除く、アメリカ、イギリス、フランス、オランダなどの「敵国企業」は同日付で一斉に閉鎖された。「敵性西洋人」は日本を離れ、それらの企業で働いていた華僑も職を失った。それをきっかけに南京町の衰退も加速し、人通りもまばらになった。当時、南京町を含め、飲食店の経営は困難を極めた。米、麦、小麦粉などは使用できず、わずかな米粒に増量剤としての菜っ葉を浮かせただけの、液体に近い「雑炊」にも政府発行の食糧配給券が必要で、外食で配給券を使用すると、その分だけ配給量が減ることになっていた。それでも長い行列ができるという状態で、肉、卵、牛乳、砂糖なども姿を消し、飲食店の経営は成り立たなくなった。ところで、当時南京町周辺の食堂で「海宝麵」が売られていたそうだが、どのような食べ物であったか想像できるだろうか？「アワビ、ホタテ、エビ、イカその他シーフードがたっぷり入った豪華な麵」ではもちろんなく、トコロテンからヒントを得たのだろうか、海藻のみを原料とした「麵」らしき食材が薄いスープに浮かんでいるだけの磯の香りの強い食品で、これには食糧配給券が不要だったので、店の前に長い列ができていたそうだ。

太平洋戦争突入後、日本の食糧事情は悪化の一途をたどり、配給される主食は、内地産白米→内地産玄米→外米（東南アジア産のインディカ米）→コーリャン（高粱）などの雑穀→（中国産）大豆→（家畜の飼料用・肥料用の）大豆の搾りかす……と変化した。最後は実にブタ並みである。

話を南京町に戻そう。戦争により衰退を続ける南京町にとどめを刺したのは、一九四五年三月一七日と六月五日の神戸大空襲で、中央区の省線（現在のJR）高架以南は、旧外国人居留地の約三割を除き、焼夷弾によって焦土と化し、南京町も灰燼に帰した。

間もなく戦争は終わったが、南京町の復興はすぐには実現しなかった。地元の華僑の日常生活に深く関わりつつ発展してきた南京町であったが、その周辺まで灰燼に帰した上に、終戦直後の省線高架下に出現したヤミ市により、商業地図は完全に塗り替わり、戦後は商業の中心が三宮周辺に移っていった。そのために現在の賑わいからは想像もつかない程の荒廃した商業地区となり、復興が進まなかった。

華僑と日本社会をつなぐ志

方龍（アジア工芸品小売）
陳耀林（チン・ヨウリン）さん

一九四〇年、神戸市中央区生まれの神戸育ちです。父の代より日本に来ました。父の出身地は広東省深圳です。母も広東省の出身で、両親は家庭では広東語を話していました。父は神戸でペンキ屋を営んでいました。小学校は大開通時代の中華同文学校に通っていました（神戸中華同文学校は、神戸大空襲で校舎を失ったため一九四六年から一九五九年まで、神戸市立大開小学校の校舎を借りていた）。中華同文学校を卒業し、県立長田高校に進学し、その後、甲南大学に入学しました。

南京町には中学校時代に移ってきましたが、当時は学校と家の往復であまり南京町とのつながりはなく、南京町のことはよく知りませんでした。近所で遊んだ記憶もありません。

私の現在の国籍は中国籍です。子どもは、息子と娘がいます。古い世代の華僑は民族教育を受けているので、帰化は難しかったと思います。家庭で使っている言葉は、妻とは日本語で、子どもたちとは、広東語と日本語で話しています。

戦時中に配給の列に並んだとき、中国人ということで追い出されたり、「チャンコロ」と言われたりすることもありましたが、いじめられたことはありませんでした。戦後は闇市で料理店を出して親が育ててくれました。そんな様子を見て育ったので、ハングリー精神が身についています。

一九六三年に大学を卒業して、日英合弁の公認会計事務所で三年間働いた後、日本と中国との間に貿易が確立していないところに目をつけて貿易会社を立ち上げて、その後は中国での事業のコンサルティングをしていました。日本社会と日本在住華僑との信頼関係が築ければうれしいと思い仕事に携わっていました。一九八〇年にコンサルティングの仕事を退き、現在の中国雑貨を販売する店を開業しました。「方龍」の屋号は「方」は丸く治める、「龍」は自分の干支からとりました。店を開店した時は、中国ブームの走りと南京町の街並み整備の事業が進んでいたときでしたが、当時は中国旅行が不自由な時で、中国ファンがよく来店していました。現在、店に来る客は、若い人は「きれいな小物」を求めてやってきます。古い人は本当の中国ファンで良いもの、本当のものを求めてやってきますね。

　後継者は娘です。品格のある商売をしていってもらいたいと思っています。流されては駄目です。自分だけの料簡で商売をしても駄目です。自分の代のもうけや商売のことだけ考えていては駄目です。次世代のことも考えてやることが大切です。

　常日頃、日本社会に貢献することが大事であると思い活動しています。現在、東灘区の住吉に住んでいますが、地域でも太極拳を教えています。南京町の街並み整備事業を神戸市と一緒にやり始めたのも、日本社会、神戸市に貢献したいとの思いに動かされたからです。当時、私は南京町自由組合の委員長で、街並み整備事業に関わっていきました。私は華僑の人たちを、鳥利さんは日本人の人たちを説得してくれるようにと言われ、事業を進めていきました。現在の振興組合ができ、春節祭一年目が終わった後、振興組合を離れました。現在、南京町の街並み整備が成功し、多くの観光客が集まってくれるようになりました。南京町も、神戸市も、春節祭などのイベントに成功し、観光客が集まってくれる現状に甘んじて、志が低くなっているのではないかと思います。

南京町の老舗

鳥利商店（鶏肉卸）
辻川正宏（つじかわ・まさひろ）さん

　一九四六年生まれで、祖父の代から数えて三代目になります。今はポートアイランドに住み、毎日南京町に通っていますが、幼稚園までは南京町に住んでいました。生まれは戦中に疎開していた淡路島です。大学卒業後二年間は子供服を扱う会社に勤めていましたが、その後、父の跡を継いで、この店を経営しています。

　店の屋号は、祖父の名前が、辻川利平（つじかわ・りへい）でしたので、利平の利を取り、「鳥利」とつけました。祖父は、一九〇〇年に大阪の河内から神戸の南京町に来て開業しました。外国貿易で賑わう神戸港があり商売がしやすいと考えて、大阪の堺から神戸に店を移したようです。当時は、鶏肉は牛肉より高価で高級食材と位置づけられていました。

　以前は、年末は南京町で忘年会が多く行なわれていたので、大晦日も忙しかったのですが、今では一二月三一日の午前中に店を閉めて、正月の三が日も閉めています。以前、華僑の家では旧正月になると拝々《パイパイ》という儀式を行ない、その時に鶏一匹をお供えしていましたが、最近の若い華僑の人たちはやらなくなってきています。

　南京町では毎年春節祭や中秋節という祭が催され、振興組合のみんなが自前で祭をつくりあげています。スタッフのほとんどが南京町の人であるため、祭を終える度に街全体がつながり、まとまっていきました。春節祭を実施するまでは挨拶を交わす程度の間柄でしたが、この祭を成功させるために組合員で話し合いを積み重ね、意思統一を図る中で、組合が一致団結できる組織に変化していきました。

　春節祭は二回目以降、行政からの支援を受けながら続けていくことになりましたが、資金のほとんどは組合員の出資でまかなっています。身銭を切ってイベントを実施していったことが、組合員各人の肥やしになっていると思います。

現在、南京町は賑わっているように見えますが、内実は、経済的に非常に厳しい状況です。昼と夜の人通りの差が激し過ぎます。昼は観光客で人通りが多いが、夜は閑散としています。昔ながらの店が減っています。もっとイベントをして話題を発信したいと思いますが、それとともに、もっと地元の人びとも大事にしていかなければいけないと思います。観光地としていくのか、地元志向型でいくのかは悩ましいところですが、やはり地元に支持される街でなければいけないと思います。

震災以前は多くのサラリーマンが南京町を利用していましたが、一九九五年からルミナリエが始まり、一二月の二週間のルミナリエの観光客を相手にすることを商売の中心においたことで、地元の人びとの忘年会を南京町の店が受けなくなり、地元のお客さんが南京町から離れていったことは、南京町にとって大きな痛手だと思います。また、オーダーストップの時間も二〇時と早めに設定している店が多くなり、地元の人が利用しにくくなってきています。今は、南京町という街の名前でお客さんを呼んでいるのであって、店の名前で呼んでいません。地味でもいいから努力し、地元から愛される店を増やしていくことこそ、今後、南京町が取るべき方向性かと思います。

老華僑の方々との付き合いに違和感はないです。しかし新華僑の方々との付き合いは充分ではないです。もっとこちらからコミュニケーションを取っていかなければならないと思っています。

中国人として神戸に生きる

廣記商行（中国物産輸入卸小売）
鮑 悦初（パオ・ユエツゥ）さん

廣記商行の創業は一九五三年です。現在の店舗の南向かいの場所で開業しました。当社で扱っているものは主に中華料理の食材ですが、タイ、ベトナム、韓国などの食材も扱っています。また、中華料理の魅力を伝えるため、妻が主催する料理教室を南京町の店の二階で行なっており、月に数回は得意先の有名レストランのシェフを特別講師に招きます。

廣記商行の社名の由来については、中国において世代ごとに漢字一文字を共有する風習があるのですが、創業者である父母の世代の文字である「廣」から取りました。「記」は〝印〟を意味します。

私の祖父は孫文と同じ広東省出身で、孫文の政治運動に参加したことにより時の清朝政府から追われて日本の仙台に逃れ、その後横浜に移り住みました。しかし、関東大震災によって家を焼失したため、知人を頼って神戸に移り住みました。祖父は英語が話せたので、神戸のオリエンタルホテルでマネージャーの仕事をしていました。しかし、祖父は父が六歳の時に亡くなり、以後父は祖母に育てられました。父は神戸生まれの神戸育ちです。しかし、少年時代に戦争が起こり、戦火を逃れるために、結婚して香港で暮らしている姉のもとに身を寄せました。

終戦後、父は貨物船の船員となり、これが世界各国の様々な食文化を見聞する機会になりました。そして、日本が落ち着きを取り戻した頃、生活の基盤があった神戸に戻り、母である陳玉蓮と結婚し、船乗り時代に見聞した食材の知識を活かして南京町に廣記商行を立ち上げました。父は、一度仕事で広東省を訪れた際に故郷を訪ねたようでしたが、ルーツはわかりませんでした。日本に来る中で名前を変えたことがその理由かもしれません。

私は、一九五三年、神戸で生まれて、母方の祖父母に育てられました。広東語で育てられ、現代語（標準中国語）は中華同文学校で習いました。父母との会話は日本語と広東語が入り混じっていました。

私は華僑幼稚園、中華同文学校を卒業して滝川高校に入学しました。日本の同級生には、南京町のことをまったく知らない人もいました。また親から「南京町は汚い、危険だから近寄るな」と言われているということを聞き、ショックを受けたこともありました。一六歳で外国人登録をする際に、指紋をとられます。これは犯罪者扱いされているようで不快でした。三年に一回外国人登録証を切り替えますが、一度、切り替えの締め切りの日に間に合わず、翌日の朝一番に行った時のことです。いきなり取調室に連れていかれ、調査官に指紋をとられ、「本来、お前は日本には居られないのだぞ！」と言われました。このとき私は「一生、中国人として生きていこう」と決意しました。

大学時代は、大学に行きながら廣記商行の仕事を手伝っていました。日本の企業への就職は考えていなかったです。家業を継ぐのが当然、長男の役割だと考えていました。

神戸でも南京町に店を出していることはブランド力であり、色々な情報が集まります。やはり南京町ではおいしい中華料理が食べられ、中華の食材や雑貨が買えるスポットとして存在していくことが大事だと思います。長田地区にベトナムタウン、北野町にはインド人街、神戸に色々な外国人街ができれば魅力になると思います。

神戸華僑総会の会長を務めて今年五月で一〇年目になります。華僑総会は、日中の国交がない頃は祖国に帰る時のお手伝いや中国への往来をはじめ、色々な窓口になっていました。現在は、華僑の団結と友好のための組織です。華僑のアイデンティティを高め、日中の友好、神戸の発展に貢献すること、これが神戸華僑の発展と平和につながると考えています。これが一四七年の歴史を持つ神戸華僑の役割だと思っています。

係地図
北野町
異人館街
N
5
留日神戸華僑総会
山本通
中央区
神戸
労災病院
30
神戸逓信病院
中央区
25 生田警察署
地下鉄
三宮駅
JR三ノ宮駅
生田神社
17
9
26
トアロード
6
4
29
24
阪急
三宮駅
16
28
28
そごう
中華会館
神戸華僑総会
センター街
磯上
公園
地下鉄
山手県庁前駅
三宮・花時計前駅
18
兵庫県庁
12 (社) 兵庫県台湾同郷会
(キダビル2F)
県公館
花時計
神戸
市役所
旧居留地・大丸前駅
神戸生田
中学
外国人居留地の碑
フラワーロード
県警察
本部
元町駅
11
福建会館
23
21
大丸
京
町
筋
JR神戸線
神戸高速鉄道
元町通
20
神戸市立
博物館
東遊園地
南京町
栄町通
旧 居 留 地
乙仲通
海岸通
7 8 神戸華僑歴史博物館
(KCCビル2階)
(社) 神戸中華総商会
(KCCビル)
元町駅
31
ポートタワー
須磨区・垂水区
山陽須磨
鉄拐山
鉢伏山
須磨浦公園
須磨
山陽電鉄本線
山陽塩屋
滝の茶屋
山陽本線
舞子公園
霞ケ丘
山陽垂水
東垂水
塩屋
国道2号線
舞子
32
垂水
明石海峡大橋
孫文記念館(移情閣)

神戸華僑

❶ 神戸中華同文学校（1899年創立）
現校舎（1959年建立）［「神阪中華会館（1893−1945）」所在地］
プレート「孫中山先生来訪の地」
❷ 神戸華僑幼稚園
❸ 関帝廟
❹ 神戸華僑総会（華僑会館）
〈「神戸中華青年会」所在地 〉
❺ 留日神戸華僑総会
❻（社）中華会館 （1998年建立）
❼ 神戸華僑歴史博物館（KCCビル2階）
❽（社）神戸中華総商会（KCCビル 1979年建立）〈旧「広業公所」所在地〉
❾（社）日華実業協会
❿ 神阪中華義荘
⓫（財）福建会館（福建公所）
⓬（社）兵庫県台湾同郷会（キダビル2F）
⓭（財）三江会館（三江公所・二箇所）
⓮（社）神戸福建同郷会
⓯ 兵庫県江蘇省同郷会
（歴代会長宅・地図にはない）
⓰ 兵庫県山東同郷会
⑰ 兵庫県広東同郷会
⑱ プレート「孫中山先生大アジア主義講演の地」（兵庫県立第一高等女学校跡・現兵庫県庁正門東側側壁）
⑲ 孫文先生之像、黎明之灯の碑
⑳ 南京町商店街振興組合（臥龍殿）
南京町
㉑ 神戸外国人居留地跡の碑
（1967年建立）
㉒ 諏訪山稲荷神社
㉓ 旧「中華学校（三江公所）」所在地
㉔ 旧「駐神戸中国領事館」所在地
㉕ 旧「神阪中華公学（華強学校）」所在地
㉖ 旧「神戸華僑同文学校」所在地
㉗ 旧「神阪中華義荘（宇治野村）」所在地
㉘ 旧「神戸中華倶楽部」所在地（二箇所）
㉙ 旧「麦少彭邸」所在地
㉚ 旧「呉錦堂邸」所在地
㉛ 陳舜臣小説『三色の家』の所在地
㉜ 孫文記念館（2000年移築完成）
［旧「呉錦堂別邸・旧神戸中華青年会」］

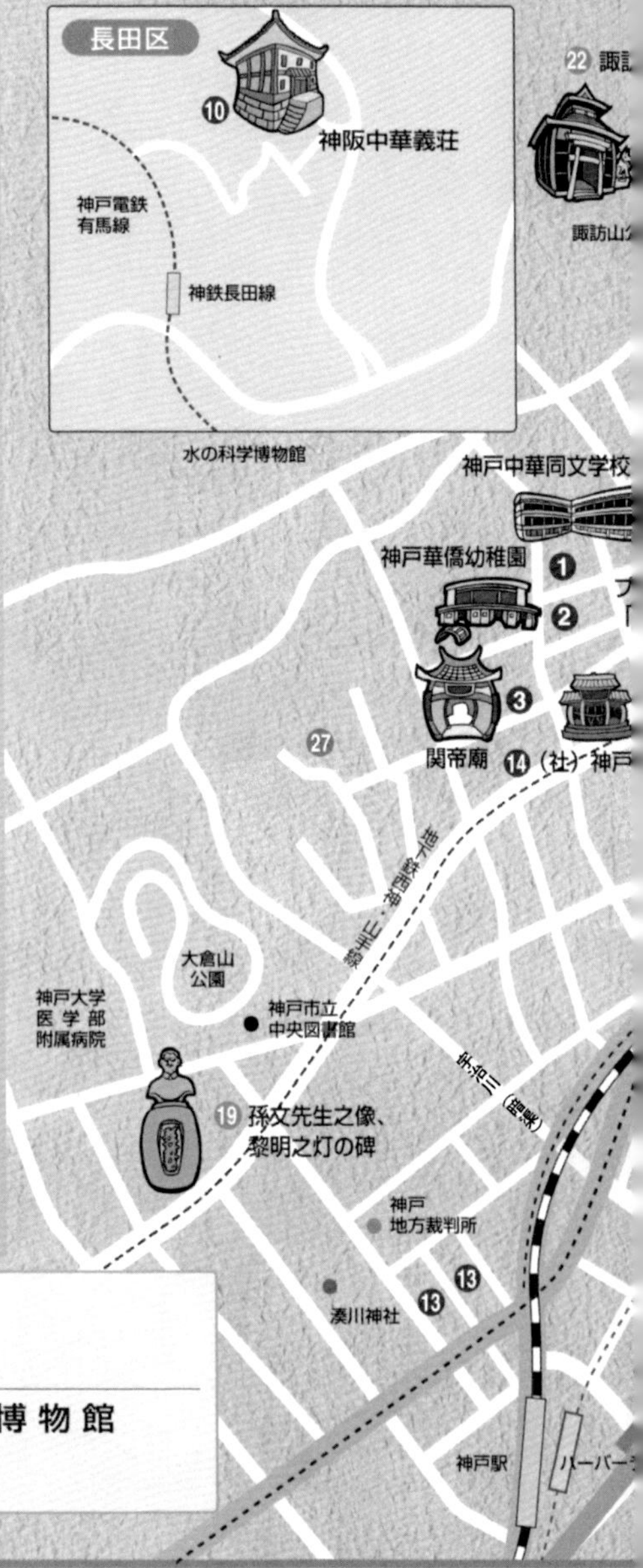

制作：神戸華僑歴史博物館

デザイン.イラスト：桜井 剛

南京町と神戸華僑関係歴史年表

凡例

・大阪や京都などの華僑社会についても、一部ふれている。
・年月は陽暦を基準とする。西暦年と日中の元号の対応は陽暦上のものである。
・○内数字は陽暦の月を示す。そうでないものには○の後に「旧暦」と注記する。
・＊印は月が不詳であることを示す。
・原則として常用漢字、人名用漢字を用いる。

年	日中関係・世界の動き	神戸華僑社会・南京町の動き
一八六八（慶応四、明治元）（同治七）	①日本、王政復古の大号令　⑩明治改元	①兵庫（神戸）開港。大阪開市　③神戸雑居地設置　⑧「大阪兵庫外国人居留地約定書」　⑨大阪開港場に変更　＊神戸・大阪に清国人来る
一八七〇		＊神阪中華義荘開設（神戸）　＊神戸八閩公所（福建商業会議所、福建公所、福建会館の前身）設立　＊兵庫県、清国人の龔慎甫を採用
一八七一	⑧廃藩置県　⑨日清修好条規調印（一八七三④発効）	①兵庫県「清国人取締仮規則」（〜一八七四④）　④（旧暦）京都府、清国人の呉徳万、保記を製茶伝習のために採用
一八七二		⑧兵庫県、籍牌手続布告

一八七四	④太政官「在留清国人民籍牌規則」（〜一八七八⑨）⑤日本、台湾出兵	＊兵庫裁判所、広東人の鄭雪濤を通訳として採用
一八七六（光緒二）	②日朝修好条規調印（③発効）	＊広業公所設立（神戸）
一八七七	⑫初代清国駐日公使（使日欽差大臣）、何如璋着任	＊商話別所（商和別所）設立（神戸、一八七九、一八九九説あり）
一八七八		⑨清国駐神戸理事府（領事府、領事館の前身）開設
一八七九	④琉球処分（沖縄県設置）	
一八八三	＊鄭観応、「華僑」の語を使用	＊遅くともこの年までには、三江公所設立（神戸）
一八八五	④天津条約調印（⑤発効）	＊黄檗宗清寿院を改築し、大阪関帝廟建立
一八八七	⑫ポルトガル、澳門領有	＊大阪三江公所設立（一八八二説あり）
一八八八	⑩アメリカ、清国人移民排斥法強化	④黄檗宗万福寺の末寺・慈眼山長楽寺を神戸に移設し、関帝廟建立 ⑪南京町の名称、『神戸又新日報』に登場（六日）。広駿源（号）事件（神戸）
一八八九	②「大日本帝国憲法」（〜一九四七⑤）	＊日本郵船、神戸—天津線開通
一八九一		⑥⑦清国北洋艦隊、神戸寄港
一八九三	⑨清国、保商局設置（一八九九厦門、一九〇〇広州）	①神阪中華会館落成（神戸）
一八九四	⑦日英通商航海条約調印（一八九九⑦施行）。日清戦争勃発（⑧両国の宣戦布告）⑧勅令第一三七号「帝国内ニ居住スル清国臣民ニ関スル件」⑪興中会結成（ホノルル）	
一八九五	④日清講和条約調印（⑤批准書交換）⑤日本、台湾総督府設置（台北）。「台湾民主国」成立 ⑩日本、台湾武力「平定」	⑪孫文、神戸上陸 ＊大阪三江公所が、大清北洋商業会議所（大清北幇商業会議所、大阪中華北幇公所の前身）と大清南幇商業会議所（大阪中華南幇商業公所の前身）に分離
一八九六	③清国、日本に最初の留学生を派遣 ⑦日清通商航海条約調印（⑩公布）	⑤大阪商船、台湾航路開通 ⑨日本郵船、台湾航路開通
一八九七	③台湾総督府「台湾住民分限取扱手続」（⑤台湾住民の去就決定）⑩朝鮮、国号を大韓帝国に改める	

年	日中関係・世界の動き	神戸華僑社会・南京町の動き
一八九八	⑥イギリス、新界租借。戊戌維新　⑨戊戌政変 ⑪東亜同文会結成（東京）	⑥『東亜報』創刊（神戸）
一八九九	③法律第六六号「国籍法」公布（④施行、～一九五〇⑥）　⑦保皇会（中国維新会）（国民憲政会の前身）結成（カナダのヴィクトリア）。日本、治外法権（領事裁判権）撤廃。勅令第三五二号（内地雑居令）・内務省令第四二号・内務大臣訓令第七二八号　⑧台湾総督府令第七五号「清国労働者取締規則」施行　⑨アメリカ、門戸開放宣言	⑤梁啓超、華僑学校建設の講演（神阪中華会館） ⑨神戸華僑同文学校開校。日本郵船と大阪商船、華北航路開通　＊孔子生誕二四五〇年祭（神戸） ＊大阪商船と大清北幇商業会議所の連携
一九〇〇	＊義和団事件勃発	③神戸華僑同文学校、校舎落成式・開校式　＊「清国孩童総墓」（神阪中華義荘）
一九〇一	⑨北京議定書（辛丑和約）	
一九〇三	④拒俄義勇隊（学生軍の前身）結成（東京） ⑤軍国民教育会結成（東京）	③第五回内国勧業博覧会（大阪博覧会）　＊大阪博覧会事件（学術人類館事件）
一九〇四	②日露戦争勃発。華興会結成（長沙）　⑩台湾総督府令第六八号「清国労働者取締規則」（「支那労働者取締規則」の前身）施行　＊光復会結成（上海）	⑫清国駐神戸領事館「日本への帰化を禁止する布告」　＊『日華新報』創刊（神戸）
一九〇五	⑧中国同盟会結成（東京）　⑨日露講和条約 ⑪韓国保護条約　⑫日本、統監府設置（漢城）	①大阪商船、大阪—大連線開通　⑤大阪商船、大阪—漢口線開通
一九〇六	⑪南満洲鉄道株式会社設立（本社東京、のち大連）	②大阪商船、大阪—天津線開通　⑤福邑公所設立（大阪）　⑫梁啓超、神戸滞在（～一九一二⑨） ＊幼稚園開園（神戸華僑同文学校）　＊原田汽船、神戸—青島線開通
一九〇七	③日清汽船株式会社設立（本社東京）	
一九〇八		②第二辰丸事件
一九〇九（宣統元）	③「大清国籍条例」	⑤神戸中華商務総会設立。大阪中華商務総会（大阪中華総商会、大阪華商商会の前身）設立

一九一〇	⑧日本、韓国併合。統監府令第五二号「条約ニ依リ居住ノ自由ヲ有セサル外国人ニ関スル件」（朝鮮総督府令第一七号の前身） ⑩日本、朝鮮総督府設置（京城）	
一九一一	③留日中国国民会・留日女学会結成（東京） ⑦日本、関税自主権回復 ⑩武昌蜂起（辛亥革命・第一革命） ⑪留日学生同盟中国紅十字隊結成（東京）	⑥康有為、神戸滞在（〜一九一三⑪） ⑪神戸中華商務総会が中華民国僑商統一聯合会に改組（〜一九一二③） ⑫旅日華僑敢死隊（神戸義勇軍・横浜決死隊）結成
一九一二（明治四五、大正元）（中華民国元）	①中華民国成立 ②華僑聯合会設立（上海） ⑦大正改元 ⑧国民党結成（北京） ⑪内務大臣訓令第一九一二号 ⑫福建行政会議「帰国華僑保護弁法」	②中華民国僑商統一聯合会、中華民国臨時政府の資金援助要請に応じ募金 ③中華民国成立祝賀提灯行列（神戸）。中華民国僑商統一聯合会が神戸中華商務総会に改組 ＊中華民国駐神戸領事館（総領事館の前身）開設 ＊華僑聯合会支部設立の動き（神戸）
一九一三	②中日興業（実業）公司設立計画 ⑦第二革命 ⑩日本、中華民国（北京政府）を承認	①国民党神戸交通部設立（〜⑪） ③国民党大阪分部設立。孫文、京都・大阪・神戸訪問 ④国民党京都分部設立 ⑧孫文、神戸通過
一九一四	⑦中華革命党結成（東京）。第一次世界大戦勃発 ⑪日本、青島占領（一九二二⑫撤兵）	①神戸華僑商業研究会設立 ＊（神戸）華強学校開校
一九一五	①日本、二一カ条要求提出（⑤中国、受諾） ②③孫文「中日盟約」 ⑫第三革命	②中華革命党神戸大阪支部設立（神戸） ⑤神戸華商呉錦堂、別荘「移情閣」の上棟式
一九一七	⑪ロシア、一一月革命	③神戸日支実業協会（神戸日華実業協会の前身）設立
一九一八	①内務省令第一号「外国人入国ニ関スル件」 ②朝鮮総督府令第一四号「外国人渡来ニ関スル件」 ⑧日本、シベリア出兵（〜一九二二） ⑪第一次世界大戦終結	＊神戸中華商務総会が神戸中華総商会に改称
一九一九	①パリ講和会議（〜一九二〇①） ③朝鮮、三・一運動。コミンテルン設立（〜一九四三⑤） ⑤五・四運動 ⑩中華革命党が中国国民党に改組（上海）	②（神戸）中華学校開校 ④ラマ僧歓迎事件（神戸）

年	日中関係・世界の動き	神戸華僑社会・南京町の動き
一九二〇	①国際連盟設立	
一九二一	⑦中国共産党第一回全国代表大会 ⑪ワシントン会議（～一九二二②）	＊神戸華僑の有志、広州黄花崗公園造成の募金に応じる
一九二二	⑨僑日（華工）共済会設立（東京） ⑫ソヴィエト連邦成立	②神戸華厨聯誼会設立 ③大阪貿易同志会（華中方面）と大阪輸出同盟会（華南方面）と大阪北支那輸出同業会（華北方面）が合併、大阪貿易同盟会に改称 ⑨神戸華僑洋服商組合（関西華僑洋服公会の前身）設立 ⑪中国国民党神戸支部設立（一九二九③～三〇④駐日総支部に属す）
一九二三	③旅順・大連回収、二一カ条要求撤廃運動 ⑫陸海軍大元帥大本営「僑務局章程」	②僑日共済会京都支部設立 ⑨関東大震災に対し、神阪華僑救済団（救護団）結成。関東大震災の罹災華僑を神戸市・神阪中華会館などが受け入れる ⑩震災犠牲者追悼会（神阪中華会館）。神戸に避難した横浜華僑は当地で横浜華僑震災善後会を設立 ⑫顕蓀和尚、神戸訪問 ＊僑日共済会大阪支部設立
一九二四	①中国国民党第一回全国代表大会、第一次国共合作。陸海軍大元帥大本営「僑民保護専章」 ＊駐日華僑聯合会設立（東京）	⑨顕蓀和尚、神戸訪問 ⑪孫文「大亜細亜問題（通称、大アジア主義）」講演（兵庫県立神戸高等女学校） ⑫中華民国福州同郷会京都本部（京都福建同郷会の前身）設立 ＊神戸華僑講学会設立
一九二五	③孫文没 ⑤五・三〇事件（上海） ⑩中国致公党結成（サンフランシスコ）	③孫文追悼集会（神阪中華会館） ＊総領事館大阪分館開設（一九二六説あり） ＊中国国民党大阪支部設立 ＊神戸華僑理髪業組合（聯合会）（神戸華僑理容公会の前身）・神戸華僑同志会・神戸（華僑）塗業同業公会設立 ＊駐日華僑聯合会支部設立の動き（神戸）
一九二六（大正一五、昭和元）	⑦国民革命軍、北伐開始 ⑫昭和改元	＊神阪（京）華僑聯衛会設立（神戸） ＊大阪旅日華僑理髪業聯合会・華僑理髪業聯合会京都本部設立

一九二七	④反共クーデタ（上海）　⑤日本、第一次山東出兵（〜⑨）	①中国国民党京都支部設立　②③戴季陶、神戸・大阪訪問　⑪李世官事件集会（神阪中華会館）
一九二八	⑤済南事件　⑥北伐完了　⑫東北「易幟」	⑦華強学校と中華学校が合併、神阪中華公学に改称（神戸）　＊京都華僑光華小学校開校
一九二九	②「中華民国国籍法」　③中国国民党駐日総支部設立（東京、〜一九三〇④）　⑥日本、国民政府を承認　⑩世界恐慌	
一九三〇	①中国「華僑登記規則」	④中国国民党神戸直属支部設立（大阪分部・京都分部を統括）　⑨大阪振華小学校開校（〜一九四五③）　＊中華民国福州同郷会京都本部が普度勝会を始める（黄檗山万福寺）
一九三一	⑦万宝山事件　⑨柳条湖事件（満洲事変）	②中国国民党京都分部設立　⑦万宝山事件対策会議（神阪中華会館）　⑫帰国船・新銘号、神戸入港
一九三二	①第一次上海事変　③「満洲国」成立　④海外党務設計委員会（海外党務委員会、海外党部の前身）設立（中国国民党）。僑務委員会設立（国民政府）。中華ソヴィエト共和国臨時中央政府「対日戦争宣言」　⑤五・一五事件（東京）	＊神阪中華公学・神戸華僑同文学校、一時休校（一九三四年には生徒数回復）
一九三三	②日本、熱河作戦・関内作戦開始　③日本、国際連盟脱退　⑤塘沽停戦協定	⑪神戸華商南洋輸出協会設立（〜一九四二⑧）
一九三四	③「満洲国」、帝政実施　⑩紅軍、長征開始（〜一九三六⑩）	⑧第一回普度勝会（神阪中華義荘、第二回以降は神戸関帝廟）　⑪神戸華商南洋輸出協会、法人資格取得　＊旅阪華商綢業公会設立（大阪）
一九三五	⑧中国共産党「八・一宣言」　⑪国民政府、幣制改革　⑫一二・九運動（北平）	②兵庫県華商綢業公会（福建同郷会の前身）設立（神戸）
一九三六	②二・二六事件（東京）　⑪日独防共協定（一九三七⑪イタリア、加入）　⑫西安事件　＊内務省、華僑学校の「排日」教科書取締り	②最後の回葬（神戸）

年	日中関係・世界の動き	神戸華僑社会・南京町の動き
一九三七	⑤内務省「外国人ノ帰化等ノ取扱ニ関スル件」 ⑦盧溝橋事件 ⑧第二次上海事変。国民政府「自衛抗戦声明書」。日本「盧溝橋事件に関する声明」 ⑨第二次国共合作 ⑫南京大虐殺。「中華民国臨時政府」成立（北平）	⑦国民大会（中国）代表選挙 ⑨⑫在日中国国民党員が弾圧される
一九三八	①第一次近衛声明（「国民政府を対手とせず」声明） ③「中華民国維新政府」成立（南京） ⑪第二次近衛声明（東亜新秩序声明） ⑫汪精衛、国民政府（重慶）を離脱	②中華民国駐神戸総領事館・大阪分館閉鎖 ⑤京都（留日）華僑聯合会設立 ⑦阪神大水害。神戸華僑新興会設立 ⑧「中華民国臨時政府」駐神戸僑務弁事処開設 ⑪大阪華僑各団体が統合し、大阪中華総商会設立
一九三九	⑤ノモンハン事件（⑨停戦協定） ⑨ドイツ、ポーランド侵攻（ヨーロッパで戦争勃発）	①神戸中華総商会が神戸華僑各団体と統合、改組 ②仏教興亜会設立（京都） ⑥仏教興亜会設立（大阪） ⑨神戸華僑同文学校と神阪中華公学が合併、神戸中華同文学校に改称 ⑩神戸中華倶楽部設立
一九四〇	③全日本華僑総会設立（東京）。「中華民国政府」成立（南京） ⑨日独伊三国同盟	③「国民政府還都慶祝大会」（神阪中華会館） ⑧駐神戸僑務弁事処が「中華民国政府」駐神戸総領事館に昇格
一九四一	①皖南事件 ④日ソ中立条約 ⑫日本、マレー半島のコタバル、ハワイの真珠湾攻撃と香港侵攻（アジア・太平洋戦争勃発）。国民政府（重慶）、日・独・伊に宣戦布告。中国共産党「太平洋戦争に対する宣言」	②神阪中華義荘、現在地（現神戸市長田区滝谷町）に移転 ⑥汪精衛、神戸訪問 ⑫大阪川口貿易振興株式会社設立 ＊福東華商公会設立（大阪）
一九四二	⑩英・米、対中不平等条約廃棄を発表	⑩神戸東亜貿易株式会社設立
一九四三	①国民政府（重慶）、英・米と治外法権撤廃条約調印 ⑪大東亜会議（東京）	②総領事、興亜院からの神戸中華同文学校への補助金辞退を指示 ⑨中国からの強制連行労工、神戸港へ（〜一九四五⑩）

一九四四	④日本、一号作戦（大陸打通作戦）開始 ⑦「中華民国政府」（南京）、「旅外僑民国籍証明書条例」 ⑪汪精衛没	⑦中国からの強制連行労工、播磨造船（現兵庫県相生市）へ（～一九四五⑩） ⑧神戸呉服行商弾圧事件
一九四五	⑤ドイツ、降伏 ⑥花岡事件（現秋田県大館市） ⑧ソヴィエト連邦、満洲進攻（～一九四六⑤）。国民政府（重慶）、ソヴィエト連邦と友好同盟条約調印（～一九五三⑦）。日本、降伏。国共会談（重慶、～⑩） ⑩国際連合設立	③⑤⑥神戸大空襲 ③⑥⑦⑧大阪大空襲 ④光華寮開寮式（京都） ⑧神戸中華青年会・神戸華僑臨時弁事処（神戸華僑総会の前身）設立 ⑨台湾省民会設立（神戸） ⑩『国際新聞』（『中華国際新聞』の前身）創刊（大阪、～一九五九） ＊中華民国駐日代表団神阪僑務分処開設（大阪、～一九五二）
一九四六	①政治協商会議（重慶）。国民政府行政院第一二九七号訓令（台湾省出身者の中国国籍回復） ②GHQ「朝鮮人、中国人、琉球人、及び台湾人の登録に関する覚書」（三・一八登録） ④留日華僑総会（留日華僑聯合総会、日本中華聯合総会の前身）設立（東京）。中国、「漢奸裁判」開始 ⑤極東国際軍事裁判開始（東京、～一九四八⑪） ⑥国共内戦、全面化。中国「在外台僑国籍処理弁法」。中華民国駐日代表団「僑務処弁理旅日僑民登記弁法」 ⑦渋谷事件 ⑪「日本国憲法」公布（一九四七⑤施行）	③関西中華国文学校（大阪中華学校の前身）開校 ⑪神戸華僑総会が台湾省民会と統合、改組 ＊京都華僑聯合会改組（京都華僑総会の前身） ＊中国留日京都同学会設立
一九四七	①「中華民国憲法」公布（⑫施行）。全日本華僑教育会議（東京） ②GHQ「中華民国人の登録に関する覚書」。二・二八事件（台湾） ⑤勅令第二〇七号「外国人登録令」（～一九五二④） ⑧日本の対外貿易、再開	②大阪華僑総会設立 ⑩華僑福利合作社（華僑信用金庫、神栄信用金庫の前身）設立（神戸、～二〇〇二①）。華僑倶楽部設立（神戸）。中国国民党駐日各地直属支部聯席会議（神戸、～⑪）。『国際日報』創刊（兵庫県西宮市） ＊華僑福児院設立（神戸関帝廟） ＊京都華僑学校開校
一九四八	⑥福井大地震 ⑧大韓民国成立 ⑨朝鮮民主主義人民共和国成立	③「孫文先生紀念講演会」（神戸） ⑪孫中山先生記念碑「天下為公」除幕式（神戸移情閣） ＊華僑文化研究会、『新華僑』創刊（京都） ⑫華僑文化経済協会、『華僑文化』創刊（神戸） ＊京都華僑公墓開設

年	日中関係・世界の動き	神戸華僑社会・南京町の動き
一九四九	①中華民国・大韓民国、国交樹立（～一九九二⑧） ⑤中日貿易促進会設立（東京） ⑩中華人民共和国成立。中華人民共和国・朝鮮民主主義人民共和国、国交樹立。華僑事務委員会設立（中央人民政府） ⑫中華民国政府、遷台	⑦「神戸空襲華僑罹災諸先友遺骨共同之墓」（神阪中華義荘） ＊孔子生誕二五〇〇年祭（神戸） ⑫神戸中華基督教改革宗長老会教会設立 ＊華僑民主促進会の支部設立（神戸、本部は東京）
一九五〇	②中ソ友好同盟相互援助条約（～一九八〇④） ⑤法律第一四七号「国籍法」公布（⑦施行） ⑥朝鮮戦争勃発（一九五三⑦休戦協定） ⑧日本、警察予備隊（保安隊、自衛隊の前身）設立	③台湾出身青年戦没者慰霊祭（神戸関帝廟） ④神戸中華青年会附属幼稚園開園
一九五一	⑨サンフランシスコ講和条約調印（一九五二④発効）。日米安全保障条約調印（一九五二④発効） ⑩政令第三一九号「出入国管理令」（現出入国管理及び難民認定法）公布（⑪施行、一九五二④発効）	②光華幼稚園開園（神戸関帝廟）
一九五二	④日華平和条約調印（⑧発効）。法律第一二五号「外国人登録法」	⑦神戸中華青年会附属幼稚園と光華幼稚園が合併、神戸華僑幼稚園に改称 ＊協同組合日本華僑貿易商公会（神戸華僑貿易商社会の前身）設立
一九五三	＊興安丸による日本人の帰国	＊関西華僑帰国扶助委員会（京都・大阪・神戸） ⑥興安丸による中国人の帰国、本格化
一九五四	⑥平和五原則 ⑨第一次金門島事件（～一九五五②）。中華人民共和国憲法公布	＊廖承志、大阪・神戸訪問 ＊仁愛幼稚園開園（神戸中華基督教改革宗長老会教会）
一九五五		②神戸華僑婦女会設立
一九五六	⑩中華全国帰国華僑聯合会設立（北京）	
一九五七	⑥中国、反右派闘争勃発	②神戸華僑聯誼会設立 ⑫廖承志、神戸訪問。中国からの強制連行労工のうち、県内（おもに播磨造船）で死亡した者の慰霊祭（神戸関帝廟、⑩にも行なわれたという）

一九五八	②劉連仁「保護」（北海道石狩郡）⑤長崎国旗事件。中国、大躍進政策開始（〜一九六一①）⑧第二次金門島事件（〜⑩）。中国、人民公社運動開始	③孫中山先生追慕の会（神戸関帝廟）。神戸華僑貿易振興会設立　⑪神戸中華同文学校、新校舎建設着工（旧校舎は一九四五⑥の大空襲で焼失）
一九五九	③チベット動乱　⑦廬山会議（〜⑧）　⑧中印国境紛争	③京都華僑青年会設立　⑦神戸中華同文学校、法人資格取得　⑨神戸中華同文学校、新校舎落成
一九六〇	①日米安全保障条約改定（⑥発効）　④中ソ論争、公然化	②大阪華僑聯合会設立
一九六一		⑧陳舜臣、「枯草の根」で第七回江戸川乱歩賞受賞
一九六二	⑩中印国境紛争（〜⑪）　⑪LT貿易開始	
一九六四	①中仏国交樹立　⑧トンキン湾事件　⑩中国、初の原爆実験。東京オリンピック　⑫周恩来、「四つの近代化」提起	
一九六五	②アメリカ、北ベトナム爆撃開始　⑥日韓基本条約調印（⑫発効）	⑪孫文先生生誕一〇〇年記念神戸慶祝会（銅像除幕式）（神戸大倉山）　＊京都華僑聯誼会（前身は華僑新民主協会、京都華僑倶楽部）設立
一九六六	⑤中国、文化大革命勃発（〜一九七六）	⑧孫中山紀念館建設委員会結成（神戸）　⑪孫中山先生誕辰一〇〇周年紀念大会（神戸）。神戸華僑総会、移情閣を管理
一九六七	⑥中国、初の水爆実験	＊光華寮裁判開始（〜二〇〇七④）
一九六九	③珍宝島事件　⑧留日華僑代表会議（留日華僑聯合総会、日本華僑華人聯合総会の前身）設立（東京）	
一九七〇		⑤神阪中華義荘墓地造成計画と「墓地売却問題」発生（一九七四終了）
一九七一	④中米ピンポン外交　⑦キッシンジャー、中国訪問　⑨世界客属第一回懇親大会（香港）　⑩中国、国際連合代表権回復	

年	日中関係・世界の動き	神戸華僑社会・南京町の動き
一九七二	②ニクソン、中国訪問　⑤沖縄、日本に復帰　⑨日中共同声明（日中国交「正常化」、日台断交）	④兵庫県江蘇省同郷会設立。伊地智善継（大阪外国語大学）、山口一郎（神戸大学）ら、『孫文選集』編集委員会を結成
一九七三	③鄧小平、職務復帰　⑧中国共産党第一〇回全国代表大会、文革四人組台頭　⑩第四次中東戦争勃発（第一次石油危機発生）	①兵庫県台湾同郷会設立　⑥神戸市・天津市、友好都市関係樹立
一九七五	①周恩来、「四つの近代化」提起　④蒋介石没。ベトナム戦争終結	⑥京都華僑総会が京都華僑聯誼会と統合、改組
一九七六	①周恩来没　④第一次天安門事件（北京）　⑦河北唐山地震　⑨毛沢東没　⑩文革四人組失脚	③中華人民共和国駐大阪総領事館開設　⑤神戸華僑総会会員大会　⑨神戸華僑総会が神戸華僑聯誼会と統合、改組
一九七七	⑦鄧小平、職務再復帰	⑤神戸華僑総会と留日神戸華僑総会の紛争　⑦南京町商店街振興組合設立（神戸）　⑩大阪華僑総会が大阪中華総会に改称
一九七八	①華僑事務弁公室設立（国務院）　⑧日中平和友好条約　⑫中国共産党一一期三中全会、改革開放政策	①京都華僑総会と神戸華僑総会と大阪華僑聯合会、『関西華僑報』創刊　⑦大阪華僑聯合会が大阪華僑総会に改称
一九七九	①中米国交樹立　②中越戦争勃発（～③）　＊イラン・イスラーム革命を直接の原因とした第二次石油危機発生	⑨神戸華僑総会の提案で獅子隊（舞獅隊）設立　⑩神戸華僑歴史博物館開館
一九八〇	⑨「中華人民共和国国籍法」公布・施行	⑤華国鋒、神戸訪問
一九八一		⑧「南京町復興環境整備事業実施計画」
一九八二	⑦⑧日本の歴史教科書の記述、日・中・台・韓などで問題化	⑥兵庫県広東同郷会設立。趙紫陽、神戸訪問。孫文研究会第一回例会（神戸）　⑪孫中山記念会設立準備委員会設立（神戸）
一九八三	⑥華僑委員会設立（全国人民代表大会）	③兵庫県・広東省、友好県省関係樹立　⑤神戸華僑総会、移情閣を兵庫県に寄附　⑦川口居留地研究会設立（大阪）　⑧兵庫県山東省同郷会設立　⑨孫文研究会第一回総会（神戸）

一九八四	⑥鄧小平、「一国二制度」提起	⑪移情閣を孫中山記念館（二〇〇五⑩孫文記念館に改称）として公開（神戸）
一九八五	①日本、「国籍法」改定　＊内閣総理大臣の靖国神社公式参拝、日・中・台・韓で問題化	⑪孫中山記念館開館一周年記念「日中国際学術討論会」（神戸、〜⑫）
一九八六	⑨民主進歩党結成（台湾）	⑩孫文生誕一二〇周年記念式典・講演会（神戸、〜⑪）
一九八七	⑦戒厳令、三八年ぶりに解除（台湾）	①第一回神戸南京町春節祭（〜②）　⑤神戸華僑研究会（神戸華僑華人研究会の前身）設立
一九八八	①蒋経国没。李登輝、総統就任（台湾）	⑦財団法人孫中山記念会設立（神戸）
一九八九（昭和六四、平成元）	①平成改元　⑤ゴルバチョフ、中国訪問　⑥第二次天安門事件（北京）　⑪ベルリンの壁崩壊	⑥兵庫県浙江省同郷会設立
一九九〇	⑨中国「帰僑僑眷権益保護法」公布（一九九一①施行）。韓ソ国交樹立	⑨兵庫県・海南省、友好県省関係樹立　⑩南京町とその周辺、神戸市の景観形成地域に指定
一九九一	⑧第一回世界華商大会（シンガポール）　⑪中国と香港と台湾、アジア太平洋経済協力会議（APEC）に加入　⑫ソヴィエト連邦解体	
一九九二	⑧中韓国交樹立　⑩天皇・皇后、中国初訪問	
一九九五	⑨世界反ファシズム戦争と抗日戦争勝利五〇周年記念式典（北京）	①阪神淡路大震災。神戸中華同文学校、避難所として一般開放。神戸華僑震災対策本部設立　③神戸「南京町復活宣言」。阪神淡路大震災華僑留学生犠牲者追悼会（神戸中華同文学校）
一九九六	③総統直接選挙（台湾）	②神戸関帝廟復興委員会設立　⑪孫文生誕一三〇周年記念国際シンポジウム「孫文と華僑」（神戸）
一九九七	②鄧小平没　⑦香港・新界、中国に復帰。アジア通貨危機勃発	④「阪神淡路大震災華僑留学生犠牲者慰霊碑」（神阪中華義荘）　⑦「南京町」が南京町商店街振興組合の商標として登録　⑩水陸普度勝会（関帝廟の盂蘭盆）と南京町春節祭、神戸市の地域無形民俗文化財に認定

年	日中関係・世界の動き	神戸華僑社会・南京町の動き
一九九八	⑩日韓共同宣言　⑪日中共同宣言	⑩南京町「第一回中秋節」　⑪中華会館落成（神戸、旧会館は一九四五⑥の大空襲で焼失）
一九九九	⑨日本中華総商会設立（東京）　⑪初の日韓中三国首脳会談（マニラ）　⑫澳門、中国に復帰	②神戸関帝廟、震災復興落慶法要　⑤神戸中華同文学校、建校一〇〇周年記念式典
二〇〇〇	①「中華民国国籍法」改定（台湾）　⑤民主進歩党・陳水扁、総統就任（台湾）	②中華会館編『落地生根――神戸華僑と神阪中華会館の百年』出版　④孫中山記念館、復原開館　⑩朱鎔基、神戸訪問
二〇〇一	⑦二〇〇八年オリンピックの開催地が北京に決定　⑫中国、世界貿易機関（ＷＴＯ）に加入	⑫辛亥革命九〇周年国際学術討論会（神戸）
二〇〇二	①台湾、ＷＴＯに加入　⑨日朝平壌宣言　⑫二〇一〇年万国博覧会の開催地が上海に決定	⑨西日本新華僑華人聯合会設立（大阪）
二〇〇三	④新型肺炎（ＳＡＲＳ）流行、深刻化　⑧初の六者協議（日・中・韓・朝・ロ・米）（北京）　⑨日本新華僑華人会（全日本華僑華人聯合会の前身）設立（東京）。中国、日本籍観光客のノーヴィザ渡航を認可。旅日華僑・留学生帰国五〇周年記念会（北京）　⑪日本華僑華人学会第一回全国大会（東京）	④神戸華僑歴史博物館、展示更新・再開館　⑦二〇〇七年第九回世界華商大会の開催地が神戸に決定
二〇〇四	③国立民族学博物館「多みんぞくニホン――在日外国人のくらし」特別展（〜⑥）＊アジア各国で鳥インフルエンザ流行、深刻化	④神戸華僑華人研究会編『神戸と華僑――この一五〇年の歩み』出版
二〇〇五	③中国、反国家分裂法　④日本の国連常任理事国入り反対運動が、折からの歴史認識問題を背景として中国各地での反日デモへ発展。国共会談（北京）　⑫第一回東アジア・サミット（クアラルンプール）	①「中国人留学生（阪神淡路大震災）犠牲者の親を招く会」とともに慰霊祭（神阪中華義荘）　⑫呉錦堂生誕一五〇周年記念国際シンポジウム「呉錦堂――神戸と中国」
二〇〇六	⑩北朝鮮、初の核実験　⑫日中歴史共同研究第一回全体会合（北京）	②南京町沿道、神戸市の景観計画区域に指定　⑫孫文生誕一四〇周年記念国際シンポジウム「孫文と南方熊楠」（神戸）。第九回世界華商大会地元協力会設立総会（神戸）

二〇〇七	＊年末の在日中国人数六〇万人突破（在日外国人中最多となる）	④神阪京華僑口述記録研究会設立　⑨第九回世界華商大会（神戸・大阪）
二〇〇八	③チベット動乱（⑧には大規模化）　⑤日中共同声明（戦略的互恵関係）。四川汶川地震　⑧北京オリンピック・パラリンピック　⑨世界金融危機	②財団法人孫中山記念会賛助会設立（神戸）　④神戸市、「乙仲通り」を愛称として登録
二〇〇九	＊新型インフルエンザ流行、深刻化	
二〇一〇	①「第一期「日中歴史共同研究」報告書」　④青海玉樹地震　⑤～⑩上海万博　⑦辛亥革命百周年記念行事日本実行委員会設立（東京）　⑨尖閣沖衝突事件　⑩尖閣沖衝突事件が中国各地での反日デモへ発展　＊中国ＧＤＰ、世界第二位に	②兵庫県中華料理業生活衛生同業組合、『ARUKU鯉川山手』発行　⑩神戸フォーラム二〇一〇「辛亥革命百周年へ向けてのメッセージ」
二〇一一	③東日本大震災	②神戸華僑辛亥革命一〇〇周年記念事業実行委員会設立（⑥～⑫記念事業）　⑫辛亥革命一〇〇周年記念シンポジウム神戸会議
二〇一二	⑦日本、「出入国管理及び難民認定法」改定（外国人登録法・入国管理法一体化）　⑧⑨中国人ついで日本人の尖閣上陸、日本の尖閣「国有化」が中国各地での反日デモへ発展	⑨中日国交正常化四〇周年記念行事——特別展（神戸華僑歴史博物館、～⑫）・パネル展示（神戸華僑総会、～二〇一三②）　⑪孫文記念館編『孫文・日本関係人名録』の増訂版出版
二〇一三	④四川雅安蘆山地震	⑧「孫文先生諏訪山潜居の地」銘板設置（神戸）　⑫中華会館編『落地生根』の増訂版出版。陳舜臣アジア文藝館設立準備委員会設立（神戸）
二〇一四	⑨香港反政府デモ（～⑫）　⑪三年ぶりの日中首脳会談（北京）	⑤陳舜臣アジア文藝館プレ開館（神戸、二〇一五⑤正式開館）
二〇一五		①陳舜臣没。震災二〇年事業「南京町　あの震災を忘れない一・三一——炊き出し・写真展・シンポジウム」（南京町商店街振興組合）

参考文献

『関帝廟』社団法人中華会館、一九九八年
天児慧ほか編『岩波現代中国事典』岩波書店、一九九九年
安藤正士『現代中国年表一九四一―二〇〇八』岩波書店、二〇一〇年
安保則夫著、（社）ひょうご部落解放・人権研究所編『近代日本の社会的差別形成史の研究――増補「ミナト神戸 コレラ・ペスト・スラム」』明石書店、二〇〇七年
岩波書店編集部編『近代日本総合年表（第四版）』岩波書店、二〇〇一年
内田直作『日本華僑社会の研究』同文館、一九四九年
可児弘明・斯波義信・游仲勲編『華僑・華人事典』弘文堂、二〇〇二年
川島真・服部龍二編『東アジア国際政治史』名古屋大学出版会、二〇〇七年
近代日中関係史年表編集委員会編『近代日中関係史年表（一七九九―一九四九）』岩波書店、二〇〇六年
久保亨・土田哲夫・高田幸男・井上久士『現代中国の歴史――両岸三地一〇〇年のあゆみ』東京大学出版会、二〇〇八年
現代日中関係史年表編集委員会編『現代日中関係史年表（一九五〇―一九七八）』岩波書店、二〇一三年
神戸外国人居留地研究会編『神戸と居留地――多文化共生都市の原像』神戸新聞総合出版センター、二〇〇五年
神戸華僑華人研究会編『神戸と華僑――この一五〇年の歩み』神戸新聞総合出版センター、二〇〇四年
神戸新聞社『素顔の華僑――逆境に耐える力』人文書院、一九八七年
鴻山俊雄『神戸大阪の華僑――在日華僑百年史』華僑問題研究所、一九七九年
財団法人孫中山記念会編『孫文記念館（移情閣）概要』財団法人孫中山記念会、二〇〇五年、第二刷
財団法人兵庫県園芸・公園協会編『兵庫県立舞子公園百年史――明石海峡を見つめて』財団法人兵庫県園芸・公園協会、二〇〇一年
高橋強「戦前の日本華僑社会の変容――華僑団体の動向を通して」長崎華僑研究会編『長崎華僑と日中文化交流』年報・

第五輯、一九八九年
竹内実編『中国近現代論争年表（一八九五―一九八九）』同朋舎出版、一九九二年
中華会館編『落地生根――神戸華僑と神阪中華会館の百年（増訂版）』研文出版、二〇一三年
陳徳仁編『学校法人神戸中華同文学校八十周年紀念刊』学校法人神戸中華同文学校理事会、一九八四年
陳徳仁・安井三吉『孫文と神戸（補訂版）』神戸新聞総合出版センター、二〇〇二年
中村義ほか編『近代日中関係史人名辞典』東京堂出版、二〇一〇年
西口忠「川口華商の形成」堀田暁生・西口忠編『大阪川口居留地の研究』思文閣出版、一九九五年
西川正雄ほか編『角川世界史辞典』角川書店、二〇〇一年
安井三吉『帝国日本と華僑――日本・台湾・朝鮮』青木書店、二〇〇五年
安井三吉「楊寿彭と孫文」『孫文研究』第四六号、二〇〇九年
劉傑・三谷博・楊大慶編『国境を越える歴史認識――日中対話の試み』東京大学出版会、二〇〇六年

大阪華僑聯合会編『華聯報』〔一九七四年―一九七八年〕
京都華僑総会・大阪華僑聯合会（一九七八年、大阪華僑総会に改称）・神戸華僑総会編『関西華僑報』〔一九七八年―〕
神戸華僑華人研究会編『通訊』〔一九八八年―〕
神戸華僑歴史博物館編『神戸華僑歴史博物館通信』〔二〇〇三年―〕
神戸華僑聯誼会（一九七六年、神戸華僑総会が神戸華僑聯誼会と統合、改組）編『神戸華僑報』〔一九七六年―一九七八年〕
神戸華僑聯誼会編『神戸僑務通訊』〔一九六六年―一九七五年〕
神戸中華総商会編『神戸中華総商会会報』〔一九七一年―〕
神戸中華同文学校校友会編『校友会報』〔一九四九年―〕
神戸日華実業協会編『日華』〔一九五三年―〕

神戸日支実業協会（一九二四年、神戸日華実業協会に改称）編『日華実業』（一九二二年九月―一九二七年一月（確認済分））
孫中山記念会編『孫文記念館館報　孫文』（二〇〇八年―）

＊神戸華僑に関する情報は蔡宗傑氏（故人）から、大阪華僑に関する情報は許淑眞氏から、京都華僑に関する情報は陳正雄氏から、それぞれご教示いただいた。

斯波義信『華僑』岩波書店（岩波新書）、1995年
清水純・潘宏立・庄国土編『現代アジアにおける華僑・華人ネットワークの新展開』風響社、2014年
戴国煇編『もっと知りたい華僑』弘文堂、1991年
譚璐美・劉傑『新華僑　老華僑――変容する日本の中国人社会』文藝春秋（文春新書）、2008年
陳天璽『華人ディアスポラ――華商のネットワークとアイデンティティ』明石書店、2001年
山下清海『チャイナタウン――世界に広がる華人ネットワーク』丸善（丸善ブックス）、2000年
山下清海『東南アジア華人社会と中国僑郷――華人・チャイナタウンの人文地理学的考察』古今書院、2002年
山下清海編『華人社会がわかる本――中国から世界へ広がるネットワークの歴史、社会、文化』明石書店、2005年
游仲勲『華僑――ネットワークする経済民族』講談社（講談社現代新書）、1990年
游仲勲編『21世紀の華人・華僑――その経済力が世界を動かす』ジャパンタイムズ、2001年
吉野文雄編『東南アジアと中国・華僑』成文堂、2012年
吉原和男・鈴木正崇編『拡大する中国世界と文化創造――アジア太平洋の底流』弘文堂、2002年
リン・パン『華人の歴史』片柳和子訳、みすず書房、1995年
リン・パン編『世界華人エンサイクロペディア』游仲勲監訳、明石書店、2012年
渡辺利夫・岩崎育夫『海の中国』弘文堂、2001年

※書店・図書館等で入手しやすい一般向けの書籍を中心に掲げた。

（髙橋晋一 編）

中華会館・横浜開港資料館編『横浜華僑の記憶——横浜華僑口述歴史記録集』中華会館、2010 年
張玉玲『華僑文化の創出とアイデンティティ——中華学校・獅子舞・関帝廟・歴史博物館』ユニテ、2008 年
陳水發『横浜の華僑社会と伝統文化——論文評論』中日文化研究所、1997 年
長崎中国交流史協会編『長崎華僑物語——中国貿易・唐人屋敷・長崎華僑』長崎県労働金庫、2001 年
西川武臣・伊藤泉美『開国日本と横浜中華街』大修館書店、2002 年
日本華僑華人研究会編『日本華僑・留学生運動史』日本僑報社、2004 年
林兼正・小田豊二『聞き書き　横濱中華街物語』ホーム社、2009 年
林兼正『なぜ、横浜中華街に人が集まるのか』祥伝社（祥伝社新書)、2010 年
宮家準編『民俗宗教の地平』春秋社、1999 年（髙橋晋一「日本華僑社会における中国伝統文化の持続と変容——北海道函館市の事例より」）
村上令一『横浜中華街的華僑伝』新風舎、1997 年
安井三吉『帝国日本と華僑——日本・台湾・朝鮮』青木書店、2005 年
山下清海『池袋チャイナタウン——都内最大の新華僑街の実像に迫る』洋泉社、2010 年
山田信夫編『日本華僑と文化摩擦』巌南堂書店、1983 年
山本正三編『首都圏の空間構造』二宮書店、1991 年（山下清海「横浜中華街と華僑社会——開港から第二次世界大戦まで」）
游仲勲先生古希記念論文集編集委員会編『日本における華僑華人研究——游仲勲先生古希記念論文集』風響社、2003 年
横浜開港資料館・横浜開港資料普及協会編『横浜中華街——開港から震災まで：落地帰根から落地生根へ』横浜開港資料館・横浜開港資料普及協会、1994 年

3．華僑社会、チャイナタウン全般（海外含む）

泉田英雄『海域アジアの華人街（チャイナタウン）——移民と植民による都市形成』学芸出版社、2006 年
可児弘明・游仲勲編『華僑華人——ボーダレスの世紀へ』東方書店、1995 年
可児弘明・斯波義信・游仲勲編『華僑・華人事典』弘文堂、2002 年

歴史博物館、2008年～
中華会館編『落地生根――神戸華僑と神阪中華会館の百年（増訂版）』研文出版、2013年
陳徳仁・安井三吉『孫文と神戸（増補版）――辛亥革命から90年』神戸新聞総合出版センター、2002年
南京町商店街振興組合編『熱烈歓迎　南京町――南京町公式ガイドブック』南京町商店街振興組合、2010年
日本孫文研究会・神戸華僑華人研究会編『孫文と華僑――孫文生誕130周年記念国際学術討論会論文集』汲古書院、1999年
阪神高速道路編『阪神ハイウェイ』169（特集＝神戸・南京町）、阪神高速道路、2007年
村田誠治編『神戸開港30年史』原書房、1974年（原著は1898年）
林同春『橋渡る人――華僑波瀾万丈私史』エピック、1997年
林同春『二つの故郷――在日華僑を生きて』エピック、2007年

2．日本の華僑社会、チャイナタウン

内田直作『日本華僑社会の研究』同文館、1949年
王維『日本華僑における伝統の再編とエスニシティ――祭祀と芸能を中心に』風響社、2001年
王維『素顔の中華街』洋泉社、2003年
過放『在日華僑のアイデンティティの変容――華僑の多元的共生』東信堂、1999年
裘暁蘭『多文化社会と華僑・華人教育――多文化教育に向けての再構築と課題』青山ライフ出版、2012年
朱慧玲『華僑社会の変貌とその将来』日本僑報社、1999年
朱慧玲『日本華僑華人社会の変遷――日中国交正常化以後を中心に』段躍中監修、高橋庸子訳、日本僑報社、2003年
菅原一孝『横浜中華街の研究――華僑商人にみる街づくり』日本経済新聞社、1988年
菅原幸助『日本の華僑（改訂版）』朝日新聞社（朝日文庫）、1991年
田中健之『横浜中華街――世界最強のチャイナタウン』中央公論新社（中公新書ラクレ）、2009年
段躍中『現代中国人の日本留学』明石書店、2003年

読書案内

南京町、神戸の華僑社会、華僑・チャイナタウンについて もっと知りたい人に

1．南京町、神戸の華僑社会

飯島渉編『華僑・華人史研究の現在』汲古書院、1999 年（過放「神戸華僑・華人に関する研究動向」）

岩崎信彦他編『阪神・淡路大震災の社会学　第 2 巻　避難生活の社会学』昭和堂、1999 年（浅野慎一・過放「神戸華僑の被災・避難・復興と相互援助」）

奥田道大編『都市エスニシティの社会学——民族／文化／共生の意味を問う』ミネルヴァ書房、1997 年（大橋健一「エスニック・タウンとしての「神戸南京町」——地域の磁力と都市エスニシティの動態」）

呉宏明編『神戸と外国文化』1 ～ 10、京都精華大学呉宏明研究室、1993 ～ 2004 年（高橋ふみ子・山本記詩子「神戸の南京町——歴史と発展の様子」、髙橋晋一「神戸の舞獅（中国獅子舞）」他）

合田涛編『アジア・太平洋の人と暮らし』（大学洋上セミナー 4）南窓社、1994 年（安井三吉「神戸の中国人社会」）

神戸華僑華人研究会編『通訊』1 ～、神戸華僑華人研究会、1998 年～

神戸華僑華人研究会編『神戸と華僑——この 150 年の歩み』神戸新聞総合出版センター、2004 年（のじぎく文庫）

神戸華僑歴史博物館編『神戸華僑歴史博物館通信』1 ～、神戸華僑歴史博物館、2003 年～

神戸史学会編『歴史と神戸』7、神戸史学会、1963 年（岸百艸「南京街の半世紀」）

神戸史学会編『歴史と神戸』8、神戸史学会、1963 年（岸百艸「南京街の半世紀（補遺）」）

神戸市広報課『市民のグラフこうべ（特集＝南京町）』221、神戸市、1991 年

神戸新聞社編『素顔の華僑——逆境に耐える力』人文書院、1987 年

鴻山俊雄『神戸と在留中国人』東亜学社、1954 年

鴻山俊雄『神戸大阪の華僑——在日華僑百年史』華僑問題研究所、1979 年

鴻山俊雄『神戸の外国人——外国人墓地と華僑風俗』華僑問題研究所、1984 年

神阪京華僑口述記録研究会編『聞き書き・関西華僑のライフヒストリー』1 ～、神戸華僑

おわりに

編者の一人である呉宏明は、一〇年以上にわたり京都精華大学の国内長期フィールドワーク「神戸と外国文化」の授業を担当してきた。この授業は三年次の後期に約四カ月間大学を離れ、神戸の街の中の外国文化について学生が主体的に調査するというものである。華僑や南京町をテーマに取り組む学生も多数おり、その際神戸華僑歴史博物館の方々にとても親切にしていただいた。こうしたご縁で博物館の運営に関わることになり、二〇一四年春から藍璞館長を引き継ぎ、館長を務めている。

一方、編者の髙橋晋一は徳島大学着任後、神戸の舞獅（中国獅子舞）の調査をきっかけとして呉と知己を得、神戸と外国文化に関する共同研究に参画する機会を得た。また、神戸華僑歴史博物館に事務局を置き、関西華僑の生きた体験、語りを記録に残す「神阪京華僑口述記録研究会」の発足（二〇〇七年）にも関わることになった。

神戸華僑の歴史を考える際、南京町は重要な位置を占めている。一方、南京町は神戸を代表する観光地として知られているが、その歴史や文化については、これまでまとまった出版物が出されていない。こうした中、南京町の歴史や文化のエッセンスを一つにまとめた本を作れないかという話が持ち上がった。幸いにして南京町商店街振興組合や神戸華僑歴史博物館の全面的な協力を得ることができ、また出版については松籟社のご厚意を受けることができた。

松籟社編集部の夏目裕介氏と編者で検討を重ね、南京町の歴史と文化を中心に、それと関わりの深い神戸華僑についてもあわせてまとめる方向に落ち着いた。その後、資料調査、関係者へのインタビュー、そして多くの方々からの情報提供と寄稿原稿により、少しずつ本の形に整えていった。

本書が刊行できたのは、多くの方々のお力添えのおかげである。曹英生理事長をはじめとする南京町商店街振興組合の皆様には、資料提供、座談会やインタビューなどでたいへんお世話になった。また、神戸華僑歴史博物館には資料提供等でご助力をいただいた。第四部「神戸華僑の歴史と文化」の執筆をお願いした先生方には、充実した内容の文章をお寄せいただいた。兵庫県立柏原高校の皆さんには、南京町関係者へのインタビューを「南京町の人びと」という形でコンパクトな記事にまとめてもらった。第三部「南京町の風景」の執筆に当たっては、岩見田秀代氏、岡野翔太氏、久保哲成氏、黄嘉琪氏、張玉玲氏、二宮一郎氏、平野勲氏、宮内肇氏、藍璞氏のご協力をいただいた。陳正雄氏、蔣海波氏には、関連資料について多くのご教示をいただいた。あらためて、お世話になった皆様に深く感謝の気持ちを表したい。

最後に、本書の企画段階から完成に至るまで多くの適切な助言をいただき、刊行へと導いてくださった松籟社の夏目裕介氏に、心から御礼を申し上げたい。

二〇一五年五月

編著者
呉　宏明
髙橋　晋一

陳　來幸（ちん　らいこう）「華僑の経済」「華僑の職業」
兵庫県立大学経済学部教授。主な著書・論文に、『落地生根――神戸華僑と神阪中華会館の百年』（共著、研文出版、2000年＝初版、2013年＝増訂版）、『歴史の桎梏を越えて――20世紀日中関係への新視点』（共著、千倉書房、2010年）など。

岡野　翔太（おかの　しょうた）「中華料理業から見る華僑」
大阪大学大学院人間科学研究科博士後期課程。台湾名は葉翔太。主な著書・論文に、「戦後日本における華僑社会の二極化――冷戦・国共対峙の狭間にゆらぐ「僑社三宝」」（大阪大学大学院文学研究科修士論文、2015年）、「テレサ・テン（鄧麗君）――台湾が生んだ「アジアの歌姫」」（論文、『兵庫県台湾同郷会会報』第174号、2014年）など。

王　維（ワン　ウェイ）「華僑の伝統文化」
長崎大学多文化社会学部教授。主な著書・論文に、『華僑的社会空間与文化符号』（単著、中国広州：中山大学出版社、2014年）、『日本華僑社会における伝統の再編とエスニシティ――祭祀と芸能を中心に』（単著、風響社、2001年）など。

張　玉玲（ちょう　ぎょくれい）「教育とエスニシティ」
山口県立大学国際文化学部准教授。主な著書・論文に、『華僑文化の創出とアイデンティティ――中華学校・獅子舞・関帝廟・歴史博物館』（単著、ユニテ、2008年）、〈在日華僑同郷意識的演変：以福清籍華僑的同郷網絡為例〉（論文、《華人研究国際学報》第6巻第2期、2014年）など。

関　廣佳（せき　ひろよし）「横浜と神戸」
一般財団法人中華会館事務局長。主な著書・論文に、『横浜華僑の記憶――横浜華僑口述歴史記録集』（共著、財団法人中華会館、2010年）など。

園田　節子（そのだ　せつこ）「日本と世界のチャイナタウン」
兵庫県立大学経済学部教授。主な著書・論文に、『南北アメリカ華民と近代中国』（単著、東京大学出版会、2009年）、《広東華僑与中外関係》（共著、広東人民出版社、2014年）など。

久保　哲成（くぼ　てつなり）「南京町の人びと」
兵庫県立柏原高等学校主幹教諭（地歴公民科（専門：地理学・地理教育））

久保　純太郎（くぼ　じゅんたろう）「南京町と神戸華僑関係歴史年表」
神戸華僑歴史博物館通信編集長、副研究室長。主な著書・論文に、「戴季陶における「中国革命」とその思想――中国・日本・アジアをめぐって」（神戸大学大学院文化学研究科博士論文、2005年）、〈「華僑為革命之母」源自戴季陶〉（論文、台北《僑協雑誌》145期、2014年）など。

著者一覧

編著者

呉　宏明（くれ　こうめい）「座談会」「南京町の風景」
京都精華大学人文学部教授。主な著書・論文に、『こうべ異国文化ものしり事典』（編著、神戸新聞総合出版センター、2006年）、クリス・シュート『義務教育という病い――イギリスからの警告』（訳書、松籟社、2003年）など。

髙橋　晋一（たかはし　しんいち）「南京町の歴史」「南京町の風景」
徳島大学大学院ソシオ・アーツ・アンド・サイエンス研究部教授。主な著書・論文に、『道教と中国社会』（共著、雄山閣出版、2001年）、『森羅万象のささやき――民俗宗教研究の諸相』（共著、風響社、2015年）など。

著者（執筆順）

曹　英生（そう　えいせい）「座談会」
老祥記店主、南京町商店街振興組合理事長

欧　政彦（おう　まさひこ）「座談会」
大同行店主、南京町商店街振興組合広報部長

藍　璞（らん　ぼく）「座談会」「南京町の記憶」
神戸華僑歴史博物館名誉館長、元神戸中華同文学校教員（中学部中国語・英語・社会科担当）。主な著書・論文に、「神戸華僑の略史と南京町」（論文、『生涯学習センター特別公開講座「神戸学」シリーズ開催の記録』2、神戸山手大学・神戸山手短期大学生涯学習センター、2010年）、「聞き書き・関西華僑のライフヒストリー　藍璞氏（聞き手：林 正茂、石川 朝子）」（インタビュー、『聞き書き・関西華僑のライフヒストリー』第4号、神戸華僑歴史博物館、2010年）など。

安井　三吉（やすい　さんきち）「座談会」「神戸の華僑社会」
神戸大学名誉教授。主な著書・論文に、『落地生根――神戸華僑と神阪中華会館の百年』（共著、研文出版、2000年＝初版、2013年＝増訂版）、『神戸と華僑――この150年の歩み』（共著、神戸新聞総合出版センター、2004年）など。

洲脇　一郎（すわき　いちろう）「華僑と外国文化（居留地）」
神戸親和女子大学発達教育学部教授。主な著書・論文に、『落地生根――神戸華僑と神阪中華会館の百年』（共著、研文出版、2000年＝初版、2013年＝増訂版）、「神戸中華同文学校の立ち退き問題：互譲による解決」（論文、『神戸親和女子大学児童教育学研究』33号、2014年）など。

陳　於華（ちん　おか）「老華僑と新華僑」
関西大学外国語教育研究機構非常勤講師。主な著書・論文に、『中国の地域社会と標準語』（単著、三元社、2005年）、「新来中国人のコミュニティの成長と日本社会への関わり」（論文、『アジア遊学』No.104、2007年）など。

本書作成にあたり以下の方々と団体にご協力をいただいた。(敬称略・順不同)

「南京町の風景」にご助力をいただいた方々

岩見田秀代（兵庫県立大学国際教育交流センター職員） 岡野翔太（大阪大学大学院人間科学研究科博士後期課程） 久保哲成（兵庫県立柏原高等学校主幹教諭） 黄嘉琪（台湾国立金門大学華語文學系助理教授） 張玉玲（山口県立大学国際文化学部准教授） 二宮一郎（大阪府立桃谷高校講師） 平野勲（神阪京華僑口述記録研究会会員） 宮内肇（立命館大学文学部准教授） 藍璞（神戸華僑歴史博物館前館長、元神戸中華同文学校教員）

インタビュー「南京町の人びと」の聞き手を務めてくれた方々（兵庫県立柏原高校）

足立光　瀬川侑里香　谷川千菜美　八尾明梨　三原雪乃　近藤真緒　出雲晴
荒木みゆき　山内美貴　入江遥　和田美友紀

資料提供などでご助力をいただいた方々

陳正雄（神戸華僑華人研究会会員） 蒋海波（孫文記念館研究室主任研究員）
南京町商店街振興組合　神戸華僑歴史博物館

写真提供でご助力をいただいた方々

横島克己（横島克己写真事務所） 大木本美通

ここに記してあらためて感謝の意を表したい。

編著者

南京町《なんきんまち》と神戸《こうべ》華僑《かきょう》

2015年9月15日初版発行
2023年4月15日第2刷発行

定価はカバーに表示しています

編著者　呉　宏明
髙橋晋一

発行者　相坂　一

〒612-0801 京都市伏見区深草正覚町 1-34
発行所（株）松 籟 社
SHORAISHA（しょうらいしゃ）

電話：075-531-2878
FAX：075-532-2309
URL：http://shoraisha.com
振替：01040-3-13030

印刷・製本　亜細亜印刷（株）

Printed in Japan

ISBN978-4-87984-338-8　C0036